Christa Schwens

BRAUCHT KUNSTPÄDAGOGIK EINE SINNTHEORIE?

Konzepte ästhetischer Erziehung in der Kritik

CHRISTA SCHWENS

BRAUCHT KUNSTPÄDAGOGIK EINE SINNTHEORIE?

Konzepte ästhetischer Erziehung in der Kritik

A. HENN VERLAG · RATINGEN · KASTELLAUN

ISBN: 3-450-19067-9

403 Ratingen, Postfach 1309;
5448 Kastellaun, Postfach 1180; Telefon 0 67 62/10 34
Satz: Pohlhausen & Duykers, 4 Düsseldorf, Kölner Straße 50, Telefon 35 29 70
Gesamtherstellung: Henn-Verlag, Abt. Druck

Inhalt

1. Einführung

1.1 Vorwort

Wer vorhat, Ästhetik und die daraus folgenden pädagogischen Konsequenzen zu untersuchen und darzustellen, könnte dem Eindruck unterliegen, als ob ein Konsens darüber bestehe, was unter Ästhetik und ästhetischer Erziehung zu verstehen ist. Eine dreijährige Arbeit im Bereich der Kunsttheorie bezogen auf die Kunstpädagogik hat mir jedoch die Erfahrung gebracht, daß gerade der Inhalt dieser für das Selbstverständnis des Faches Kunstpädagogik im Rahmen einer Curriculumrevision unumgehbaren Begriffe dringend einer Untersuchung bedarf. Ein erstes mögliches Mißverständnis ist an dieser Stelle gleich abzuwehren: Es geht nicht darum, die beiden Begriffe inhaltlich auf eine Formel zu bringen.

Wer von dem historischen und zugleich Prozeßcharakter allen Handelns und Denkens ausgeht, muß vorab darauf aufmerksam machen, daß er Formaldefinitionen für unbrauchbar hält und daß er deshalb einer Aufforderung – so dringend sie sich auch von Kollegen und Studierenden stellen mag – nicht entsprechen kann, ein für allemal gültig zu erklären, was unter Ästhetik und ästhetischer Erziehung zu verstehen ist. Statt der Festlegung auf Formaldefinitionen gilt es vielmehr historisch – variable Verständniskategorien, in diesem Fall beispielhaft zwei, von ihrem jeweiligen Ansatz her zu ermitteln, zu vergleichen und in der Konfrontation mit aktueller kunstpädagogischer Literatur zur Anwendung zu bringen.

1.2 Abgrenzung der Problemstellungen

Die Untersuchung der ästhetischen Erziehung auf ihre Möglichkeit und Zielsetzung im Rahmen unserer Gesellschaft geht von der folgenden Hypothese aus – wie ein heutiger Pädagoge fordert – daß wir, „die Kunst als Exploration des Möglichen dringend gebrauchen, um uns gegen die Massivität und Einseitigkeit des Wirklichen zu behaupten."[1] Diese Aussage Hentigs gibt weiterhin die Abgrenzung der Thematik an: Wenn es um eine Darlegung der „Exploration des Möglichen" durch die Kunst mit Hilfe der ästhetischen Erziehung geht, liegt darin bereits der Grund, sich nicht darauf einzulassen, Realität nur noch als eine im Rahmen einer geschlossenen Theorie zu reflektierende zu begreifen, sondern sogenannte utopische Möglichkeiten mit der ihnen zukommenden Seriosität auf ihre Innovationskraft hin zu untersuchen. Das heißt, nur Entwürfe einer sogenannten ‚Wertästhetik', einer Ästhetik als Sinntheorie, nicht im Sinne einer normativen Wissenschaft, können in Frage kommen, die mit Innovation eine qualitative Veränderung meinen.

Die notwendige, eine sinnvolle Untersuchung ermöglichende Auswahl fiel auf die Schriften Herbert Marcuses, als einen Vertreter der Kritischen Theorie und auf die Moissej Kagans, als einen der bekanntesten gegenwärtigen Vertreter der marxistischen-leninistischen Ästhetik-Theorie im Kontext einer Gesellschaftstheorie. Kriterium für die Auswahl dieser beiden Autoren war die Ansiedlung ihrer ästhetischen Theorien innerhalb eines gesamtgesellschaftlichen Konzepts, um so die drängende Frage nach der gesellschaftlichen Relevanz der Kunst und der ästhetischen Erziehung mit aufnehmen zu können; sekundärer Grund zur Auswahl war ihre gegenwärtige Aktualität in West und Ost, jedoch trotz vieler Gemeinsamkeiten in völliger Trennung; denn Marcuses Schriften sind im Osten verboten, Kagans Schriften – trotz deutscher Übersetzung – im Westen kaum bekannt.

Mit dieser voraus genannten abgrenzenden Entscheidung der Auswahl zweier Autoren einer Ästhetik als Sinntheorie soll der Versuchung entgangen werden, an den Anfang einer solchen Untersuchung der Erfahrungskontrolle unzugängliche normativ-ontologische Sätze zu stellen oder von Tautologie-verdächtigen Hypothesenbildungen auszugehen. Es bliebe sonst das dialektische Moment aus dem Erkenntnisvorgang ausgeschlossen, das darin besteht, in der kritischen Auseinandersetzung mit einem jeweils im historischen Kontext dargestellten und überprüften Autor die eigenen Prämissen, Kategorien und Systematisierungen zu überprüfen, aufzuheben oder zu bestätigen und weiterzuführen.

In die Überprüfung müssen in diesem Falle neben den eigenen Argumenten der Verfasserin auch die Autoren des dritten Teils hereingenommen werden, die als Pädagogen oder Kunstpädagogen in einer Curriculum-Revision dieses Faches – ohne den philosophisch-gesellschaftlichen Kontext – den Begriff der ästhetischen Erziehung unreflektiert gebrauchen, neu aussagen oder sogar festschreiben wollen. Sie sollen in ihrer Argumentation, speziell die Ziele betreffend, mit den Gesamtentwürfen einer weiterreichenden ästhetischen Theorie konfrontiert werden, um so einen Beurteilungsmaßstab für die neueren Initiativen zur Fachentwicklung zu gewinnen.

Dieses Vorgehen impliziert, sowohl bei der darzustellenden Theorie der beiden genannten Autoren, wie im Teil der Konfrontation eine Ideologiekritik. Sie wäre aber mißverstanden, wenn man von ihr mehr oder anderes erwarten würde, als die ideologischen Elemente in einem bestimmten Denken herauszuarbeiten und die Konsequenzen der Beibehaltung oder Beseitigung dieser Elemente aufzuzeigen. Ich sehe es nicht als meine Aufgabe an, ideologisches Denken als Ganzes zu widerlegen und damit potentiell eine Ideologie durch eine andere zu ersetzen.

Da ich die Absicht habe, Bewußtseinsinhalte und -formen in bezug auf die Möglichkeit der Ästhetik und der ästhetischen Erziehung aufzudecken, die einen auf Veränderung der bestehenden Verhältnisse bezogenen Sinn – wenn auch keine Rezepte – geben, müssen vorab diese „gegebenen Verhältnisse" in ihren Problemstellungen kurz skizziert werden.

1.2.1 Vernunft und Phantasie – Rationalität und Sensibilität

Sowohl die Bildungsdiskussion allgemein wie die Curriculum-Revision im Fach Kunstpädagogik werden immer wieder – speziell von fragenden wachen Studenten – zugespitzt, inwieweit hier von der Zielsetzung her die Chance der Vermittlung einer sinnhaften Existenz oder einer sozialen Verantwortung der Menschen untereinander gegeben oder zumindest angestrebt ist. Auch dann, wenn die Fragen oft an von manchen als abseitig bezeichneten Beispielen, etwa „wie stellen wir uns zu Vietnam? zu Nordirland? zu Gastarbeitern? etc." eingebracht werden, so steht dahinter doch die Grundsatzfrage, ob die Kunstpädagogik nur Wissen vermittelt ohne zur Existenzerhellung beizutragen. Hier – wie allgemein – steht die Sinnfrage im Mittelpunkt, deren Stellenwert Paul Ricoeur wie folgt beschreibt: „Was den Menschen fehlt, ist sicher Gerechtigkeit und ganz gewiß Liebe, aber mehr noch der Sinn. Die Sinnlosigkeit der Arbeit, die Sinnlosigkeit der Freizeit, die Sinnlosigkeit der Sexualität – das sind die Probleme, mit denen wir jetzt zu tun haben."[2] Und gerade an dieser Stelle dürfte der Beitrag der Kunst zur möglichen Sinnhaftigkeit des Lebens nicht ausgeklammert werden, zumal ihr die „Kategorie der Besonderheit"[3] zugesprochen wird, die möglicherweise einem sinnlosen Bildungsmaterialismus entgegentreten könnte.

Die Grundfrage ist so alt wie die Ästhetik-Diskussion, akut wird sie aber erst für die Kunstpädagogik, seit der Sinn der Kunst in Frage gestellt wurde.[4]

Schillers Fragestellung von 1795 kann – wenn die folgende Differenzierung mitgegeben wird – das Problem von Sinnlichkeit und Vernunft einleiten. Ihm ging es dabei um die Frage des Transfer dieser beiden Größen, nicht um die Frage nach dem Sinn ästhetischer Erziehung, der für ihn in der ‚Humanitas' bestimmt war: „Die Aufklärung des Verstandes, deren sich die verfeinerten Stände nicht ganz mit Unrecht rühmen, zeigt im ganzen einen so wenig veredelnden Einfluß auf die Gesinnungen, daß sie vielmehr die Verderbnis durch Maximen befestigt."[5] Oder: „Nicht genug also, daß alle Aufklärung des Verstandes nur insofern Achtung verdient, als sie auf den Charakter zurückfließt; sie geht auch gewissermaßen von dem Charakter aus, weil der Weg zu dem Kopf durch das Herz muß geöffnet werden. Ausbildung des Empfindungsvermögens ist also das dringendere Bedürfnis der Zeit, nicht bloß weil sie ein Mittel wird, die verbesserte Einsicht für das Leben wirksam zu machen, sondern selbst darum, weil sie zu Verbesserung der Einsicht erweckt."[6]

Diese Fragestellung hat sich heute erweitert durch die unter anderem von naturwissenschaftlicher Rationalität und von der durch die Technik ins Unendliche entwickelten und gesteigerten Möglichkeiten der „monopolartigen Vorherrschaft einer instrumentellen Vernunft, die vornehmlich um die Potenzierung von Mitteln bemüht ist, ohne die Zwecke und den dahinter liegenden Sinn anthropologisch zu reflektieren."[7] Kurz zusammengefaßt gibt Scherer[8] folgende Charakterisierung: „Die gegenwärtige gesellschaftliche Situation ist durch die Versteifung jener Trends und Strukturen bestimmt, welche in den letzten Jahren unter den Stichworten Leistungsgesellschaft, Herrschaft technokratischer Rationalität oder instrumenteller Vernunft und als Verdinglichung des Menschen unter die Zwänge der verwalteten Welt kritisiert worden sind."[9]

Gerade Herbert Marcuse baut in seiner Gesellschaftstheorie auf einer Analyse der Gesellschaft auf, die zu einem derartigen Ergebnis kommt: „Eindimensionalität" und „Entfremdung"[10] sind Mißstände der durch die instrumentelle Vernunft und Technokratie verursachten Situation. Er ist ein Vertreter der Wissenschaft, die gegen die o. gen. Zwänge ein Gegengewicht in der „neuen Sensibilität"[11] schaffen möchte, um damit den Menschen und die Gesellschaft zu einer ihnen gemäßen neuen Freiheit und Mehrdimensionalität in einer neuen Gesellschaft zu führen. Wenn demgegenüber eine andere Richtung die „Organisierung der Mittel selber zum Sinn"[12] zu machen versucht und dies mit dogmatischer Intoleranz und dem Totalitätsanspruch der Mächtigen durchzusetzen trachtet, dann muß – um einer solchen Entwicklung solange es noch möglich ist – vorzubeugen, nach dem Verständnis der Wissenschaft gefragt werden, das diese Haltung bestimmt. Wenn z. B. der Strukturplan für das Bildungswesen fordert: „alle Lehr- und Lernprozesse müssen wissenschaftsorientiert sein und in ihrer Bedingtheit und Bestimmtheit durch die Wissenschaften erkannt und entsprechend vermittelt werden,"[13] dann müßte zuvor das Wissenschaftsverständnis geklärt sein oder zumindest mit gesagt sein. Zum Zweiten müßte in Frage gestellt werden, ob es stimmt, daß alle Lehr- und Lerngegenstände nur durch Wissenschaft vermittelt werden können und sollen.

An dieser Stelle ist der Ort zur Einführung und Begründung der Auswahl des zweiten Autors Moissej Kagan, der gerade der ästhetischen Erziehung aufgrund ihrer andersartigen Aneignung der Wirklichkeit einen anderen und intensiveren Bildungs- und Erziehungswert zuweist als der Bildung durch Wissenschaft, die andersartige Sinnerfahrungen, Bewertungen und Beurteilungen ermöglicht als die durch ästhetische Erziehung vermittelte Bildung.

1.2.2 Utopie und Illusion

Sich mit der „Exploration des Möglichen" zu befassen, kann, geurteilt von einem dokumentarisch-positivistischen Wissenschaftsbegriff, der die Wahrheit in der Übereinstimmung mit dem Faktischen sieht, dazu führen, als utopisch, illusionistisch im Sinne von irreal und unwahr abgeurteilt zu werden; kurz gesagt als sinn- und zwecklose Phantasterei, auch dann, wenn es explizit um die Frage und Suche nach der Sinnhaftigkeit geht. Doch der

Wechsel von Sinnhaftig- und Sinnlosigkeit ist nicht willkürlich, sondern unlösbar mit der Auffassung von Mensch und Welt und deren Vermittlung verbunden. Nach meiner Meinung bietet gerade utopisches Denken in dem zugehörigen Kontext einen neuen möglichen Ansatz zur Humanität, der auf dem Wege der rationalen Wissenschaft nicht erreicht werden kann. Diese Auffassung ist – um auch hier Mißverständnissen vorzubeugen – erläuterungsbedürftig.

Innerhalb des allgemein als utopisch bezeichneten Denkens sind wiederum zwei Richtungen oder Motivreihen zu unterscheiden, die „wissenschaftlich-technisch" und die „gesellschaftlich-politisch" orientierte; die Antizipationen im ersten Bereich werden zumeist als „Fiktionen", im zweiten als „Sozialutopien" bezeichnet.[14] Den Bereich der letzteren betreffen Aussagen unseres Themas, die innerhalb der verschiedenen Vorgriffe der Sozialutopie im Entwerfen von Idealen, der Zeichnung von Schreckbildern oder Wünschen, der Aufweisung von Sozialkritik etc. die Möglichkeiten der Kunst und ihrer Vermittlung durch die ästhetische Erziehung vornehmen. Kurz gefaßt lautet die Frage: Welche Sinnhaftigkeit und welche Möglichkeit bringt das ästhetische Denken in das utopische ein?

Obwohl wir in der Theorie die beiden Motivreihen utopischen Denkens unterscheiden können, liegt in der totalen Trennung oder Verabsolutierung einer der beiden Richtungen die Grundschwierigkeit utopischen Denkens auf dem Wege zur Realisierung, denn sie bedürfen einer wechselseitigen Verflechtung. Jean Améry hat diesen Sachverhalt so gefaßt: „Die vom Prinzip Hoffnung getragene Sozialutopie hat eine deutliche Tendenz, technische Modelle zu vernachlässigen und sich an einer vortechnischen Welt, einer Welt ohne Geräte, zu orientieren; die das Prinzip Hybris bergende technische Utopie extrapoliert alle in der Gegenwart angelegten technischen Möglichkeiten, will die Hoffnung von der Enttäuschbarkeit befreien und richtet ihr Auge furchtlos in eine Zukunft, in welcher der Mensch Teil eines Apparates und damit selbst Gerät wird. In grober Vereinfachung der Tatbestände, die sich aber vielleicht doch der Wahrheit annähert, kann man sagen, daß die Gefahr der Sozialutopie in einem irrationalistischen Chiliasmus liegt, während die Drohung in der technischen Utopie ein ins Absurde sich hinaufsteigender Super-Rationalismus ist."[15]

Damit ist einerseits die Problemstellung von Rationalität und Sensibilität, übertragen auf das Feld der Utopien, noch einmal gekennzeichnet, andererseits wird hier das Fundament für eine methodisch-kritische Untersuchung sozial-utopischer Ansätze, wie sie bei Marcuse vorliegen, gelegt.

Der Vorwurf, daß Sozialutopien unrealistisch seien, leitet sich aus einer bereits eingangs genannten empirisch positivistischen Auffassung ab. Da es daneben ebenso die entgegengesetzte Behauptung gibt, die gerade für die Sozialutopien Realismus beansprucht, muß deren Argumentation noch angefügt werden; „Insofern die Sozialutopien die Idee wünschbarer und notwendiger Veränderung sowohl formal enthalten und aufrechterhalten wie auch material an einigen Zentralthemen durchspielen, erweisen sie ihren extremen Realismus und ihre Sensibilität nicht für abstrakte, sondern sehr wohl für konkrete Belange des Humanen; denn die konkreten Menschen sind es doch, die leiden, streiten, unglücklich sind, die das ‚Nicht', das Ausstehende spürbarer erfahren als die Erfüllung im ‚Da', im Wirklichen . . ."[16] Erkennt man also dem Menschen die Fähigkeit geschichtlichen Transzendierens zu, – das freilich ist eine Voraussetzung, – dann sind Utopien „als Zeugnisse der human-ontologisch notwendigen, sich gesellschaftlich-politisch ereignenden geschichtlichen Selbst-Transzendenz zu betrachten."[17]

Diese anthropologisch fundierte Eigenart menschlichen Lebens und Denkens steht jedoch in der Gefahr, da sie nicht abzuschaffen ist, umfunktioniert zu werden, und zwar in einer materialistischen Kultur durch „die Vision einer durch Wissenschaft geläuterten Welt das Gelobte Land"[18] zu erreichen. „Die Wissenschaft erklärt die Welt total und duldet keine dunklen Winkel des Geheimnisses. Durch neuartige Maschinen wird morgen auch die Arbeit nur noch ein Spiel sein!"[19] Damit erübrigen sich – so meint man – die Sinnfragen des „Wozu noch kämpfen? " und „Wozu also soziale Verantwortung auf sich nehmen? "[20]

Wissenschaft und Utopie sind mit unterschiedlichen Ansätzen in dem so skizzierten Sinne nahe Verwandte, im Sinne Freuds sind beide „Illusionen". Für die Illusion bleibt die „Ableitung aus menschlichen Wünschen"[21] charakteristisch, Illusion muß nicht notwendig falsch, d. h. „unrealisierbar oder im Widerspruch mit der Realität sein".[22] Hierbei kommt es auf den Sprachgebrauch an. Für die von Freud gegebene Umschreibung der Illusion kann man den heute allgemein gebrauchten Begriff der Utopie als Sozialutopie einsetzen, die die Wirklichkeit herausfordert und interpretiert, um daraus eine neue Wirklichkeit, eine neue Gesellschaft zu schaffen, die – sobald sie realisiert ist – nicht mehr den Namen Utopie für sich beanspruchen kann.

1.2.3 Informationsästhetik und Ästhetik als Sinntheorie

Ein ähnlicher Ansatz wie er im vorangegangenen Kapitel in den Alternativen von ‚Fiktion' und ‚Sozialutopie' als in zwei durch ihre andersartige wissenschaftliche Auffassung unterschiedenen Formen der Utopie dargestellt wurde, findet sich auf dem Gebiet der Ästhetik hinsichtlich ihrer wissenschaftlichen Methoden. Warum die durch technologisches Denken bestimmte „Informationsästhetik" nicht Gegenstand dieser Untersuchung sein kann, kann eine Beurteilung wiedergeben, gemäß der die Informationsästhetik in ihrer Eigenart der von mir gesetzten und im folgenden nachzugehenden Prämisse der Kunst als „Exploration des Möglichen" widersprechen würde: „Technologisches Denken, das, fasziniert von dem Zauberwort Progression, darauf abzielt, das Mögliche quantifizierend zu totalisieren und bereits eine Ästhetik entwirft, die des Menschen nicht bedarf, entwirft damit zugleich einen Menschen, der der Ästhetik nicht bedarf . . . Das Ergebnis einer konsequenten Anpassung von Kunst und Technik wäre nicht eine neue menschliche Weltveränderung."[23]

Um aber nicht Behauptung gegen Behauptung stehen zu lassen, soll eine kurze Darlegung der Grundzüge des informationstheoretischen Ansatzes dazu dienen, diese „Konstatierungsästhetik"[24] gegenüber den Ansätzen einer philosophischen Ästhetik abzugrenzen und die Konsequenzen aufzuzeigen.

In der definitionsartigen Umschreibung bei Max Bense wird die Informationsästhetik folgendermaßen charakterisiert: „Die ‚Informationsästhetik', die mit semiotischen und mathematischen Mitteln arbeitet, kennzeichnet die ‚ästhetischen Zustände', die an Naturgegenständen, künstlerischen Objekten, Kunstwerken oder Design beobachtbar sind, durch Zahlenwerte und Zeichenklassen, das heißt aber, sie definiert sie als eine besondere Art von ‚Information', eben als ‚ästhetische Information', die relativ zu einer Quelle, das heißt einem Repertoire von Elementen oder materialen Mitteln gebildet wird. Die Theorie widmet sich zwar vorwiegend ‚materialen' Problemen, ignoriert aber keineswegs die ‚intentionalen'."[25]

Es handelt sich also um eine Methode, deren Objektbereich weitgefaßt sowohl natürliche wie vom Menschen geschaffene Kunst- oder Gebrauchsgegenstände umfaßt und aufgrund ihrer Untersuchung mit semiotischen und mathematischen Mitteln die Bezeichnung einer „wissenschaftlichen Ästhetik"[26] beansprucht, da sie mit rationalen Methoden die Objekte und somit das Objektive herausstellt im Unterschied zu dem aus dieser Sicht nicht Rationalen, dem Spekulativen, dem Metaphysischen, dem Irrationalen als dem Unvernünftigen und das heißt dem Unwahren. Aufgrund einer so verstandenen exakten, mathematisch-meßbaren und damit aus dem zugehörigen Grundverständnis abgeleiteten ‚richtigen' Methode setzt die konsequente Anwendung der instrumentellen Vernunft Wahrheit als das dokumentarisch Zähl- und Meßbare fest[27] und kann damit auch für sich beanspruchen, Heilmittel für die Kunsterziehung zu sein: „Nur eine solche rational-empirische, objektiv-materiale Ästhetikkonzeption kann das allgemeine spekulative Kunstgeschwätz der Kritik beseitigen und den pädagogischen Irrationalismus unserer Akademien zum Verschwinden bringen."[28]

Dieses Versprechen muß jedoch als Scheinlösung dekouvriert werden, weil es von der historischen Verbindung von Ästhetik und Erkenntnistheorie wegführt und die wichtige Subjekt-Objekt-Beziehung relativiert, natürlich nur für denjenigen einsichtig und zu akzeptieren, der unter Reflexion etwas anderes versteht als mathematische Konstatierbarkeit, wie z. B. Jürgen

Habermas, der so zu einer Kritik gegenüber der Informationsästhetik kam: „Daß wir die Reflexion verleugnen, i s t der Positivismus."[29]

Ein Autor der Kunstpädagogik wie Hans Giffhorn bezieht unter anderem Aspekt die Informationsästhetik in den Rahmen seiner „Kritik der Kunstpädagogik"[30] mit ein. Sie habe die Hoffnung, „verbindliche Normen und Wertmaßstäbe für Kunst zu besitzen, die gleichzeitig wissenschaftlich fundiert sind", leider enttäuscht, weil sie auf den falschen vorwissenschaftlichen Entscheidungen Max Benses und George David Birkhoffs beruhe; „Der Wert, die Schönheit, der ‚Grad der Gestaltung' sei definitiv feststellbar und meßbar."[31] Kunsterziehertagungen[32], die sich in der Hoffnung, brauchbare Normen zu finden, mit der Anwendung der Informationstheorie auf die Kunst beschäftigten, mußten zu dem Ergebnis kommen: „Alle Messungen an Bildern . . . sagen über die Kunst dieser Bilder überhaupt nichts aus."[33] Gemeint ist, daß die Inhalte hinter die Formen zurückgestellt werden, d. h. die Dominanz der Struktur über die Relevanz.

Ausgehend von Walter Benjamins These, daß sich die Kunst im Zeitalter der Reproduzierbarkeit von ihrer Bindung an das Ritual gelöst hat,[34] taucht mit der Informationsästhetik eine neue „technokratische Theologie" auf, „und der ganz und gar auf das technisch Machbare verschworene Programmierer der Ästhetik erkennt nicht mehr, wie er selbst bereits einem Programm nur noch folgt. Der Fortschrittsgedanke dient in dieser Ästhetik einer Methode, die überall numerierbare Verhältnisse an die Stelle starrer ‚Qualitäten' setzt, diese aber nicht verwandelt, was durchaus nötig wäre, sondern die Qualitätsfrage als angebliche Scheinfrage ausklammert"[35] oder sie mit einem der Informationsästhetik vorangestellten Hegel-Zitat glaubt, bereits gelöst zu haben: „Im Maß sind, abstrakt ausgedrückt, Qualität und Quantität vereinigt . . ."[36] Aufgrund der so behandelten Qualitätsproblematik ist es auch nicht verwunderlich, daß die Auseinandersetzung mit Max Bense in der marxistischen Ästhetik keine Nachfolge gefunden hat.[37]

Bense selbst weiß, daß ästhetische Realität Deutung erfordert, und so hat er in seiner eingangs zitierten Definition neben den ‚materialen' die ‚intentionalen' Probleme nicht ausgeschlossen, denen er dann unter der Rubrik „Wertästhetik"[38] nachgeht, indem er die Zusammenhänge von Interpretationsästhetik und Objektästhetik dahingehend löst, daß er den Wert nicht allgemein leugnet, sondern ihn „dem Bedeutungssystem des Interpretanten" zuschreibt, was aber nicht Gegenstand seiner Untersuchung ist. Und so stellt sich das informationsästhetische Vorgehen – in seiner eigenen Aussage – als für die wichtige Objekt-Subjekt-Beziehung offen dar, d. h. die wesentliche Formulierung von Werten oder Normen gibt sie nicht: „Jedenfalls stellen alle informationsästhetischen numerischen Angaben, alle Maßzahlen, echte indexikalische Bezeichnungen für das Objekt dar, über deren Menge der Wert im Interpretantenbezug gebildet werden kann. Die Übergangsregeln vom Objektbezug zum Interpretantenbezug, vom Bezeichnen zum Bedeuten des Objekts, von der Maßzahl zur Wertzahl sind selbst interpretantenrelevant, sind also für jeden Interpretanten zu formulieren."[39]

Damit ist die Informationsästhetik den Gefahren eines unreflektierten Deutens einerseits nicht enthoben, denn sie kann und will auch andererseits keine Antwort auf die Fragen nach Werten und Wahrheit geben, es sei denn im Angebot ihrer generalisierenden Theorie, die bereits in der Vorentscheidung festgelegt hat, was Wahrheit ist und somit der Kunst eigentlich nicht mehr bedürfte.

Die von Bense entwickelte ästhetische Information als eine „Information über Verteilung und Auswahl ästhetischer Zeichen und Strukturen" bestimmt „ästhetische Zustände" als „statistische Zustände"[40] und liefert damit „kaum mehr als einen Hinweis auf mögliche Ansätze zur Quantifizierung"[41], jedoch keine Antwort auf die Fragen nach Sinn und Ziel der Kunst innerhalb der Gesellschaft oder im Hinblick auf eine neue, zu verändernde Gesellschaft und fällt damit als mögliche Methode der Betrachtung meines Themas aus.

1.2.4 Musische Bildung – Ästhetische Erziehung – Visuelle Kommunikation

Bei den Begriffen „musische Bildung" oder auch „musische Erziehung", „ästhetische Erziehung" und „visuelle Kommunikation" handelt es sich – so scheint es zunächst – um die in zeitlicher Folge sich ablösenden Charakteristika des Kunstunterrichts, der mit der Definition der oben genannten Begriffe sein theoretisches Fundament und seine Zielsetzung erhalten müßte. Gemäß der Information unterschiedlicher Lexika und Fachbücher[42] galt die „musische Erziehung" bis in die Mitte der sechziger Jahre als richtungweisend, ihr folgte die „ästhetische Erziehung", gültig bis in die Gegenwart, und zwar in Zusammenhang mit der „Visuellen Kommunikation" als einer „kritischen Mediendidaktik"[43]. Glaubt man aber mit der Untersuchung dieser Begriffe zu einer Beantwortung der Frage zu kommen, welche Inhalte, welchen Sinn und welche gesellschaftliche Relevanz dem Fach der bildenden Kunst oder der Kunstpädagogik heute zukommt, wird man enttäuscht.

Der Feststellung: „Das Fehlen eines gemeinsamen theoretischen Fundaments wird wohl in kaum einem Fach so deutlich wie in der Kunstpädagogik"[44] widmet Giffhorn mehr als die Hälfte des Umfangs seines Buches „Kritik der Kunstpädagogik". Es ist nicht verwunderlich, daß die Folge der negativen Erfahrungen und Feststellungen wie „unklare Lernziele", „Misere mit den Lehrplänen", „Pluralismus der Auffassungen durch höchst unterschiedliche Theoriebildungen", „Vorstellungen über Ziele und Inhalte sind nicht vorhanden" oder Abhängigkeit „vom subjektiven politischen Bewußtsein des einzelnen Kunsterziehers"[45] schließlich zu der in diesem Falle wohl einzig konsequenten Forderung führt, die auch gleichzeitig den Ärger mit der Unbestimmbarkeit von ‚Kunst' lösen würde: „Der Kunstunterricht muß in seiner bisherigen Form abgeschafft werden."[46] Oder aber man unternimmt den Versuch eines Ansatzes zu einer neuen Theoriebildung, die bewußt dem Vorwurf des Eklektizismus begegnen müßte, denn die Kritiker sagen dem Fach mit Recht nach: „Wer heute sich mit Kunsterziehung beschäftigt, findet ein Fach vor, dessen theoretische Begründung sich entweder auszeichnet durch die Absenz von Theorie überhaupt oder durch inkonsistente, ziemlich eklektizistisch ausgenommene Spuren idealistischer Ästhetik .. und .. bürgerlich-liberaler und handwerklicher Ideologien."[47]

Warum sich der hier zu unternehmende Ansatz zu einer neuen Theoriebildung gerade auf den Begriff der „ästhetischen Erziehung" beziehen will, macht eine knappe historische Darstellung der Begriffsentwicklung notwendig, um anschließend die Begründung herausarbeiten zu können. – Die „musische Bildung" oder „musische Erziehung" ist in der frühen deutschen Jugendbewegung (1898–1914) aus einem Antrieb entstanden, der heute noch oder wieder ebenso aktuell ist wie damals: Sie wollte ein Gegengewicht schaffen zur Rationalität in der damaligen historischen Situation gegen die ersten negativen Folgen der Industrialisierung. Bis zum Jahre 1960 verstand sich die musische Bildung bezüglich ihrer inhaltlichen Bestimmung und Angabe der Zielsetzung der Kunsterziehung als „primär planvolles Aufwecken und Ausgestalten der künstlerischen Fähigkeiten des jungen Menschen, wodurch er zu einer ersten ursprünglichen Begegnung mit dem Künstlerischen und dadurch zum Erleben seiner Gemütskräfte gelangen soll, sekundär aber das Bemühen, der Jugend die Werte echter Kunst zu vermitteln und den Sinn für alles Schöne und Edle zu vertiefen, wie es sich darbietet in der Form der ‚großen' Kunst, in der spezifischen ‚Kinder- und Jugendkunst', in der volkstümlichen, dem Empfinden und Verstehen des ‚einfachen' Menschen angemessenen Kunst und in der eigenständigen, aus dem Kunsthandwerk und schlichten Dilettantismus erwachsenen Volkskunst."[48] Die musische Bildung richtete sich sowohl auf die Vermittlung von anerkannter und sog. Volkskunst jedoch n u r in der Erlebnis- und Gemütssphäre ohne intellektuelle Beanspruchung. Wenn ein Konsensus über die in der Definition gekennzeichneten Inhalte der Begriffe wie ‚groß', ‚einfach', ‚Volk' etc. besteht, kann man zu einer derartigen definitorischen Übereinkunft kommen, die aber bei jeder Infragestellung neu begründet werden muß. Diese Aussage brachte in einer späteren Beurteilung der „musischen Bildung" das Charakteristikum „Bewußtseinsdefizit" und „faschistische Vergangenheit" ein, weil „unangefochten blieb, daß Kunst ihren Wert durch sich selbst rechfertige."[49]

Begreift man aber „musische Bildung" in einem weiter gefaßten Verständnis auf ihre bis in die Antike zu Plato und Aristoteles reichenden philosophischen Grundlagen, muß die „musische Bildung" als der Vernunftbildung vor- und als Korrelat zugeordnet werden, wobei die Ganzheitlichkeit als Erkenntnisquelle angestrebt wird. Von Kant wird diese Theorie antiker musischer Bildung wieder aufgenommen und diese dann „ästhetische Bildung" genannte als Propädeutik der sittlichen Erziehung proklamiert. Schiller steht mit seinen Briefen zur ästhetischen Erziehung des Menschen[50] in dieser Nachfolge. Wäre nicht erst im 20. Jahrhundert die Einheit von musischer und ästhetischer Erziehung, wie sie sich in der Philosophiegeschichte herausgebildet hatte, durch die Intellekt- und Ratiofeindschaft und somit auch durch die damit notwendig fehlende Eigenbegründung ihrer Prämissen im eingangs genannten Sinne eingeengt worden, wäre ein solcher Bruch nicht entstanden und eine Neubegründung der ästhetischen Erziehung könnte – wie sie es auch heute wieder tut – bei Schiller[51] ansetzen ohne die zeitbedingten von unserem Standpunkt als Mißverständnisse zu bezeichnenden Deutungen der Zwischenzeit widerlegen und aufarbeiten zu müssen. Nur allzuoft werden dabei – um nicht in den Ruf der Antiquiertheit zu kommen, – auch heute noch gültige Ansätze der sog. „musischen Bildung" mit vertilgt.

Die Schwierigkeit, historisch bedingte Erkenntnisse – auch die der Erkenntnistheorie fallen darunter – in eine andere Zeit zu transponieren, betrifft besonders diesen Fragepunkt. – Nimmt man also den Begriff der ästhetischen Erziehung als in der Antike sich entwickelnde, in immer neuen Rückgriffen weiter aufgebaute Theorie von der Aisthesis, der Wahrnehmung, nicht nur als positivistische Sinneswahrnehmung, sondern in ihrem Kontext der Philosophie vom Guten, Wahren und Schönen, dann muß die Gegenwart aufgrund der veränderten geschichtlichen Situation diese Wertbegriffe neu füllen und interpretieren und Fehlformen der Vergangenheit aufgrund einer andersartigen zeitbedingten Einschätzung ablegen, z. B. die Mißachtung industrieller Erzeugnisse der optischen Kultur, die in der musischen Bildung aufgrund ihrer Industriefeindlichkeit ausgeklammert wurden, in den entsprechenden Kontext begründend wieder einführen. Dazu gehört besonders eine Neu-interpretation der „politischen Dimension" des Ästhetischen, die von jeher zu ihrer Theorie gehörte, aber jeweils anders ausgesagt werden muß. Ein Verbalanschluß an Schiller reicht hier für eine Neuformulierung nicht aus.

Eine solche inhaltliche Begriffsbestimmung haben Gesellschaften mit einer eindeutigen, festgefügten Zielsetzung sehr viel stringenter vorgenommen, z. B. die kommunistische, die die ästhetische Erziehung als politische zum Bildungsprinzip in allen Schulfächern und in allen Lebensbereichen erklärt, weil durch die Gesellschaftskonzeption bereits der Wert der Ästhetik festgelegt ist: „Ästhetische Erziehung ist systematische Vermittlung und Formung von ästhetischen Kenntnissen, Erkenntnissen, Bedürfnissen, Fähigkeiten, Gewohnheiten und Gefühlen, die dem realen Humanismus und den Schönheitsvorstellungen der sozialistischen Gesellschaft entsprechen und wesentlichen Anteil an der Herausbildung allseitig entwickelter sozialistischer Persönlichkeiten, vor allem ihrer schöpferischen Potenzen, haben."[52]

Als weitere Abgrenzung zur ästhetischen Erziehung steht noch die der visuellen Kommunikation aus. Global formuliert kann zunächst gesagt werden, visuelle Kommunikation ist nicht eine theoretische Fundierung oder eine neue Methode des Kunstunterrichts, sondern ein neues Fach, das den Kunstunterricht ablösen soll, wenn dieser u. a. aufgrund mangelnder theoretischer Fundierung abgeschafft werden muß.

Geht man von den verbalen Gegebenheiten aus, so liegt ein Akzent auf „visuell", das ist aber nicht neu, denn auch der bisherige Kunstunterricht hatte es mit dem optisch Erfahrbaren zu tun. Der zweite Akzent liegt auf „Kommunikation" oder Kommunikationsfähigkeit, einer Forderung, die ebenso für den bisherigen Kunstunterricht zutraf.[53] Man muß also über die Verbalinterpretation des Begriffes hinausgehen, um der Intention auf die Spur zu kommen.

Einigkeit besteht in der Ausweitung des inhaltlichen Bezugsfeldes, in dem Lehr- und Lernziele zu realisieren sind, über Kunst hinauszugehen auf ästhetische Prozesse und Objekte, also auch auf andere Medien als Kunst, z. B. Fotografie, Film, Fernsehen, Illustrierte, Werbung, Comic etc. Dabei bleibt die Frage offen, ob Kunst als ein integrierter Bestandteil dieser neuen Inhalte beibehalten wird oder nicht und ob ihm eine besondere Bedeutung aufgrund einer Besonderheit oder Andersartigkeit zukommt. Dogmatische Behauptungen aus den unterschiedlichsten Argumentationszusammenhängen fordern ohne Begründung: „Kunst könnte in einem solchen Lernprozeß keine Sonderstellung mehr beanspruchen. Als Artikulation und Transportmittel von Bewußtsein – von Bewußtsein, das nach den Regeln des kapitalistischen Marktes produziert und verkauft wird – ist sie der Bewußtseinsindustrie integriert"[54]. Oder: „Versteht man Werke der Bildenden Kunst als Bilder der Wirklichkeit, in denen gesellschaftliches Bewußtsein sich darstellt und mitteilt, so läßt sich ein verbindlicher Unterricht in den geschilderten Ausführungen heute nicht mehr rechtfertigen. Gründe für dieses Urteil sind: a.) Bildende Kunst ist seit langem, aber erst recht heute nicht mehr denn ein Teilbereich optischer Kultur; andere Bereiche optischer Kultur haben ihn schon rein quantitativ weit überflügelt. b.) Die quantitative Dominanz der sog. Massenmedien wird zur qualitativen, da ihre kommunikative Effizienz durch Masse und Realitätsgrad ungleich höher liegt, als bei der Bildenden Kunst, . . ."[55] Wenn die Frage nach der Qualität mit der Quantität beantwortet wird, ist die theoretische Durchdringung dieses neuen Faches noch verderblicher als bei der alten Kunsterziehung, weil hier politische Absicht mit der Unlogik betrieben wird. Als Ziel der visuellen Kommunikation wird darüber hinaus angegeben, „den Empfänger optischer Informationen zu kritischem Verhalten zu befähigen. Das bedeutet, daß zunächst eine kritische Mediendidaktik zu entwickeln wäre, die Visuelle Kommunikation im gesamtgesellschaftlichen Zusammenhang zu ihrem Gegenstand macht. Zentrale Aufgabe eines sich so verstehenden Unterrichts hätte die Vermittlung der Einsicht zu sein, daß heute herrscht, wer über das Bewußtsein der Massen verfügt. Die Einsicht in die Bedingungen der Abhängigkeit unseres Bewußtseins von der Bewußtseinsindustrie und damit von denjenigen, die über diese Produktionsmittel verfügen, wäre die erste Voraussetzung für Emanzipation."[56]

Damit hat die Visuelle Kommunikation in ihrer Zielsetzung ein politisches Vorgehen angegeben, jedoch nicht im Sinne Schillers, denn es hat keinerlei innovierende Möglichkeiten, als „die Einsicht in die Abhängigkeit" und in welche ist nicht mehr zu fragen erlaubt, weil die vorausgehende Maxime die Abhängigkeiten bereits regelt: „es herrscht der, der über das Bewußtsein der Massen verfügt."[57]

Die Visuelle Kommunikation, die sich in erster Linie auf die Untersuchung der Wirkung der Massenmedien beziehen will, bedarf auf diesem weithin noch ungeklärten Gebiet neuer Untersuchungsmethoden, die nur in einer Kooperation der Kommunikationsforschung mit den Gesellschaftswissenschaften, der Psychologie u. a. entwickelt werden können. Augenblicklich ist die ‚Offenheit' dieses Faches, Ziel- und Sinnfragen betreffend, geeignet zur Abhängigkeit von neuen Doktrinen und Dogmen, so daß die bis jetzt weithin verbal geforderte Aufklärung in eine neue Kritiklosigkeit und Hörigkeit abgleiten könnte.

In dem so skizzierten neuen Fach ist weder nach der Ästhetik allgemein noch nach einer Ästhetik als möglicher Sinntheorie gefragt, da neben der Quantität der Bilderflut der Massenmedien eine mögliche Qualität der Kunst keinen besonderen Platz mehr einnimmt. Für das Vorhaben meiner Untersuchung scheiden somit die Ansätze der Visuellen Kommunikation aus.

1.3 Methodische Überlegungen und Zielsetzung

Unter Berücksichtigung der vorgenommenen Abgrenzungen und Begriffserläuterungen soll der Terminus ‚ästhetische Erziehung' als Operationsmodell bei der Frage nach einer Bestimmung des Wertes Kunst für die Erziehung gebraucht werden. Die durch das Adjektiv vorgenommene Determination einer bestimmten Erziehung als ‚ästhetische' ist eher eine Indetermination, da die gesamte Ästhetik-Problematik hierin mit enthalten ist.

Ein erster Blick in gegenwärtige kunstdidaktische und spezielle pädagogische Publikationen[58] macht die Verwirrung vollkommen: Es scheint in der sogenannten Fachterminologie unumgänglich, ob es nun um Kunst oder Visuelle Kommunikation geht, den Ausweis der Fachzugehörigkeit und Problemkenntnis durch die Adjektivdekoration ‚ästhetisch' vorzunehmen. Aus der Fülle der Beispiele, in denen einem Substantivbegriff eine gewisse Charakteristik durch die Zuordnung ‚ästhetisch' gegeben wird, ist keineswegs e i n e Bestimmung von ‚ästhetisch' durch den Rückschluß der Übereinstimmung ähnlicher Substantiv-Begriffe zu entnehmen, denn es gibt sowohl „ästhetisches Empfinden" wie „ästhetisches Denken", „ästhetisches Objekt", „ästhetische Qualität" und „ästhetische Erziehung."[59] – Doch macht man sich die Mühe einer etwaigen Kategorisierung der dem Adjektiv „ästhetisch" zugeordneten Substantive, so lassen sich – mit nicht immer klaren Grenzen – vier Bereiche der Zuordnung herausstellen: Subjekt, Objekt, Subjekt-Objekt-Relation und Theorie.

Dem Subjekt-Bereich wären in erster Linie Kombinationen zuzuordnen wie „ästhetisch/e/s Bedürfnis, Phantasie, Bewußtsein, Denken, Verhalten, Sensibilität."; dem Objekt-Bereich „ästhetisch/e/s/r Zustand, Objekt, Bereich, Prozeß, Material . . ."; der Subjekt-Objekt-Relation die zahlenmäßig größte Variante von „ästhetisch/e/s/r Erfahrung, Empfinden, Faszination, Manipulation, Kommunikation, Rezeption, Produktion, Beanspruchung, Genuß, Reiz . . ."; und dem Theorie-Bereich: „ästhetisch/e/s/r Theorie, Urteil, Norm, Wert, Maßstab, Erziehung, Ausbildung, Unterricht, Gesamtunterricht . . ."

Diese vordergründige statistische Methode gibt den Aufschluß, daß – aus dem Verbalen zu schließen – alle vier Bereiche, der Subjekt-, der Objekt-, der Relations- und Theoriebereich mit dem Ästhetischen, seiner Schaffung, Erfahrung, Erkenntnis und ihren Folgen zu tun haben. Die Eigenart des Theorie-Bereichs bestimmt sich immer daraus, auf welchen der drei anderen Bereiche der Hauptakzent gelegt wurde, ob es nun die Fakten sind, die Objekte, die zu einer „empirischen" oder „objektiven" Ästhetik[60] führen oder eine bestimmte Auffassung vom Menschen, dem Subjekt, die zu einer „idealistischen Ästhetik" führte; oder in der materialistischen Auffassung[61] die „Naturkonzeption", die das Ästhetische, das Schöne, als natürliche Eigenschaft der Dinge und Erscheinungen betrachtet oder die „Gesellschaftskonzeption", die von den Beziehungen des Menschen zur Umwelt ausgeht, die sich auf die Rolle der Praxis, bzw. der Produktionstätigkeit des Menschen stützt, durch die er a l l e Erscheinungen der Umwelt zu sich in Beziehung setzt.

Aus dieser Tatsache ergibt sich die Erkenntnis, daß keiner der drei Bereiche auf dem Wege zu einer Theorie – will man nicht eine dogmatische oder ideologische Vorentscheidung treffen – ausgeklammert werden darf. Ober anders gesagt, wo ein Bereich ausgeschaltet ist, geht der ästhetischen Untersuchung bereits eine ideologische Entscheidung durch das nicht mehr begründete Vor-urteil voraus.

Somit ist auch verständlich, daß gegenwärtige ästhetische Theorien oder Ästhetiken oder sich mit ästhetischen Fragen befassende Kunstdidaktiken, die alle den gleichen Begriff ‚ästhetisch' benutzen, sich dennoch gegenseitig in Frage stellen oder widerlegen können, weil der Begriff ästhetisch in Abhängigkeit von der im Vorfeld getroffenen Entscheidung verstanden werden muß.

Ziel der Arbeit muß es deshalb sein, bei der Untersuchung der Ästhetik-Theorien der beiden Autoren Marcuse und Kagan den Richtigkeitsanspruch für das Ästhetische und die ästhetische Erziehung aus der im Rahmen der Gesamtphilosophie getroffenen Vorentscheidungen zu erkennen, um dann dort, wo in der kunstdidaktischen Literatur der Systemansatz nicht mitgegeben wird oder nur zu erahnen ist, auf das Janusgesicht der ästhetischen Erziehung aufmerksam zu machen, die – unter dem gleichen Namen – zur Freiheit oder zur Sklaverei führen kann.

2. Die Ästhetik in der kritischen Theorie

Zwei Autoren der Gegenwart, Philosophen und Gesellschaftstheoretiker, sollen auf Aussagen zum Begriff der „Ästhetik" und deren Stellenwert im Gesamtentwurf ihrer Gesellschaftsphilosophie und – theorie befragt werden: Herbert Marcuse und Moissej Kagan. Als übereinstimmendes Merkmal ist ihren Theorien eigen, daß die Ästhetik einen bestimmten Wert beim Aufbau der von ihnen je neuen, angestrebten Gesellschaft einzubringen hat. So müssen für jeden der beiden Entwürfe Ausgangs- und Zielvorstellung und die Methode der Vermittlung beider mit angegeben werden. Daraus kann dann dargestellt werden, unter welcher Problematik und in welchem Bereich die Ästhetik und ihre Aufgabenstellung angesiedelt werden.

Dies erfordert zunächst eine möglichst prägnante Darstellung der Gedanken der beiden Autoren in bezug auf die Ästhetik, um daran im Vergleich eine kritische Wertung anschließen zu können.

2.1 Die Ästhetik Marcuses in der philosophischen Tradition

Ästhetik ist in den Schriften Herbert Marcuses untrennbar von gesellschaftlichen Sachverhalten und damit auch von geschichtlichen Traditionen wie eine der von ihm gegebenen Umschreibungen der Ästhetik zeigt: „Die Analyse der erkennenden Funktion der Phantasie wird so zur Ästhetik, als zur ‚Wissenschaft von der Schönheit' hingeführt: hinter der ästhetischen Form steht die verdrängte Harmonie von Sinnlichkeit und Vernunft – der ewige Protest gegen die Organisation des Lebens durch die Logik der Herrschaft, die Kritik am Leistungsprinzip."[62] Die im folgenden zu entwickelnde Problematik der Ästhetik im Denken Herbert Marcuses ist in diesem Zitat bereits in ihren wichtigsten Ansätzen angesprochen.

In Anlehnung an die Ästhetik-Lehren der Idealisten, insbesondere Kant und Schiller, erläutert Marcuse den Begriff der Ästhetik zunächst durch die Übernahme der Voraussetzung, daß eine „innere Verbindung zwischen Lust, Sinnlichkeit, Schönheit, Wahrheit, Kunst und Freiheit" anzunehmen ist.[63] An anderer Stelle wird der konstitutive Zusammenhang mit der Phantasie noch ergänzt: „Gleich der Phantasie . . . ist der Bereich der Ästhetik vorzüglich ‚unrealistisch', sie hat sich um den Preis, in der Realität wirkungslos zu sein, ihre Freiheit vom Realitätsprinzip bewahrt."[64] – Aus den wenigen genannten Zitaten sind bereits die Fragestellungen gegeben und mit ihnen die wichtigsten zu klärenden Begriffe aufgezeigt: Kunst und Wirklichkeit, Erinnerung, Wahrheit und Freiheit, Phantasie und Realität.

Marcuses Problemansatz ist bereits in der Philosophie Kants vorhanden, nämlich in dem Antagonismus zwischen Subjekt und Objekt, der zur Aufspaltung der psychischen Fähigkeiten führte. Ein Katalog der Antagonismen, mit denen sich bereits Kant und Schiller auseinandersetzten, tritt auch bei Marcuse auf. Die folgenden Bereiche stehen in vermeintlicher totaler Trennung nebeneinander:

Sinnlichkeit → Intellekt, Verstand, Vernunft
Einbildungskraft → Erkenntnis
Phantasie, Imagination → rationales Vermögen.[65]

Das Problem der Vermittlung stellt sich als zentrale Frage. Kant hat es in seiner Schrift der „Kritik der Urteilskraft."[66] durch die Darlegung der „Urteilskraft" als Fähigkeit der Beurteilung zu lösen versucht, indem er sie mit den Gefühlen von Lust und Unlust verknüpfte. Insbesondere wies er dies für die Urteilskraft der Ästhetik nach, die mit dem Gefühl der Lust verbunden ist wie ihr Anwendungsgebiet, die Kunst.[67]

Marcuse stimmt diesem Ansatz grundsätzlich zu und versucht, ihn in seiner Theorie weiterzuführen. Im einzelnen kritisiert er die schon bei Kant beginnende Begriffsvermischung und -verunklärung dessen, was Ästhetik ist, indem der Begriff einmal im ursprünglichen Sinn des Wortes als „den Sinnen zugehörig" gebraucht werde, aber auch in der neuen Bedeutung „der Schönheit, besonders der Kunst zugehörig", die sich zur Zeit Kants endgültig durchsetzte.[68]

Abgesehen von dieser Detailkritik wird der ästhetischen Dimension bei Kant – und analog bei Marcuse – die wichtige Vermittlerstellung zugesprochen: Die ästhetische Dimension ist die Mitte, wo Intellekt und Sinne sich begegnen, das Medium, „durch das die Natur empfänglich wird für die Freiheit, die Notwendigkeit empfänglich für die Autonomie."[69]

Die grundlegende Erfahrungsweise in der ästhetischen Dimension ist in erster Linie sinnlich, nicht begrifflich. Sie ist wesentlich Intuition.[70] Dieser nicht durch die Ratio bestimmte Erkenntnisvorgang kommt durch eine „Empfänglichkeit" zustande, indem gegebene Objekte eine affektive Wirkung auf das Subjekt ausüben. „Kraft dieser wesenhaften Beziehung zur Sinnlichkeit nimmt die ästhetische Funktion ihre zentrale Position ein. Die ästhetische Wahrnehmung ist von Lust begleitet. Diese Lust stammt aus der Wahrnehmung („Anschauung") der reinen Form eines Gegenstandes, unabhängig vom „Materiellen" und der (inneren oder äußeren) „Zweckmäßigkeit" dieses Gegenstandes. Ein Gegenstand, der in seiner reinen Form vorgestellt wird, ist „schön".[71] Solch eine Vorstellung ist das Werk (oder eigentlich das Spiel) der Phantasie („Vorstellungskraft"). Als Vorstellungskraft ist die ästhetische Wahrnehmung sowohl Sinnlichkeit als gleichzeitig mehr als Sinnlichkeit (das „dritte" Erkenntnisvermögen): sie schafft Lust und ist daher im wesentlichen subjektiv; aber insofern diese Lust durch die reine Form des Gegenstandes selbst hervorgerufen wird, begleitet sie die ästhetische Wahrnehmung allgemein und notwendigerweise – für jedes wahrnehmende Subjekt. Obwohl sinnlich und daher rezeptiv, ist die ästhetische Vorstellungskraft schöpferisch: in eigener freier Synthese begründet sie die Schönheit. In der ästhetischen Vorstellungskraft schafft die Sinnlichkeit allgemeingültige Prinzipien für die objektive Ordnung.

Die zwei Hauptkategorien, die die Ordnung bestimmen, sind „Zweckmäßigkeit ohne Zweck" und „Gesetzmäßigkeit ohne Gesetz". Sie umschreiben nach Marcuse „über das Kantsche System hinaus das Wesen einer wahrhaft repressionsfreien Ordnung."[72]

Marcuse stellt mit diesem an Kant anschließenden Prinzip der Erkenntnis über den Weg der Sinnlichkeit einen zweiten Erkenntnisvorgang der Vernunft, der Ratio, entgegen. Er kennzeichnet ihn als „repressionsfrei". Als Komponenten dieser Eigenart führt er an: die „reine Form" des Gegenstandes, die unabhängig vom Materiellen und ihrer Zweckmäßigkeit schön ist. Diese „reine Form" ist aber nicht dem Objekt inhaerent, ebensowenig die Schönheit, denn der in unserer Erfahrungswelt vorhandene Gegenstand affiziert nur das Subjekt, übt eine „affektive Wirkung" aus, die in der Phantasie („Vorstellungskraft") ein „Werk" schafft, d. h. „reine Form" und „Schönheit" sind nicht in der Realität vorzufinden, sondern „allgemeingültige Prinzipien in der ästhetischen Vorstellungskraft" „für die objektive Ordnung". Bei der späteren Einordnung und Bewertung einer solchen Theorie ist zu untersuchen, wo die Voraussetzungen zu einer solchen Behauptung liegen und welche Konsequenzen daraus folgen.

Auch die Darlegung dieses Gedankens bei Schiller, daß die „Vorstellungskraft" als zentrale geistige Fähigkeit die Befreiung der Sinnlichkeit und ihre Versöhnung mit der Vernunft vorzunehmen hat, nimmt Marcuse in seine Theorie auf, so daß er damit der ästhetischen Funktion eine entscheidende Rolle bei der Neubildung der Kultur zuweist.[73] Die Absetzung Marcuses von der Schillerschen Position erfolgt jedoch dort, wo einerseits die Analyse der Realität außer acht gelassen wird und andererseits die sozialen Konsequenzen aus einer nur intellektuellen Freiheit gezogen werden müssen, die für Schiller keine Frage sind. Marcuse faßt seine Kritik an Schiller in den Satz: „Er befaßte sich nicht weiter mit den katastrophalen Veränderungen in der sozialen Struktur, die dieser ‚Sprung' auslösen müßte: sie lagen außerhalb der Grenzen der idealistischen

Philosophie. Aber die R i c h t u n g der Veränderung auf eine nicht-repressive Ordnung hin kommt in seiner ästhetischen Konzeption deutlich zum Ausdruck."[74]

2.2 *Die neue Sensibilität auf dem Weg zur neuen Gesellschaft*

Marcuses Konzept der Gesellschaftstheorie strebt als Ziel die „neue, freie Gesellschaft" an, die nur auf dem Wege über die „Große Weigerung" erreicht werden kann. Sie wird in bezug auf zwei Gebiete vordringlich gefordert, zum einen gegen die schleichende „Eindimensionalität"[75] und „Eindeutigkeit" des Denkens und Sprechens und zum anderen die „Große Weigerung" als Mobilisierung der anderen, nicht eindimensionalen Dimension, nämlich der ästhetischen. Sie soll als eine Macht entdeckt werden, die dazu bestimmt ist, den Menschen vor einem Absinken in die Eindimensionalität zu bewahren.[76]

Damit kommt der ästhetischen Dimension, die auch „neue Sensibilität"[77] genannt wird, eine zentrale Aufgabe im gesamten Konzept der Gesellschaftstheorie zu: „Die neue Sensibilität ist zur politischen Kraft geworden,"[78] oder „Die neue Sensibilität ist zum politischen Faktor geworden."[79] „Der Aufbau einer solchen (neuen, freien, Anm. d. Verf.) Gesellschaft setzt jedoch einen Menschentyp voraus, der sowohl eine andere Sensibilität als auch ein anderes Bewußtsein hat."[80] Nach diesen Aussagen Marcuses fordert die neue, freie Gesellschaft den neuen Menschen, dessen wesentliches Kennzeichen eine „neue Sensibilität" sein muß. Gleichzeitig ist die „neue Sensibilität" aber der „politische Faktor", die „politische Kraft", der die Aufgabe gestellt ist, den neuen Menschen und die neue, freie Gesellschaft zu ermöglichen, die folgende Kennzeichen haben soll: „eine Befreiung von den Freiheiten der ausbeuterischen Ordnung – eine Befreiung, die dem Aufbau einer freien Gesellschaft vorangehen muß; die einen historischen Bruch mit der Vergangenheit und der Gegenwart erzwingt;"[81] „der Bruch mit dem Kontinuum der Repression – eine notwendige Vorbedingung der Befreiung";[82] – „andere Triebbedürfnisse, andere Reaktionen des Körpers wie des Geistes;"[83] – eine Veränderung in der biologischen Dimension des Menschen.

Werden diese Forderungen eingeordnet und auf ihre Konsequenzen hin durchdacht, so heißt das in Anlehnung an die Ausführungen Günter Rohrmosers[84], daß Marcuse das Ästhetische als „Telosprinzip" ansetzt, an die Stelle „der ihrer ökonomischen Motivation in den fortgeschrittenen westlichen Gesellschaften beraubten revolutionären Theorie."[85] Das Ästhetische wird hier zur gesellschaftlichen Produktivkraft, an der sich die revolutionäre Praxis orientieren soll.

Trotz des notwendigen „Bruchs", den die neue Gesellschaft zur bestehenden nach Marcuse bildet und bilden muß, setzt sie diese dennoch voraus: „Eine solche (neue, freie, Anm. d. Verf.) Gesellschaft setzt die Leistungen der bestehenden Gesellschaften auf allen Gebieten voraus.“[86] Diese Aufzählung der Eigenschaften des Neuen mag genügen, um die zwei – auch im folgenden immer wieder auftauchenden – Schwierigkeiten zu benennen:

1. In welchem Verhältnis steht die bestehende Gesellschaft zu der neuen, freien Gesellschaft?
2. Wodurch wird der neue – auch biologisch veränderte – Mensch geschaffen, der Voraussetzung für die Schaffung einer neuen Gesellschaft ist?

Was ist nun die ästhetische Dimension, die neue Sensibilität, und wie soll sie zur Erreichung des Zieles, des neuen Menschen und der neuen Gesellschaft eingesetzt und wirksam werden?

Alle Aussagen und Umschreibungen für die neue Sensibilität und die ästhetische Dimension werden nur im Vorgriff auf die neue Gesellschaft ausgesagt, denn die Schwierigkeit von der jetzigen Gesellschaft zur zukünftigen den Übergang zu schaffen, zeigt sich darin, daß einerseits ein totaler Bruch und Sprung angenommen werden muß, zum anderen die zukünftige Gesellschaft aber die Leistungen der jetzigen voraussetzt.

So ist zunächst nur in einem utopischen Vorgriff die Aufgabe der neuen Sensibilität in der neuen Gesellschaft wiederzugeben: „Die neue Sensibilität ist eben deswegen[87] Praxis geworden; sie entsteht gegen Gewalt und Ausbeutung, in einem Kampf für wesentlich neue Weisen und Formen des Lebens; sie impliziert die Negation des gesamten Establishments, seiner Moral, seiner Kultur; die Behauptung des Rechts, eine Gesellschaft zu errichten, in der die Abschaffung von Armut und Elend Wirklichkeit wird und das Sinnliche, das Spielerische, die Muße Existenzformen und damit zur Form der Gesellschaft selbst werden.“[88]

Oder anders umschrieben bedeutet die neue Sensibilität für das Individuum „den Sieg der Lebenstriebe über Aggressivität und Schuld“ und „im gesellschaftlichen Maßstab das vitale Bedürfnis nach Abschaffung von Ungerechtigkeit und Not“.[89] Folge davon wäre, daß das Ästhetische[90] eine gesellschaftliche Produktivkraft werden kann, wobei die ästhetischen Bedürfnisse einen eigenen „sozialen Gehalt“[91] haben, aus dem eine ästhetische Moral folgt, die als „das Gegenteil von Puritanismus“[92] beschrieben wird. Dabei gründet „die Ästhetik in der Sensibilität“.[93]

Auch in der Darstellung des Prozesses der Vermittlung, den die neue Sensibilität zu leisten hat, lehnt Marcuse sich – wie schon eingangs erwähnt – an Kant an. „Kant ... erkannte ... das Ausmaß, in dem die Sinne ‚produktiv‘, nämlich an der Produktion von Bildern der Freiheit beteiligt sind. Die Imagination hängt ihrerseits von den Sinnen ab, die das Erfahrungsmaterial bereitstellen, aus dem die Imagination durch Umwandlung der Objekte und Verhältnisse, die Sinnesdaten waren und von den Sinnen geformt wurden, ihr Reich der Freiheit erzeugt. Die Freiheit der

Einbildungskraft ist so durch die Ordnung der Sinnlichkeit beschränkt, nicht nur durch ihre reinen Formen (Raum und Zeit), sondern auch durch ihren empirischen Inhalt, der als die zu transzendierende Objektwelt ein bestimmender Faktor in der Transzendenz bleibt. Welch schöne oder erhabene, erfreuliche oder erschreckende Formen von Wirklichkeit die Einbildungskraft auch entwerfen mag – sie sind aus der sinnlichen Erfahrung ‚abgeleitet'. Die Freiheit der Imagination ist jedoch nicht nur durch die Sensibilität beschränkt, sondern auch am anderen Pol der organischen Struktur durch das rationale Vermögen des Menschen, seinen Verstand. Auch die verwegensten Bilder einer neuen Welt und neuer Lebensweisen werden von Begriffen geleitet – und von einer Logik, die sich in der Entwicklung des Denkens, übermittelt von Generation zu Generation, herausbildete. Auf beiden Seiten, jener der Sinnlichkeit und der des Verstandes, tritt Geschichte in die Entwürfe der Vorstellungskraft ein; denn die Welt der Sinne ist eine geschichtliche Welt, und der Verstand beweist sich in der begrifflichen Durchdringung und Interpretation dieser geschichtlichen Welt."[94]

Mit dieser zentralen Aussage über den Prozeß der Vermittlung steht Marcuse im Denken der kritischen Theorie, indem er versucht, die Verbindung von Empirie und Transzendenz durch die Einbildungskraft zu schaffen, wobei sowohl Sinnlichkeit wie Verstand von der Geschichte bestimmt werden. Dieser Ansatz könnte sich nicht – trotz seiner grundsätzlichen Anlehnung an Kant – den idealistischen Vorwurf machen lassen, was die Methode angeht, aber dennoch bleibt zu fragen, ob „die Bilder der Freiheit" bereits die Freiheit selbst sind oder ob die „Umwandlung der Objekte und Verhältnisse" durch die Imagination das „Reich der Freiheit" als gesellschaftliche Realität entstehen läßt oder aber das unerreichbare „Reich der Freiheit" im Sinne eines Ernst Bloch? – Um diese Frage weiter zu klären, wird es unumgänglich sein, in einem eigenen Exkurs den Freiheitsbegriff bei Marcuse zu untersuchen.

Ebenso verlangt die hier angesprochene „geschichtliche Welt" noch eine nähere Erläuterung, da sie zum einen – für Marcuse negativ in bezug auf die Schaffung einer neuen Gesellschaft – die Bindung an das Bestehende mit sich bringt, zum anderen aber nur so dem idealistischen Vorwurf der „Weltfremdheit" begegnet werden kann, indem die Geschichtlichkeit mit einbezogen wird. Marcuse beschreibt dies folgendermaßen: „Jenseits des physiologischen Bereichs entwickeln sich die Erfordernisse der Sensibilität als geschichtliche: die Objekte, die den Sinnen gegenüberstehen, von denen sie wahrgenommen werden, sind Produkte einer spezifischen Zivilisationsstufe und Gesellschaft; und die Sinne wiederum sind auf ihre Objekte hingeordnet. Diese historische Wechselbeziehung beeinflußt selbst die primären Sinneseindrücke: allen ihren Mitgliedern erlegt eine etablierte Gesellschaft dasselbe Medium der Wahrnehmung auf; und durch alle Unterschiede individueller und klassenmäßiger Perspektiven, Horizonte und

Hintergründe hindurch liefert die Gesellschaft dieselbe allgemeine Erfahrungswelt. Folglich würde der Bruch mit dem Kontinuum von Aggression und Ausbeutung auch mit der Sinnlichkeit brechen, die auf diese Welt eingestellt ist."[95] Konsequenz ist also die, „die Revolution muß gleichzeitig eine Revolution der Wahrnehmung sein, welche den materiellen und geistigen Umbau der Gesellschaft begleitet und die neue Umwelt hervorbringt."[96]

Es ist also zu folgern, daß die oben genannten Kennzeichen der neuen Sensibilität erst in einer neuen Gesellschaft zutreffen, noch ist kein Ansatz für die Transformation oder Revolution gegeben. Deshalb muß zunächst eine Untersuchung der Schlüsselbegriffe in der Gesellschaftstheorie von H. Marcuse folgen, die bezogen auf die ästhetische Dimension und ihre Aufgabe unentbehrlich sind. Es gehören dazu: Erinnerung, Kunst, Wirklichkeit, Utopie, Freiheit.

2.3 *Die Kategorie der Erinnerung*

Die Kategorie der Erinnerung kann nur im Rahmen der Gesellschaftskritik gesehen werden, so daß zunächst Tendenzen der Gesellschaftskritik aufgezeigt werden müssen, um die sprengende Kraft der Erinnerung in einer eindimensional gewordenen Gesellschaft herauszustellen. Nur so können die mit der Erinnerung verbundenen Möglichkeiten der Befreiung aufgezeigt werden.

Zu den Tendenzen der Eindimensionalität[97] gehört in erster Linie die Irrationalität der von technischer Rationalität durchdrungenen Gesellschaft, indem der hochentwickelte technische Apparat sich vom Mittel zum Selbstzweck verselbständigt hat. Die Instrumentalisierung der Dinge ist zur Instrumentalisierung der Menschen selbst geworden, und damit ist die Ratio nicht mehr in Ordnung sondern zu einem Instrument der Knechtschaft geworden. Die totale Vereinnahmung des Menschen durch die Technik schneidet Alternativen ab. Die Befreiung von diesem Zwangszustand ist verstellt, da das gesellschaftlich Wünschenswerte den Individuen als ihr eigener Wunsch introjeziert wird.[98] „Das Subjekt, das entfremdet ist, wird seinem entfremdeten Dasein einverleibt."[99] Das besagt in der Gesellschaftskritik Marcuses: Eindimensionalität. Jede Alternative zum Gegebenen muß angesichts der Mimesis als irrational – utopisch erscheinen.

Der eindimensionale Mensch, der sowohl in seiner Ratio wie in seiner Sinnlichkeit mit den Interessen und Objekten dieser verwalteten Welt identifiziert ist, hätte keinerlei Bezugspunkt mehr, um daraus auszubrechen, gäbe es nicht die Erinnerung, durch die er ein Geschichtsbewußtsein zu gewinnen vermag. Insofern ist Erinnerung nicht Sache des Beliebens, sondern Ermöglichung jenes Bewußtseins, das Voraussetzung der Befreiung ist und ein politisches Engagement ermöglicht, das sich gegen den Zwang der

Eindimensionalität wehrt. Erinnerung stellt sich gegen die vorherrschende Tendenz, „. . . die geschichtliche Realität, den Schrecken des Faschismus, die Idee des Sozialismus, die Vorbedingungen der Demokratie, den Inhalt der Freiheit"[100] zu verdrängen und zu vergessen und beugt so dem latenten Weiterleben von Kräften und Strukturen vor, die – unter dem Anspruch der Demokratie auftretend – von dieser, gemessen an dem, was Demokratie sein soll und sein könnte, schon immer negiert sind. Erinnerung ist deshalb nicht Selbstzweck, sondern unlösbar mit Zukunft verbunden, wie es der Grundzug der Kritischen Theorie in ihrem Selbstverständnis ist: „Die kritische Theorie hat es in bisher nicht bekanntem Maße mit der Vergangenheit zu tun, gerade sofern es ihr um die Zukunft geht."[101] Somit zielt Erinnerung auf eine Praxis hin, die, indem sie „gefährliche Einsichten" aufnimmt, von der etablierten Gesellschaft gefürchtet wird, weil diese um „. . . die subversiven Inhalte des Gedächtnisses . . ."[102] weiß.

Erinnerung ist im Konzept Marcuses also die spezifische Weise der Vermittlung vom Vergangenen über das Gegenwärtige zum zukünftigen Neuen. Um dabei dem Vorwurf einer unkritischen Vermittlung der Vergangenheit mit der Gegenwart zu entgehen, sind „die Begriffe der kritischen Vernunft . . .[103] zugleich philosophisch, soziologisch und historisch."[104] Wo man eine Vermittlung der Vergangenheit mit der Gegenwart unterläßt, wird Erinnerung zum Ritual.[105] „Der gegebenen Gesellschaft als dem Gegenstand seiner Reflexion gegenübergestellt, wird das kritische Denken geschichtliches Bewußtsein und ist als solches wesentlich Urteil".[106] Unter diesem Aspekt gewinnen wiedererinnerte Grundeinsichten der klassischen Philosophie kritische Bedeutung.[107]

Insbesondere interessiert in diesem Zusammenhang der Erinnerung als Wiedergewinnung der Geschichte die Kunst,[108] da sie jenseits der erfahrenen Realität liegende Dimensionen gewinnen läßt und jenes transzendierende Element besitzt, das sie „. . . in der etablierten Wirlichkeit gegen die etablierte Wirklichkeit arbeite(n)"[109] läßt. Diese Dimension wohnt Kunst selbst inne, weil sie Erfahrung ändert, weil sie eine Objektivität mitteilt, die „. . . gewöhnlicher Sprache und gewöhnlicher Erfahrung nicht zugänglich ist".[110] In der ästhetischen Dimension ist gerade die Zweidimensionalität noch zu Hause, die der Eindimensionalität gefährlich werden muß. In ihr sind noch „. . . die Sinnlichkeit mit dem Intellekt, die Lust mit der Vernunft (versöhnt)"[111]. – Die weiteren, die Eindimensionalität transzendierenden Elemente der Kunst liegen darin, daß in sie Phantasie und tiefste Schichten des Unbewußten einbezogen sind, die als Erinnerung unter Einbeziehung der Psychoanalyse in die kritische Philosophie aufgenommen werden können, um so Aufschluß zu geben über die zukünftige Realisierbarkeit der in Erinnerung und Phantasie aufbewahrten Hoffnungen.[112]

Der Wahrheitsgehalt des Erinnerungsvermögens liegt somit nach Marcuse darin, daß Versprechungen und Möglichkeiten bewahrt bleiben, die in „dämmriger Frühe" erfüllt und nie ganz vergessen sind.[113] Die Orientierung an der Vergangenheit wird zur Orientierung für die Zukunft, insofern das Erinnerungsvermögen den erkennenden Gehalt der Phantasie wiederherstellt.[114] Die Phantasie – auch Imagination genannt – als die seelische Fähigkeit, die selbst in der Sphäre des entwickelten Bewußtseins einen hohen Grad an Freiheit vom Realitätsprinzip beibehält, bewahrt die Urbilder der Freiheit.[115] Die Wirksamkeit der Erinnerung hängt aber davon ab, ob sie in eine geschichtliche Situation übertragen wird.[116] Erinnerung als Durchbrechen der Eindimensionalität läßt utopisch scheinende Möglichkeiten realisierbar werden, wenn Erinnerung die ihr gemäße Form der Praxis findet.

Aus dem Gesagten ergeben sich bei kritischer Durchleuchtung verschiedene Aporien, die abschließend aufgezeigt werden sollen, weil sie uns immer wieder begegnen werden und das größte Problem in der Realisierbarkeit der Marcuseschen Gesellschaftstheorie – bezogen auf die ästhetische Dimension – darstellen. Als erstes steht die Frage der mit der Erinnerung verbundenen Negation der bestehenden Gesellschaft an. Der Zirkel, in dem sich Marcuse bewegt, liegt darin, daß für ihn die technologische Rationalität einmal die Bedingungen der Befreiung wie Automation etc. schafft, andererseits aber aufgrund ihres spezifischen Charakters gleichzeitig Unterdrückung fortsetzt. Um sie davon zu befreien, muß sie aus ihrem rein instrumentalistischen Charakter mit Zielen verbunden werden, die aber abhängig sind von Erfahrungen, die das neue Realitätsprinzip und damit auch den neuen Menschen bereits zur Voraussetzung haben.[117]

Eine weitere Aporie stellt sich in dem Zusammenhang, den Marcuse der Erinnerung in bezug auf ihre zugemessene Bedeutung stellt: Erinnerung befähigt zur Transzendenz der bestehenden Bedingungen von Denken und Handeln. Marcuse macht dabei selbst darauf aufmerksam, daß diese „. . . Transzendenz innerhalb dieser Bedingungen" voraussetzt,[118] und er bestimmt diese „negative Freiheit" als Aporie der historischen Dialektik. Negatives Denken bedarf also einer Basis in der gegebenen Gesellschaft, um „. . . aus den gegebenen Möglichkeiten diesen Zustand zu transzendieren".[119] Eine solche Negation müßte sich dann aber auch als eine Position begreifen, die zumindest als sie selber aus der alten eindimensionalen Gesellschaft, an der sie gemäß den Prämissen der kritischen Theorie selbst teilhat, in die neue Gesellschaft zu überführen wäre. Marcuse will aber keinen Begriff der Alternativen bilden, weil kein „. . . Versuch gelingen könnte, sie mit den Begriffen dieses Universums ausfindig zu machen."[120] Dies führt aber dann zur „absoluten Weigerung", die als Defätismus zu bezeichnen ist, wenn man an der Verbesserung des Bestehenden arbeiten will.[121] Die Position der reinen Negation aber wird absurd, denn eine „bloß negative Bestimmung des Negativen . . . negiert sich selbst".[122] Damit verläßt Marcuse den Boden einer Dialektik, die darauf beruht, daß Negation nie reine, sondern nur bestimmte Negation sein kann. Marcuse aber spricht davon, daß die freie Gesellschaft „. . . einen historischen Bruch mit der Vergangenheit und der Gegenwart erzwingt",[123] und er bestimmt diesen Bruch bezeichnenderweise als einen „Sprung in die qualitative Differenz"[124] . . ., in die freie Gesellschaft, „. . . die alle bisherige Geschichte zur Vorgeschichte der Menschheit macht".[125]

Es bleibt zu fragen, ob sich Marcuses Konzeption nicht selbst aufhebt, wenn gefährliche Erinnerung einerseits die Möglichkeiten der Befreiung bewußt macht, andererseits aber der Vorgeschichte angehört. Auch gefährliche Erinnerung geschieht unter einem Vorverständnis, das an gegenwärtige Perspektiven gebunden ist. Das besagt aber nichts anderes, als daß bestimmte, von der Gegenwart geprägte Erfahrungen in das Verstehen eingehen. Andernfalls würde Erinnerung völlig unvermittelt Vergangenes der Gegenwart gegenüberstellen, das aber lehnt Marcuse ab.

2.4 Kunst als Ansatz der Zweidimensionalität

Im Bemühen um den Wiedergewinn und die Aktivierung der ästhetischen Dimension spielt das Kunstwerk für Marcuse eine entscheidende Rolle auf dem Wege zur möglichen Realisierung. Seine Charakteristika und Vorteile gegenüber anderen Objekten der gegenwärtigen Gesellschaft sollen zunächst herausgestellt werden, um dann auch in diesem Punkt der Argumentation die vorhandene Aporie aufzuweisen.

Das Kunstwerk hat dem philosophischen Begriff und Wort voraus, daß es in einem Bereich zu Hause ist, „der noch die Wahrheit der Sinne anerkennt und in der Wirklichkeit der Freiheit die ‚niederen' und ‚höheren' Fähigkeiten des Menschen versöhnt, die Sinnlichkeit mit dem Intellekt, die Lust mit der Vernunft".[126] Damit ist in der ästhetischen Dimension des Kunstwerks die Zweidimensionalität noch vorhanden, die der Eindimensionalität gefährlich werden könnte, denn Kunst, die nicht alle Dimensionen des Menschen anspricht,[127] ist keine, wie umgekehrt eine Gesellschaft für sich fürchten muß, in der Kunst nicht mehr anspricht.

Daß sich das Kunstwerk und damit auch der Künstler der Eindimensionalität widersetzen, haben deren Systeme zu spüren bekommen. Säuberungsaktionen, die die Kunst von nicht-arischen Elementen reinigen wollen oder Schriftstellerprozesse werden nicht veranstaltet, weil es sich um Nicht-Arier oder Devisendelikte handelt, sondern weil Kunst revolutionär ist. Denn die Fähigkeit der Kunst, „. . . Dasein zu ‚entwerfen', noch nicht verwirklichte Möglichkeiten zu bestimmen",[128] kann die gegenwärtige Objektwelt in Frage stellen und auf ihre Wesentlichkeit zurückführen.[129] In der Konfrontation wird deutlich, daß die „Unvereinbarkeit . . . das Zeichen ihrer Wahrheit"[130] ist. „Woran diese Bilder erinnern und was sie im Gedächtnis aufbewahren, erstreckt sich auf die Zukunft: Bilder einer

Erfüllung, welche die Gesellschaft auflösen würde, die sie unterdrückt."[131]

Dabei geht es nicht in erster Linie um die politische Betätigung von Künstlern, auch nicht um sog. ‚engagierte' Kunst, sondern um die Existenz der Kunst schlechthin, um die Anwesenheit von Künstlern in der eindimensionalen Gesellschaft. Marcuse begründet dies folgendermaßen: „Wie die Technik bringt die Kunst ein anderes Universum von Denken und Praxis gegen das bestehende und innerhalb seiner hervor. Aber im Gegensatz zum technischen Universum ist das der Kunst eines der Illusion, des Scheins. Jedoch ähnelt dieser Schein einer Wirklichkeit, die als Bedrohung und Versprechen der Etablierten besteht. In verschiedenen Formen von Masken und Verschweigen ist das Universum der Kunst durch die Bilder eines Lebens ohne Angst organisiert – in Masken und Schweigen, weil die Kunst es nicht vermag, dieses Leben herbeizuführen, geschweige denn, es angemessen darzustellen. Und doch bezeugt die machtlose, scheinbare Wahrheit der Kunst die Gültigkeit ihrer Bilder. Je schreiender die Irrationalität der Gesellschaft wird, desto größer wird die Rationalität des Universums der Kunst".[132] – Bevor die hier anzuschließenden Gefährdungen der Kunst in einer eindimensionalen Gesellschaft aufgeführt werden, können noch weitere positive Kennzeichen, die den Ansatz einer Zweidimensionalität der Kunst in sich tragen, aufgezählt werden.

Dazu gehört die Möglichkeit einer anderen Sprache, einer „Metasprache". „Jedes authentische Werk der Literatur, Kunst,[133] Musik und Philosophie spricht eine Metasprache, die andere Tatsachen und Bedingungen übermittelt als jene, die der am Verhalten orientierten Sprache zugänglich sind – darin besteht ihre irreduzible, unübersetzbare Substanz".[134] Dasselbe führt Marcuse noch einmal, in diesem Zusammenhang beschränkt auf die Literatur aus, wenn er ihre Sprache als substantiell verschieden von der der Wissenschaft erklärt: „Die Sprache der Literatur ist insofern eine Metasprache als sie nicht dem etablierten Universum der Rede angehört, die den bestehenden Zustand übermittelt. Sie vermittelt ‚eine andere Welt', die anderen Maßstäben, Werten und Prinzipien gehorcht. Die andere Welt erscheint i n der etablierten; sie bricht ein in die Verrichtungen des täglichen Lebens, in die Erfahrung, die man von sich und anderen hat, in die soziale und natürliche Umgebung. Was immer diesen Unterschied konstituieren mag, er macht die Welt der Literatur zu einer wesentlich a n d e r e n: zu einer Negation der gegebenen Wirklichkeit."[135]

Einen weiteren Beleg, der zum gleichen Ergebnis der Definition von Kunst als „Negation der Unfreiheit" führt, gibt Marcuse im Zusammenhang der psychologischen Argumentation bezogen auf die Phantasie und Vorstellungskraft, die – wenn sie Form annimmt – zur Kunst wird. „Die Kunst ist vielleicht die sichtbarste ‚Wiederkehr des Verdrängten', nicht nur auf der individuellen, sondern auch auf der genetisch-historischen Ebene. Die künstlerische Vorstellungskraft verleiht der ‚unbewußten Erinnerung' von der verfehlten Befreiung, von dem verratenen Versprechen, Form. Unter dem Regiment des Leistungsprinzips setzt die Kunst der institutionalisierten Unterdrückung das ‚Bild des Menschen als eines freien Subjekts' entgegen. ‚Im unfreien Zustand aber ist Kunst des Bildes der Freiheit mächtig nur in der Negation der Unfreiheit'."[136]

Die positive Bestimmung der Kunst in der technologischen Gesellschaft durch ihre negative Definition der „Negation der Unfreiheit", der „Negation des Bestehenden" trifft nicht nur für Marcuse zu, sondern auch für Adorno[137] als Vertreter der kritischen Theorie. Beide Autoren stehen hier in Zusammenhang und können deshalb zu dieser Fragestellung gemeinsam zitiert werden. Im Begründungszusammenhang der Definition gibt es Unterschiede, jedoch nicht in der Definition von „Kunst" als Antizipation einer zukünftigen freien Gesellschaft vermittels einer umfassenden Negation aller Aspekte von Inhalt und Form in ihrem traditionellen Begriff. „. . . Kunst . . . ist aber nicht positiv, . . . sondern einzig als Negation zu fassen. Allein negativ hat man, was inhaltlich über den leeren klassifikatorischen Begriff hinaus, die Kunstarten vereint: alle stoßen sich ab von der empirischen Realität, alle tendieren zur Bildung einer dieser qualitativ sich entgegensetzenden Sphäre: geschichtlich säkularisieren sie die magische und sakrale. Alle brauchen Elemente aus der empirischen Realität, von der sie sich entfernen; und ihre Realisierungen fallen doch auch in die Empirie. Das bedingt die Doppelstellung der Kunst zu ihren Gattungen."[138] Marcuse faßt die Doppelfunktion nicht von ihrem dialektischen Verhältnis zur Realität, sondern von ihren psychischen Wirkungen im Anschluß an Aristoteles' Satz über die kathartische Wirkung der Kunst: „sowohl zu entzweien als zu versöhnen, anzuklagen und freizusprechen, das Verdrängte zurückzurufen und es wieder – gereinigt – zu verdrängen."[139]

Sowohl ‚Negation' wie ‚Doppelcharakter' sind in den Theorien bei Marcuse und Adorno Schlüsselbegriffe zum Verständnis von Kunst in ihrem unlösbaren Zusammenhang mit Zukunft, mit ‚Utopie'. So ist es auch verständlich, daß die Kritiker und Gegner dieser Theorie hier ansetzen, um das Zentrum der Theorie in Frage zu stellen.[140] Das Kunstwerk als Negation hat nur Geltung, insofern die neue Gesellschaft die freie Gesellschaft noch nicht verwirklicht ist. Träte diese – jetzt noch utopische – Gesellschaft in kraft, so würde dies „die Aufhebung von Kunst bedeuten",[141] insofern die „Trennung von Ästhetischem und Wirklichem" aufgehoben wäre. Kunst bekäme dann einen neuen Stellenwert im Gesamtgefüge, der in Marcuses Theorie im einzelnen bereits bezeichnet ist, bei Adorno jedoch noch offen bleibt, und so von seinem Kritiker Werckmeister ihm zum Vorwurf gemacht wird: „Die tragende Idee in Adornos kunsttheoretischer Konstruktion ist die Negation, nicht die utopische Erfüllung,[142] denn Utopie ist nur der Grenzbegriff der bestimmten Negation."[143] Aber gerade darum geht es Marcuse wie Adorno, Kunst als Möglichkeit der Vermittlung zur entworfenen und anzustrebenden Utopie der neuen, freien Gesellschaft auszumachen. „Was als Utopie sich fühlt, bleibt ein Negatives gegen das Bestehende und diesem hörig",[144] so bestimmt Adorno seinen Ansatz der Kunst als Negation. „Zentral unter den gegenwärtigen Antinomien ist, daß Kunst Utopie sein muß und will und zwar desto entschiedener, je mehr der reale Funktionszusammenhang Utopie verbaut; daß sie aber, um nicht Utopie an Schein und Trost zu verraten, nicht Utopie sein darf. Erfüllte sich die Utopie von Kunst, so wäre das ihr zeitliches Ende."[145] Oder: „So wenig wie Theorie vermag Kunst Utopie zu konkretisieren; nicht einmal negativ. Das Neue als Kryptogramm ist das Bild des Untergangs; nur durch dessen absolute Negativität spricht Kunst das Unaussprechliche aus, die Utopie."[146]

2.5 Kunst – Utopie – Wirklichkeit

In diesem Kontext scheint es notwendig, eine kurze Klärung und Erläuterung des Begriffes Utopie vorzunehmen, um ihn im Zusammenhang mit der Aufgabe der Kunst entsprechend zu werten.

Der Begriff „Utopie"[147] enthält einerseits das Element der Kritik bestehender Verhältnisse durch den Gegenentwurf einer idealen Gesellschaft, zum anderen wird die Verwirklichung dieser idealen Gesellschaft irgendwohin auf irgendwann, auf keinen zu bestimmenden Zeitpunkt verlegt.

Bei Utopien handelt es sich also um rationale Entwürfe für ein noch nicht verwirklichtes Gefüge von gesellschaftlichen Institutionen. Die Tatsache, daß noch keine Verwirklichung abzusehen ist, darf nicht dazu verleiten, eine Verwirklichung für prinzipiell unmöglich zu erklären oder aber aufgrund der vorhandenen Schwierigkeiten der Verwirklichung eines solchen rationalen Gesellschaftsentwurfs diesen als Unmöglichkeit und Phantasterei, als negative Form der schöpferischen Phantasie abzutun.

Gleichzeitig ist mit dem Utopiebegriff das Element der Kritik an den bestehenden Verhältnissen untrennbar verbunden. Die schöpferische Kraft des Menschen versucht dagegen bessere künftige Lösungen zu entwerfen. Damit ist die Verlagerung des Utopischen in ein Nirgendwo und Nirgendwann dennoch in ihrer Faktizität als Gegenentwurf zum Bestehenden konkret bestimmt. – So kann die schöpferische Kraft des Menschen aus der Negation – und auf dieses Element der Utopie bauen Adorno und Marcuse – das Zukünftige erahnen, bestimmen, um so die Utopie mit der Realität zu verknüpfen.

In dem aufgezeigten Verständnis von Utopie treffen die Vorwürfe, die Werckmeister Adorno macht, keineswegs zu, denn es geht Adorno und Marcuse nicht darum, die Kunst als Selbstzweck zu etablieren, sondern ihren Stellenwert in bezug auf die Utopie von der neuen Gesellschaft auszusagen. Und so können die von Werckmeister als Vorwürfe gemeinten Zitate hier auch als Beleg für Adornos Kunst-Bestimmung in der Gegenwart gelten;

denn in der Verwirklichung der Utopie „. . . einer befriedeten Menschheit würde Kunst absterben."[148] „Die rückläufige Konsequenz jedoch kettet Kunst als totale Negation für immer an den schlechten Zustand: die bürgerliche Gesellschaft an ihrem Ende. Darin besteht das eschatologische Paradoxon der Kunst: sie evoziert das Ende, im Augenblick danach müßte sie selbst erlöschen, aber das Ende bleibt aus, und Kunst hört nicht auf zu existieren."[149]

Bei der hier anzusetzenden Frage, wieso es gerade der Kunst zukommt, zwischen der Gegenwart und der utopischen Zukunft zu vermitteln, ist als zweites schon genanntes Kennzeichen der Doppelcharakter der Kunst näher zu beschreiben. Aus ihm leitet sich die besondere Qualifikation von Kunst ab.

„Der Doppelcharakter der Kunst als autonom und als fait social . . ."[150] ist bei Adorno derart bezeichnet, daß einerseits das Kunstwerk als Artefakt, als künstlich Gemachtes, ein Produkt gesellschaftlicher Arbeit ist, andererseits als solches mit der Empirie kommuniziert und alle Bedingungen eines „fait social" an sich trägt.[151]

Während Kunstwerke als „Sedimente oder Abdrücke des gesellschaftlichen" (Produktivkraft)[152] sehr leicht und einsichtig zu beschreiben und zu verstehen sind, ist ihr „autonomer" Charakter sehr viel differenzierter und nicht eindeutig zu definieren. So kennzeichnet Adorno diesen Charakter meist in der negativen Abgrenzung: Kunstwerke „kommunizieren . . . auch mit der Empirie, der sie absagen . . .",[153] oder „Die Kommunikation der Kunstwerke mit dem Auswendigen jedoch, mit der Welt, vor der sie selig oder unselig sich verschließen, geschieht durch Nicht-Kommunikation".[154] Aus diesen und im Zusammenhang immer wieder auftauchenden Hinweisen leitet Adorno das Autonome der Kunst als eine spezifische Beschaffenheit ab, die der Empirie – obwohl verhaftet – entgegengesetzt ist, außerhalb des Bannes von Realität steht und etwas vorstellt, was es nicht selbst ist. Somit kann er die Schlußfolgerung ziehen: „Kunst ist die gesellschaftliche Antithese zur Gesellschaft, nicht unmittelbar aus dieser zu deduzieren."[155] – Um nun den Wahrheitsgehalt oder geistigen Gehalt aus dem Kunstwerk zu erfahren, ist nach Adorno die Methode der philosophischen Reflexion, die deutende Vernunft unabdingbar. „Der Wahrheitsgehalt der Kunstwerke ist die objektive Auflösung des Rätsels eines jeden einzelnen. Indem es die Lösung verlangt, verweist es auf den Wahrheitsgehalt. Der ist allein durch philosophische Reflexion zu gewinnen. Das, nichts anderes, rechtfertigt Ästhetik."[156]

Marcuse erwähnt in seiner Theorie verschiedene Momente, die den autonomen Charakter der Kunst als Ergänzung zum gesellschaftlich gebundenen angeben. Zum einen das Verhältnis der Kunst zur Form:[157] „Der Inhalt (Stoff) wird in der ästhetischen Form derart zusammengefügt, bestimmt und arrangiert, daß er einen Zustand erreicht, in dem die unmittelbaren, unbewältigten Kräfte des Stoffs, des „Materials", bewältigt,

„geordnet" sind. Form ist die Negation, die Beherrschung der Unordnung, der Gewalt, des Leidens, selbst wenn sie Unordnung, Gewalt und Leiden vorführt. Dieser Triumph der Kunst wird erreicht durch Unterwerfung des Inhalts unter die ästhetische Ordnung, deren Erfordernisse autonom sind. Das Kunstwerk setzt seine eigenen Grenzen und Zwecke, es bringt die Elemente nach seinem eigenen Gesetz in einen Zusammenhang: in der „Form" der Tragödie, des Romans, der Sonate, des Gemäldes. Der Inhalt wird damit umgestaltet: er enthält eine Bedeutung (einen Sinn), welche die Elemente des Inhalts transzendiert, und diese transzendierende Struktur ist das Erscheinen des Schönen als der Wahrheit von Kunst."[158]

Einen zweiten Ansatz zur Begründung des Doppelcharakters der Kunst sieht Marcuse in deren Verhältnis zur Wirklichkeit. Durch die angenommene Form, deren „transzendenten" und „autonomen" Charakter vollzieht Kunst ein Gegenüber zur etablierten Wirklichkeit, „ändert Erfahrung", rebelliert, aber „nicht gegen diesen oder jenen Stil", sondern „gegen den ‚Stil' als solchen, gegen die Kunst-Form der Kunst, gegen die traditionelle Bedeutung von Kunst."[159] „Eben die Form ist es, deretwegen Kunst die gegebene Wirklichkeit transzendiert, in der etablierten Wirklichkeit gegen die etablierte Wirklichkeit arbeitet; und dieses transzendente Element wohnt der Kunst, der künstlerischen Dimension inne."[160]

Marcuse glaubt diesen Ansatz in der Anti-Kunst unseres Jahrhunderts erkennen zu können, die den Kampf gegen die „Illusionistische Kunst" Europas vorgenommen hat. Die Kunst hat ihr Verhältnis zur Wirklichkeit gewandelt, „diese wurde empfänglich für die umgestaltende Funktion von Kunst, ja abhängig von ihr,"[161] so daß in einem Endstadium „die ästhetische Notwendigkeit der Kunst . . . die schreckliche Notwendigkeit der Realität"[162] verdrängt, das hieße: Kunst wird Wirklichkeit. Und an dieser Stelle wäre die neue Gesellschaft Marcuses erreicht, und Kunst wäre in ihrem oben skizzierten Charakter – ebenso wie in der Theorie Adornos – überflüssig und aufgehoben.

Kunst steht also in der Theorie Marcuses mit dem Begriff von Wirklichkeit in engem Zusammenhang, der gemäß der jetzigen Eindimensionalität und der zukünftigen utopischen Mehrdimensionalität eine antagonistische Struktur hat, die Marcuse selbst in zwei prägnanten Kurzformeln zusammenfaßt: „Das was ist, kann nicht wahr sein" und „Was wirklich ist, das ist vernünftig."[163] Diese beiden Behauptungen, die das Gegenteil auszusagen scheinen, sind die beiden äußersten Enden desselben Begriffes, der Struktur der Wirklichkeit und des Denkens, die dazu gehört. Anders ausgedrückt: Es handelt sich um „die Welt der unmittelbaren Erfahrung – die Welt, in der wir uns lebendig vorfinden – und als solche muß sie begriffen, verändert, ja sogar umgestürzt werden, um zu dem zu werden, was sie wirklich ist."[164] In dem Begriff Wirklichkeit steckt also Vorfindbares, mit empirischen Methoden Erfahrbares, Sichtbares, Kontrollierbares und ebenso Zukünftiges, Unsichtbares, auf Glauben hin zu Erstrebendes, nämlich in einem Glauben an die „Welt, was sie wirklich ist". Auf diesen Glauben hin soll das Gegenwärtige verändert, kritisiert und verbessert werden. – Aufgabe der bildenden Kunst wäre es in diesem Zusammenhang, die (wahre) Wirklichkeit zu erfassen und optisch zu realisieren. Dabei hängt alles an dem, was Wirklichkeit ist. Marcuse hat zu diesem Zweck die Forderung nach der schon dargelegten „neuen Sensibilität" aufgestellt, um die wahre Wirklichkeit zu erkennen und der eindimensionalen Wirklichkeit zu entgehen. Die neue Wirklichkeit ist für ihn gemäß seiner utopischen Theorie die ganz andere, die sich einst zeigen wird, jetzt aber noch nicht offenbar ist und die auch noch keine Beziehung zum Gegenwärtigen hat.

Die neue Wirklichkeit muß nach Marcuse neu geschaffen werden, „. . . die Realität ist noch nicht ‚gegeben', sie ist nicht diejenige, die der Gegenstand des Realismus ist. Die Wirklichkeit muß entdeckt und entworfen werden."[165] Wirklichkeit ist also für Marcuse etwas Zukünftiges, noch Ausstehendes, das aber einerseits bereits vorhanden sein müßte, um es „entdecken" zu können, andererseits muß es aber erst „entworfen" werden, aus dem Nichts oder der Negation des Bestehenden?

Damit geht aber ein zweiter Begriff von Wirklichkeit als miserable Erfahrungswelt des Gegenwärtigen parallel. Erst von diesem wird die „neue Wirklichkeit" im Negativkontrast gefordert, sonst gäbe es keinerlei Vergleich und Maßstab für die Forderung nach Neuem. Marcuse benutzt in seiner Theorie diese beiden Wirklichkeiten, deren Beziehung untereinander er aber nicht näher darstellt.

Auch mit diesen Aussagen über Wirklichkeit steht Marcuse in der Tradition der klassischen Philosophie,[166] in der Dialektik von dem, was wirklich ist und was wirklich zu sein scheint. Er setzt sich bedingt durch seine Analyse der gegenwärtigen Gesellschaft von der Tradition des abendländischen klassischen Denkens,[167] seiner Logik, insofern ab, als er zu dem folgenden Schluß kommt: „Das totale Ganze technologischer Rationalität ist die letzte Umbildung der Idee der Vernunft."[168] Aus diesem Dilemma kann nur die dialektische Logik den „widerspruchsvollen, zweidimensionalen Denkstil", der „ihre innere Form" ist,[169] in den Griff bekommen. Das heißt ausgeführt für Marcuse: „Die Sätze, welche die Wirklichkeit bestimmen, behaupten etwas als wahr, das n i c h t (unmittelbar) der Fall ist; damit widersprechen sie dem, was der Fall ist und leugnen dessen Wahrheit. Das affirmative Urteil enthält eine Negation, die in der Form des Satzes verschwindet (S ist p). Zum Beispiel . . . ‚der Mensch ist frei' . . . Wenn diese Sätze wahr sein sollen, dann stellt die Kopula ‚ist' ein ‚Sollen', ein Desiderat fest . . . Anders gesagt: die kategorische S-p-Form stellt fest, daß S n i c h t p ist; S ist bestimmt als ein anderes als es selbst. Die Verifikation des Satzes macht ebenso einen faktischen wie einen gedanklichen P r o z e ß notwendig; S muß zu dem w e r d e n, was es ist. Die kategorische Feststellung verkehrt sich so in einen kategorischen I m p e r a t i v; sie stellt keine Tatsache fest, sondern die Notwendigkeit, eine Tatsache zu *schaffen*. Zum Beispiel könnte sie so lauten: der Mensch *ist* (in Wirklichkeit) *nicht* frei, nicht ausgestattet mit unveräußerlichen Rechten usw., aber er *sollte es sein*, weil er frei ist in den Augen Gottes, seiner Natur nach usw."[170]

Bezieht man diesen Exkurs über die dialektische Logik noch einmal auf das Wirklichkeitsverständnis Marcuses in bezug auf die Kunst, so steht man vor folgender Aporie: Die dialektische Logik unterstützt durch die notwendig neue Sensibilität wird wesentlich von den Objekten bestimmt, die aber wiederum von der eindimensionalen technologischen Gesellschaft bereitgestellt werden und so „allen Mitgliedern ... dasselbe Medium der Wahrnehmung"[171] auferlegen und dieselbe „allgemeine Erfahrungswelt" der Eindimensionalität liefern. Kunst wurde durch ihren Doppelcharakter bestimmt, diesen Zirkel zu durchbrechen, indem der kathartischen Funktion der Form[172] die Möglichkeit eines veränderten Objektzustandes zugeschrieben wurde, der der Wirklichkeit eines anderen Universums näher kommt. Für diese Möglichkeit hat Marcuse z. B. Beispiele der Anti-Kunst aufgezählt. Der Zirkel, der aber nicht zu durchbrechen ist, liegt in diesem Fall darin, daß diese Objekte eines „anderen Universums" auf die Veränderung der etablierten Wirklichkeit keinen Einfluß haben, weil diese sich dagegen schützt, indem sie sie zur Illusion, zum Schein, zur Unwirklichkeit erklärt oder sie assimiliert, indem sie sie als Ware unter die Objekte der technologischen Gesellschaft einreiht. Zum ersten sagt Marcuse: „Aber das Ergebnis ist illusionär, falsch und fiktiv (bezogen auf die kathartische Funktion der Kunst, Anm. d. Verf.): es bleibt in der Dimension von Kunst, ein Kunstwerk; in Wirklichkeit (Erfahrungswirklichkeit, Anm. d. Verf.) setzen sich Furcht und Versagung unvermindert fort. (...) Dies ist vielleicht der schlagendste Ausdruck des in der Kunst enthaltenen Widerspruchs und der Selbstvernichtung: der das Dasein befriedigende Sieg über den Stoff, die Umgestaltung des Gegenstandes bleiben unwirklich – so wie die Revolutionierung der Wahrnehmung unwirklich bleibt. Und dieser stellvertretende Charakter der Kunst hat immer wieder die Frage ihrer Berechtigung aufgeworfen."[173]

Solange Kunst nicht Wirklichkeit geworden ist, wird diese Frage bleiben, und ist sie Wirklichkeit geworden, gibt es keine Kunst mehr, denn das macht ihren spezifischen Charakter aus – die *andere* Dimension.

2.6 *Freiheit und Kunst*

Gemäß dem utopischen Grundansatz des dialektischen Jetzt und zukünftigen Noch-Nicht ergibt sich bei der Untersuchung des Zusammenhangs von Kunst und Freiheit in der Theorie Herbert Marcuses ein strukturell ähnliches Ergebnis wie bei dem Verhältnis von Kunst und Wirklichkeit. Ebenso könnte es für Kunst und Wahrheit aufgezeigt werden:

Die Formen der Freiheit, die in der gegenwärtigen Gesellschaft bestehen oder so genannt werden, sind keine, sondern sie müssen auf dem Wege der „Großen Weigerung" vernichtet und zerstört werden, um das „Reich der Freiheit"[174] errichten zu können.

Eine Textanalyse der Aussagen über Freiheit kann also als erstes anfügen, daß das „Reich der Freiheit" als Zukünftiges in der Gegenwart noch nicht existiert. Die in ihm lebende „freie Gesellschaft"[175] bestimmt sich inhaltlich als das Gegenteil zu dem Negativum des Bestehenden. Sie ist kein „Bereich der Notwendigkeit, der Arbeit",[176] denn das ist Unfreiheit, sondern ein Bereich des „freien Spiels", in dem keine Maßstäbe der Rationalität gelten, sondern „Maßstäbe der Freiheit" als ihr Gegenteil.

Diese immer wieder aus der Negativabgrenzung umschriebene Freiheit wird an anderer Stelle auch als „zukünftige Freiheit"[177] bezeichnet: Sie ist das Gegenteil zu Unterdrückung und Barberei; in ihrer „höchsten Form" gehört als Charakteristikum zu dieser Freiheit „ohne Angst zu leben"[178] oder in einer weiteren Bestimmung „die weltweite Befriedigung menschlicher Grundbedürfnisse und ... die Freiheit von Schuld und Angst – sowohl äußere wie internalisierte, triebhafte wie ‚vernunftgemäße'."[179]

Um diese so in Abgrenzungen umschriebene „zukünftige Freiheit" zu erreichen, wird als Methode auch die Negativbeschreibung gegeben: Um die theoretischen Elemente ausfindig zu machen, „kann sich die Theorie auf keine Tatsachen berufen."[180]

Wie sie im einzelnen positiv zu bestimmen wäre, kann der unfreie Mensch nicht aussagen, deshalb führt Marcuse hier folgerichtig seine Nichtzuständigkeit an, wenn er sagt: „Die weitere Ausgestaltung der neuen Gesellschaft kann nicht mehr Gegenstand irgendeiner Theorie sein: sie soll als das freie Werk der befreiten Individuen geschehen."[181] An anderer Stelle spezifiziert er diese Aussage noch auf die Problematik der individuellen und sozialen Bedürfnisse, die dieser Aussage gemäß als Grundproblem der jetzigen u n d der neuen Gesellschaft also bestehen bleiben würde: „Das freie Individium muß selbst die Harmonie zwischen der individuellen und allgemeinen Befriedigung schaffen."[182]

Die Antriebskraft dazu, daß der Mensch sich auf den Weg begibt, dieses „politische Problem"[183] dahingehend zu lösen, daß er sich von der Unfreiheit zur Freiheit aufmacht, erklärt Marcuse aus einem Glauben an den Menschen als „ein vernünftiges Wesen": „Daß der Mensch ein vernünftiges Wesen ist, daß dieses Wesen Freiheit fordert, daß Glückseligkeit sein höchstes Gut ist: all das sind Allgemeinheiten, die eben durch ihre Allgemeinheit eine vorwärtstreibende Kraft haben. Die Allgemeinheit gibt ihnen einen beinahe umstürzlerischen Anspruch: nicht nur dieser oder jener, sondern alle sollen vernünftig, frei, glücklich sein."[184]

Auch in dieser Problemstellung – der Frage nach der Freiheit und ihrer Realisierbarkeit – schließt Marcuse an die idealistische Philosophie an, an Hegel, Kant und Schiller.[185] Als Beispiel sei hier seine Berufung auf

Schiller angeführt, dem er einerseits in der Analyse und Zielsetzung folgt und andererseits, um nicht in den Fehler der Schillerschen Folgenlosigkeit[186] zu verfallen und um nicht ungeschichtlich zu werden, ist sein methodischer Weg an noch aufzuweisenden Stellen abweichend.

Der folgende Text, in dem Marcuse Schillers Ansicht zum Problem der Befreiung des Menschen darstellt, gibt Aufschluß, wieweit er in seiner Nachfolge steht: „Es handelt sich um ein ‚politisches Problem': die Befreiung des Menschen von unmenschlichen Daseinsbedingungen.[187] Schiller ist der Ansicht, daß der Mensch, um dieses politische Problem zu lösen, den Weg des Ästhetischen beschreiten muß („zu Schönheitsgefühlen den Weg sich bahne"), da es die Schönheit ist, die zur Freiheit führt. Der Spieltrieb ist das Vehikel dieser Befreiung. Es ist das nicht ein Impuls, der auf das Spiel ‚mit' irgend etwas gerichtet ist; vielmehr ist es das Spiel des Lebens selbst, jenseits von Bedürfnis und äußerem Zwang – die Manifestation des Daseins ohne Furcht und Angst, und somit die Manifestation der Freiheit".[188] – Marcuse sieht in Übereinstimmung mit Schiller die Befreiung darin, daß der Mensch „unmenschlichen Daseinsbedingungen", die ihn beherrschen und knechten, entkommt, sie ablegt, von ihnen befreit wird. Als solche hat Marcuse in seiner Analyse für unsere Zeit speziell die „Eindimensionalität" und die damit verbundene „Entfremdung" aufgezeigt.

In der Methode gibt Schiller den „Weg des Ästhetischen" an und den Spieltrieb als Vehikel der Befreiung. In der Intention bleibt Marcuse auf demselben Weg, indem er die Sensibilität, die Phantasie, die Einbildungskraft an diese Stelle setzt, und zwar in Anlehnung an die Metapsychologie S. Freuds und C. G. Jungs, die diese Kräfte des Menschen als Möglichkeit der Loslösung von der Realität untersuchten und einsetzten. Für Marcuse liegt hier die Chance, den „Sprung" von der einen Wirklichkeit in die andere, die wahre, vorzunehmen.[189]

Auch in der Frage des Verhältnisses von Freiheit und Realität zeigt der folgende Text die enge Anlehnung an Schiller und die dann folgende Weiterinterpretation Marcuses: „Der Mensch ist nur dort frei, wo er frei von Zwang ist, von äußerem und innerem, von physischem und moralischem – wenn er weder vom Gesetz noch ‚vom Bedürfnis genötigt ist'. Diese Nötigung ist aber die Realität. Freiheit wäre also im strengen Sinn Freiheit von der geltenden Realität: der Mensch ist frei, ‚wo alles Wirkliche seinen Ernst verliert' und ‚das Notwendige den seinigen ablegt, weil es l e i c h t wird! ‚Die höchste Stupidität und der höchste Verstand haben darin eine gewisse Affinität miteinander, daß beide nur das Reelle suchen, und für den bloßen Schein gänzlich unempfindlich sind'. Da aber ‚das Bedürfnis der Realität und die Anhänglichkeit an das Wirkliche bloße Folgen des Mangels sind, ist die Gleichgültigkeit gegen Realität und das Interesse am Schein eine wahre Erweiterung der Menschheit und ein entschiedener Schritt zur Kultur.' "[190] Marcuse stimmt mit diesen Aussagen Schillers in bezug auf die

Geringschätzung und Verachtung der Realität, des Gegenwärtigen, überein, ebenso in der Ablehnung der Rationalität; nur den Ausweg als „Schein" zu bezeichnen, dagegen muß er sich wehren, denn er beansprucht für die neue Gesellschaft Wirklichkeit. In der Darlegung der Aufgabe der kritischen Theorie setzt er sich vom „Schein", vom „Idealen" ab, obwohl er dem Ansatz der idealistischen Philosophie folgt: „Aber die kritische Theorie hat es nicht mit der Verwirklichung von Idealen zu tun, die an die gesellschaftlichen Kämpfe herangetragen werden. Sie erkennt in diesen Kämpfen auf der einen Seite die Sache der Freiheit, auf der anderen Seite die Sache der Unterdrückung und der Barbarei."[191]

In seiner eigenen Kommentierung zu dem oben zitierten Text in Anlehnung an Schiller gibt Marcuse nochmals eine Interpretation, die ihn davor bewahren soll, als Idealist ohne soziale Konsequenzen durch seine Anlehnung an die idealistische Theorie abgestempelt zu werden: „Diese Idee stellt wohl eine der fortschrittlichsten Denkpositionen dar. Man muß sich dabei im klaren sein, daß die hier gemeinte Befreiung von der Realität keine transzendente, ‚innere' oder bloß intellektuelle Freiheit ist (wie Schiller dies ausdrücklich betont), sondern Freiheit i n der Realität. Das ‚Wirkliche, das seinen Ernst verliert', ist die inhumane Wirklichkeit von Mangel und Not, und sie verliert ihren Ernst, wenn Mangel und Not ohne entfremdete Arbeit befriedigt werden können. Dann ist der Mensch frei, mit seinen Fähigkeiten und Möglichkeiten und denen der Natur zu spielen, und nur wenn er mit ihnen spielt, ist er frei."[192]

Durch die von Marcuse vorgenommene Unterscheidung in zwei Wirklichkeiten, kann er der idealistischen Theorie Schillers ohne weiteres folgen, wenn er zur Interpretation den doppelten Realitätsbegriff einsetzt, dann nämlich ist die Forderung nicht ‚idealistisch'!

Die zu diesem Zweck der Befreiung vom „Druck des schmerzlichen Zwecks und der durch die Not erzwungenen Leistung"[193] eingesetzte seelische Fähigkeit, die die Freiheit ausübt, ist, nach Schiller die ‚Einbildungskraft'. Angereichert mit psychologischen Erkenntnissen übernimmt Marcuse sie unter dem Namen der Phantasie als Kraft, die die Veränderung von der Unfreiheit zur zukünftigen Freiheit herbeizuführen vermag: „Sie stellt eine Verbindung zwischen den tiefsten Schichten des Unbewußten und den höchsten Hervorbringungen des Bewußtseins (in der Kunst) her, zwischen dem Traum und der Wirklichkeit, sie bewahrt den Archetypus der Gattung, die fortdauernden aber verdrängten Vorstellungen des kollektiven und individuellen Gedächtnisses, die tabuierten Urbilder der Freiheit."[194] Den Wahrheitswert, der der Phantasie zukommt, begründet Marcuse – tiefenpsychologisch – damit, daß sie Vergangenheit auf Zukunft bezieht und sich durch die Welt der Unfreiheit, die „Beschränkungen des Realitätsprinzips", nicht tangieren läßt.[195] Damit gibt sie „Kraft ihrer einzigartigen Fähigkeit, einen Gegenstand auch ohne dessen Vorhandensein ‚anzuschauen',"[196] die Möglichkeit, „doch etwas Neues zu schaffen" und so den circulus vitiosus zu durchbrechen, daß die Gegenstände der verwalteten Welt das „neue Bewußtsein" in alter – unfreier – Weise bestimmen. – In konsequenter Weise trifft damit für die Phantasie, die Einbildungskraft, dasselbe zu, wie für die Kunst, sie „verschwindet in dem Maße, wie die wirkliche Freiheit zur realen Möglichkeit gemacht wird."[197]

Der Zusammenhang von Phantasie und Kunst schließt sich logisch an dieser Stelle an. Marcuse begründet ihn wie folgt: „Die Wahrheiten der Vorstellungskraft werden erst realisiert, wenn die Phantasie selbst Form annimmt, wenn sie ein Universum der Wahrnehmung und des Verständnisses – ein subjektives und gleichzeitig objektives Universum – schafft. Dies geschieht in der Kunst. Die Analyse der erkennenden[198] Funktion der Phantasie wird so zur Ästhetik, als zur ‚Wissenschaft von der Schönheit' hingeführt:"[199] Damit ist die Kunst eindeutig als formgewordene Phantasie bestimmt, was an anderer Stelle für die Zurechnung dessen, was für Marcuse zur Kunst gehört, seine Konsequenzen hat.[200] Die Ästhetik ist gemäß den obigen Aussagen das ‚Vehikel' auf dem Wege zur zukünftigen Freiheit, anders gesagt, das Mittel der gesellschaftsverändernden Kraft.[201]

Da gerade im Zusammenhang der neuen Ansätze zur ästhetischen Erziehung die nähere Bestimmung dessen, was Marcuse in diesem seinem Gesellschaftskonzept zusammenfassend über Kunst aussagt, wichtig ist, sei es in kurzer Zusammenfassung abschließend zitiert: „Die Kunst ist vielleicht die sichtbarste ‚Wiederkehr des Verdrängten' nicht nur auf der individuellen, sondern auch auf der genetisch-historischen Ebene. Die künstlerische Vorstellungskraft verleiht der ‚unbewußten Erinnerung' von der verfehlten Befreiung, von dem verratenen Versprechen, Form. Unter dem Regiment des Leistungsprinzips setzt die Kunst der institutionalisierten Unterdrückung das ‚Bild des Menschen als eines freien Subjekts' entgegen. ‚Im unfreien Zustand aber ist die Kunst des Bildes der Freiheit mächtig nur in der Negation der Unfreiheit.' Seit dem Erwachen des Bewußtseins der Freiheit gibt es kein echtes Kunstwerk, das nicht den archetypischen Gehalt offenbarte: die Negation der Unfreiheit."[202]

2.7 *Die Kritik an der ästhetischen Theorie Marcuses*

Im darstellenden Teil der ästhetischen Theorie Herbert Marcuses wurden bereits durch die Herausstellung der verschiedenen Aporien die Möglichkeiten der Kritik, die sich aus den Texten selbst ergeben, aufgezeigt. In der abschließenden Zusammenfassung soll versucht werden, den philosophischen Ort dieser Theorie kurz zu skizzieren, um die wichtigsten Stimmen der Kritiker Marcuses aufzuzeigen und einordnen zu können.

Habermas kennzeichnet Marcuses Theorie als den „ersten originellen Versuch eines phänomenologisch gerichteten Marxismus;".[203] Der Weg dorthin führte bei Marcuse von seinen ersten

Hegelstudien und seiner 1932 erschienenen Veröffentlichung über Hegels Ontologie zu Freud, aus dessen Trieblehre er eine marxistische Geschichtskonstruktion entwickelte, verbunden mit einer Anthropologie, die sich auf die Kategorien aus Heideggers „Sein und Zeit" bezog. – Ebenso wird von Habermas herausgestellt, daß Marcuse im Unterschied zu Horkheimer und Adorno als Vertreter der kritischen Theorie in einem stärkeren Zusammenhang der Schulphilosophie steht, die ihn „unbedenklicher der systematischen Intention, der die philosophische Überlieferung fast immer gefolgt ist"[204] nachgehen läßt. Die bereits aufgezeigten Zusammenhänge seines Denkens mit Kants „Kritik der Urteilskraft" und Schillers "Briefen über die ästhetische Erziehung des Menschen" belegen u. a. diese Aussage.

Zwar grenzt Marcuse sein Denken vom Idealismus selbst ab, indem er seine aus der Anthropologie geborene Wendung zum Existentialismus für bestimmend herausstellt. Seine Forderung lautet, daß „eine Philosophie in praktischer Absicht praktisch folgenreich werden muß,"[205] denn die Folgenlosigkeit, die fehlende soziale Konsequenz der idealistischen Philosophie suchte er zu überwinden. Von Kritikern jedoch wird ihm dieser Versuch als mißlungen abgesprochen: „Im ‚Versuch über die Befreiung' beruft sich Marcuse auf Kants und Schillers Moralphilosophie. Seine ästhetischen Kategorien sind wie dort unvermittelt durch Kunst."[206]

Die erkenntnistheoretisch-philosophische Frage ist also zunächst an den Ansatz der Marcuseschen Theorie zu stellen, ob der Anspruch, der mit der „dialektischen Phänomenologie" als einer „Methode steter, äußerster Konkretion"[207] gestellt ist, erfüllt wird. Dies kann nur von dem jeweiligen Sinn-Verständnis aus geschehen, das es nicht „dabei bewenden lassen darf, den geschichtlichen Ort der von ihr (dialektischen Phänomenologie, d. Verf.) untersuchten Gegebenheit zu bezeichnen, sondern fragen muß, ob dieser nicht auch ein zwar außergeschichtlicher, aber ein durch alle Geschichtlichkeit währender eigener Sinn innewohnt."[208]

Die Antwort auf diese Sinnfrage ist bei Marcuse nicht gegeben. Es werden zwar Sinn- und Zielformulierungen eingebracht, doch bietet die Methode, das Wie des Vorgehens, den Kritikern der verschiedenen Seiten, ob Theoretikern oder Praktikern,[209] Anlaß zu berechtigter Kritik. Einerseits werden die Zielformulierungen mit Negativzeichen angegeben wie ‚Schluß mit', ‚Heraus-aus-dem-Bestehenden', oder sie entstammen der Kategorie des ganz Anderen wie ‚neue Vernunft', ‚neue Technologie', ‚neue Qualität', ‚neue Moral', ‚neuer Mensch', ‚radikale Umwertung aller Werte'. Positive Zielwörter sind ‚Friede', ‚Ruhe', ‚Alleinsein', ‚Glück', die häufig den Index des ‚Zurück-zu' enthalten und somit sich in Übereinstimmung finden mit Zielen wie ‚Wiederherstellung der Natur', ‚Wiederherstellung des individuellen Denkens' oder ‚Prärogative der Privatheit'.[210] Alle diese Zielformulierungen geben keine andere Auskunft als die des ‚Nicht-mehr'. Erschwert wird die Sinnerkenntnis noch weiterhin durch terminologische Paradoxien wie ‚Vernunft ist zur Unvernunft geworden', ‚unnötige Notwendigkeit', ‚Befreiung, die Versklavung ist', ‚Euphorie im Unglück', ‚repressive Befreiung' u. a. „Gerade wegen dieser Negativität oder Paradoxie bleiben Marcuses Zielbegriffe an das ‚Bestehende' geheftet, und das bestimmende Motiv für das ganz Andere bleibt durchweg das zu zerstörende Ganze;"[211] d. h., daß dort, wo die ‚Zerstörung des Ganzen' nicht bejaht werden kann, zugunsten eines unbestimmten ganz anderen, die – unbegründete – Autorität wiederum einsetzt, die befiehlt, denn „Alle sollen vernünftig, frei, glücklich sein."[212] Hier wird die angebliche Theorie der Befreiung von ihrem Systemansatz notwendig repressiv.

Die marxistische Kritik an der Kulturtheorie Herbert Marcuses hat in der Argumentation zwei Varianten, eine westliche und eine östliche. Das verwundert nicht, wenn man Marcuses eigene Aussage zu seiner „marxistischen Grundsituation" vergleicht. Ausgehend von seinen „Beiträgen zu einer Phänomenologie des Historischen Materialismus" kennzeichnet er sie von einem existentiell-individualistischen Verständnis ausgehend als eine „in der geschichtlichen Möglichkeit der radikalen Tat, die eine notwendige neue Wirklichkeit als Realisierung des ganzen Menschen freimachen soll. Ihr Träger ist der bewußt geschichtliche Mensch, sein Tatfeld die Geschichte, die als Grundkategorie des menschlichen Daseins entdeckt wird."[213]

Anerkennung der Marxisten findet in diesem Ansatz einzig die daraus von Marcuse entwickelte „Sozialtheorie auf empirischem Grund"[214], weil sie – aus sozialistischer Sicht – „wichtige Erscheinungsformen der imperialistischen Klassengesellschaft geißelt," als Ganzes aber „im Grunde anonym, klassenindifferent bleibt."[215]

Gegenstand weiterer marxistischer Kritik ist die Hochschätzung des Individuums und die damit im Zusammenhang stehende Strategie der Revolution als eine, die auf die Veränderung des Bewußtseins der Individuen zielt: „Dieser Theorie ist ihr radikaler Primat des Subjektiven nicht weniger vorzuwerfen, als sie ihn dem totalen Universum des Herrschaftslogos vorwirft."[216] Oder: „Nicht praktische Kämpfe interessieren, nicht historische Arbeit ... Strategisches Ziel ist wiederum das Bewußtsein: seine Konversion."[217]

Indem Marcuse das Problem der Revolution in einer Überflußgesellschaft untersucht, in der die Entfremdung ihren Grund nicht in ökonomischer Armut sondern in ökonomischem Reichtum hat, hat er in gewisser Weise das Problem von Karl Marx im umgekehrten Sinne zu verhandeln. Er kann somit in seiner Konsequenz nicht zu einer – wenn auch mit Varianten – marxistischen Klassenkampfthese als Lösung aufrufen. Er löst sich in seinem Interesse von den Produktionsverhältnissen[218] und gibt der Idee den Vorrang vor der Erfahrung,[219] was ihm naturgemäß von seiten der Marxisten nur Ablehnung und Kampfansage einbringen kann.

Eine aus materialistischem Grundverständnis argumentierende Wissenschaft muß aufgrund ihres eigenen Selbstverständnisses einen Wirklichkeitsbegriff kritisieren, in dem der Utopie ohne Rückbindung an die marxistische Ideologie ein wichtiger Stellenwert im Aufbau der zukünftigen Gesellschaft zugeschrieben wird. So ist es zu erklären, daß der Wert, der der Kunst, der Ästhetik, der neuen Sensibilität von Marcuse zugesprochen wird, einerseits als „irreal, utopisch und subversiv"[220] abqualifiziert wird, andererseits als wirkungslos aufgrund seiner „ästhetischen Distanz" charakterisiert wird. Der Vorwurf zielt dahin, daß Marcuse „statt politischer Theorie oder Praxis ... Kunsttheorie und Ästhetik"[221] biete oder daß „Kunst nach Marcuse immer eine ‚andere Realität' " schaffe, „die im ‚Kampf mit der Geschichte' stand."[222] Ästhetik, die neue Sensibilität, ist die „kraftlose Utopie, die von außen kommt, draußen bleibt und sich zu reiner Rezeptivität ... macht."[223] „Die Fetischisierung der utopischen Negativität bei Marcuse dokumentiert einen solchen Zerfall, der ein Rückfall hinter Marx zurück ist."[224]

Eindeutiger und sehr viel weniger differenziert gipfelt der Vorwurf von seiten der östlich-marxistischen Kritik Marcuse gegenüber darin, daß er, obgleich marxistischer Herkunft und fundierter Kritiker des Kapitalismus dennoch nicht den Sozialismus als Lösung anbiete, sondern ihn vielmehr mit Charakteristika belege, die er unterschiedslos auch in der sog. kapitalistischen Gesellschaft vorfindet, wo sie Gegenstand seiner Kritik sind. Für Marcuse bildet der Sozialismus in der vorfindlichen Form keinen Ausweg aus den Widersprüchen des Kapitalismus, denn er bezeichnet ihn als „Suprabürokratismus", als „Totalitarismus", als „terroristisches System" und streitet ihm einen qualitativen Unterschied gegenüber den kapitalistischen Systemen ab, der aber aufgrund des Selbstverständnisses des kommunistischen Sozialismus gefordert wird.[225]

Daß Marcuse seine Forderung, Kunst und Philosophie hätten in Opposition zur Gesellschaft zu treten, auch für den Sozialismus stellt, führt dazu, daß er „in die Phalanx der erbittersten Gegner des Sozialismus"[226] eingereiht wird, denn – so lautet die östliche Kritik: – „Mit seinem Appell an die sozialistische Kunst und Philosophie, in Opposition zur sozialistischen Gesellschaft zu treten, greift er aktiv zugunsten des Imperialismus in den weltweiten Klassenkampf ein. Kunst und Philosophie sind für ihn auch unter den Bedingungen des Sozialismus Subjekt der ‚Großen Weigerung', Träger eines allgemeinen ‚Protest(es) gegen das, was ist'. Ihre negierende Aufgabe gewinnt desto größere Bedeutung, je mehr sich die sozialistische Ordnung festigt und entwickelt."[227]

Auf dem Hintergrund dieser – ideologisch vordergründigen Argumentation – muß auch die subtilere Kritik der Ästhetik-Theorie z. B. bei O. K. Werckmeister gesehen werden. Die Kunst als Alternative zur gegenwärtigen gesellschaftlichen Repression als eine nicht-repressive Ordnung einzusetzen, sei bei Marcuse ein traditionelles Konzept aus der Ästhetik des deutschen Idealismus. Dies wird bei Marcuse „zum dramatisch illusionären Postulat, denn seine mythologischen Gedichtzitate erscheinen beziehungslos zu den historischen und ökonomischen Bestimmungen der heutigen Industriegesellschaft, über deren mögliche Befreiung er nachdenkt."[228] Aufgrund seiner philosophischen Tradition und seines utopischen, mythologischen oder gar transzendenten Denkens und Argumentierens wird Marcuse eine Ineffektivität seiner Theorie wegen des mangelnden Praxisbezugs vorgeworfen. Dies geschieht ebenfalls in dialektischer Methode, weil sonst der vorhandene analytische Ansatz in der Theorie Marcuses nicht eingeordnet werden könnte. So heißt es: „Wie in vielen Argumentationen zeitgenössisch dialektischer Theoretiker ist der Mangel an konkretem historischem Gehalt in dieser Konzeption bereits vorweg zur Bestimmung des Gedachten erklärt und so dem Vorwurf entzogen, er sei mangelnder Realitätsbezug des Denkens."[229] Auch hier gipfelt dann der Vorwurf in dem Satz: „Auch bei ihm (Marcuse) ist die ästhetische Utopie an die Stelle der politischen Revolution getreten."[230]

Die vielfache sog. ‚linke' Kritik ließe sich noch weiter ergänzen, doch die Tendenz wurde bereits deutlich, zum einen ist sie politische Kampfschrift, zum anderem auf marxistischem Fundament stehende Wissenschaftskritik, die Marcuses Denken aufgrund der angegebenen Quellen ablehnen muß. Die Grenzen dabei sind fließend.

Die Kritik von ‚rechts' soll nur in einer Stellungnahme, bezogen auf das Kunstwerk und den Stellenwert der Ästhetik, eingebracht werden. Marcuses „Theorie der Gesellschaft als Kunstwerk"[231] führt aufgrund der Einbringung der Psychoanalyse zu einer „Ästhetisierung des Revolutionsprinzips". Während die marxistische Kritik dieses Telosprinzip der mangelnden ökonomischen Motivation wegen nicht anerkannte, lehnt z. B. Günter Rohrmoser es ab, weil die „Fundierung der revolutionären Praxis nicht nur in der Psychologie, sondern auch in der Biologie" gefordert wird. „Das Telos kommt aus der Ästhetik, und das Fundament nimmt in der Form einer Lehre vom neuen Menschen die Forderung nach einem neuen Bios an, nach einem Menschen mit qualitativ anderen Bedürfnissen, nach qualitativ anderen Formen der Befriedung. Das Zusammenspiel der Ästhetik und Politik hat ein großer auch von der Frankfurter Schule anerkannter Theoretiker, nämlich Walter Benjamin, als ein Grundprinzip faschistischer Praxis anerkannt."[232] Rohrmoser arbeitet in dieser Darlegung mit einem nicht genau gekennzeichneten Analogieschluß, wenn er sagt: „Die Ästhetisierung politischer Praxis und ihre Begründung in einem transgeschichtlichen biologischen Fundament, wiederholt, w e n n a u c h i n v e r w a n d e l t e r Form (Sperrung d. Verf.), eine für den Faschismus schon kennzeichnende Konstellation. Die theoretische Konstellation von Biologie und Ästhetik erinnert an den Faschismus, weil das biologische Sein des Menschen den Grund abgeben soll, aus dem die revolutionäre Praxis hervorgeht."[233] Sucht man den Vergleichspunkt in den beiden sehr unterschiedlichen und dennoch gegenüber der Gefahr des Faschismus übereinstimmenden Argumentationen von Benjamin[234] und Rohrmoser, so kann er darin gesehen werden, daß faschistische Tendenzen immer dort auftauchen und nachzuweisen sind, wo ein „Ersatzheilmittel" zur Kaschierung der eigentlichen Probleme angeboten wird. Anders ausgedrückt könnte von einer umfassenden Manipulation mit ästhetischen Mitteln im Sinne einer Vortäuschung gesprochen werden. Zurückgeführt auf die Argumentation bei Benjamin hieße es, daß der berechtigte Wunsch der Massen auf Änderung der Eigentumsverhältnisse mit einer Vergewaltigung u. a. durch den Kult des Führers, die Herstellung von Kultwerten und die Apotheose des Krieges in eine Konservierung dieser Verhältnisse verkehrt wurde.[235]

Obwohl Marcuse als Person und ebenso in der Intention seiner Schriften keinen Faschismusverdacht aufkommen läßt, ist dennoch die in der Interpretation mögliche Nähe mancher seiner Texte und Forderungen zu faschistischem Denken aufzuzeigen, nämlich dort, wo er von der Ästhetik a u t o m a t i s c h eine Befreiung des Menschen von seiner Entfremdung erwartet. Benjamin stellt dem die zu bedenkende Konsequenz einer Ästhetisierung der Politik gegenüber, die zur Vernichtung des Menschen führt.[236] Diese Überlegungen führen zumindest zu der Konsequenz, daß die Offenheit in der Marcuseschen Theorie sowohl zur Befreiung, aber eher zur Sklaverei ausgenutzt werden kann.

Rohrmoser führt an anderer Stelle, auf dem Gebiete der Erziehungstheorie Marcuses, den Nachweis, daß auch hier die Umsetzung zu einer faschistoiden Praxis führen kann. In diesem Fall geht es darum, daß derjenige, der rational und autonom zu denken und zu handeln vermag, Entscheidungen über die anderen Menschen treffen soll. Damit stellt sich die politische Frage, für wen das zutrifft und für wen nicht. Es bleibt zur Lösung einzig die Form des Terrors und der Gewalt, die sich derjenige oder diejenigen anmaßen, die sich zur Führung berufen glauben. Rohrmoser stellt diese „Proklamation der Gewalt als Prinzip politischer Veränderung" dahingehend dar, „daß sie nach der Logik des Bürgerkrieges . . . nicht die Freiheit, sondern ein neues autoritäres, faschistoides Regime"[237] bringen wird.

Aufgrund der nicht beweisbaren Innovationsforderung des ‚neuen Menschen' wird von sog. Pragmatikern zunächst die Unmöglichkeit festgestellt und dann – in der Verbindung mit dem Biologischen – die bereits dagewesene Gefahr der biologischen Manipulation zu politischen Zwecken mit Recht herausgestellt.

Will man abschließend Marcuses Beitrag im Rahmen einer Gesellschaftsreform beurteilen, so ist, abgesehen von den genannten Kritiken zu sagen, daß gerade die ästhetische Konzentration in Marcuses philosophischem Denken begreifbar wird als eine Herausforderung des Wahren und Falschen durch das Utopische – dessen Zielbestimmung leider weitgehend offen bleibt. Doch die Ästhetik ist damit als scheinbar unpolitische Denkungsart zur politischen geworden: Die von Schiller bereits anvisiert bis jetzt verborgene Gewißheit, eine glücklichere Gesellschaft müsse kommen, ist akut geworden. Die von den Surrealisten in den zwanziger Jahren erstmals aufgestellte Forderung, die traditionelle Trennung von Kunst und Leben aufzuheben, hat Marcuse erstmals zum Programm seiner ästhetischen Revolutionstheorie erhoben. Sein Appell an die sinnlichen Bedürfnisse als revolutionäres Potential konnte allerdings nur kurz die Illusion wecken, daß hier die alte ästhetische Utopie sich realhistorisch materialisierte. Wenn auch die Folgen bis heute im intellektuellen Überbau steckengeblieben sind, so ist doch die ästhetische Reflexion als Kategorie der gesellschaftlichen Veränderung eine der wichtigsten in der Gegenwart. Sie wurde zum eigentlichen Kriterium literarischer und künstlerischer Produktion, denn die Frage spitzt sich auf die Formel zu „Wohin mit der lädierten Utopie, ohne die Praxis verkommt, die ohne Praxis aber nur schöngeistig ist?"[238]

Die These jedenfalls, daß Kunst neben der Philosophie immer noch Wahrheit vermitteln kann, ist der mir richtig erscheinende Ausgangspunkt in der Theorie Marcuses. Er ist das, was Solschenizyn in seiner nicht gehaltenen Nobelpreisrede einfacher sagt. Er hat die Kunst am Beispiel der Literatur als das einzige Pläydoyer für den Menschen gepriesen, unbelastet von „Propaganda, Zwang und wissenschaftlichem Beweis."[239] Die Literatur – und mit ihr die Kunst – sei als Gegnerin der Macht dem Ideologieverdacht entzogen und gefeiert, weil sie die Lüge der Mächtigen entlarvt.

3. Die Ästhetik in der marxistisch-leninistischen Theorie

Die marxistische Ästhetik-Theorie stützt sich in erster Linie auf Texte der Klassiker Marx, Engels und Lenin. Obwohl sich beide in ihren Schriften nur sporadisch und in anderen Zusammenhängen mit kunsttheoretischen und ästhetischen Fragen befaßt haben, berufen sich die Autoren der Handbücher der marxistischen Ästhetik und die der methodischen Richtlinien für die Entwicklung einer marxistischen Theorie der Kunst immer wieder auf die ‚Väter des Marxismus'. In den kommunistischen akademischen Institutionen ist der ‚marxistischen Ästhetik' ein eigenes Fach gewidmet. Dies entspricht der Bedeutung, die Kunst als kulturelle Institution in kommunistischen Staaten erhalten hat. Moissej Kagan,[240] Wissenschaftler in Leningrad, gilt gegenwärtig als einer der bedeutendsten Vertreter der marxistischen Ästhetik in der UdSSR, der richtungweisend ist u. a. für die Ästhetik-Wissenschaft in der DDR, insbesondere für Eberhard John, den Direktor des Instituts für Ästhetik und Kulturtheorie der Karl-Marx-Universität in Leipzig.

Moissej Kagan bezeichnet die Ästhetik in Anlehnung an Baumgarten – was den Terminus angeht – als „Lehre von den Empfindungen" oder

„Theorie der sinnlichen Wahrnehmung".[241] Dem fügt er dann in Übereinstimmung mit anderen Autoren[242] der marxistisch-leninistischen Gesellschaftstheorie die dieser eigenen Definition der Ästhetik als „Wissenschaft von der ästhetischen Aneignung der Wirklichkeit durch den Menschen"[243] an. Detaillierter ausgeführt liest sich die Definition wie folgt: „Die Ästhetik ist eine wissenschaftliche Disziplin, die die allgemeinen Gesetzmäßigkeiten der Entwicklung der ästhetischen Beziehungen des Menschen zur Wirklichkeit und besonders zur Kunst als spezifischer Form des gesellschaftlichen Bewußtseins erforscht. Mit anderen Worten: Die Ästhetik untersucht allgemein die ästhetischen Beziehungen des Menschen zur Wirklichkeit und insbesondere ihre höchste Form, die Kunst."[244]

Aus dieser ersten Aussage ergibt sich als notwendige Form der Erarbeitung zum Verständnis aller weiteren Folgerungen die Frage nach der Bedeutung der Wirklichkeit und der in diesem Zusammenhang angedeuteten ‚höheren' Form, der Kunst.

3.1. Die ästhetische Aneignung der Wirklichkeit in der marxistisch-leninistischen Theorie.

Gemäß der dialektischen Methode werden zwei sich bedingende Formen der Aneignung der Wirklichkeit herausgestellt: die praktische (reale) Veränderung der Wirklichkeit entsprechend den Bedürfnissen und die Erkenntnis der Umwelt gemäß der realen Veränderung. Diese letztere Methode wird als „geistige" bezeichnet, d. h. als eine, die sich im Bewußtsein vollzieht.[245] Gleichzeitig damit wird aber hervorgehoben, daß die geistige Aneignung auch berufen ist, eine „Anleitung zum Handeln"[246] zu geben, wobei der dialektische Gegensatz sofort mit gesagt werden muß, daß die „Praxis ... Ausgangspunkt und Quelle aller anderen Beziehungen des gesellschaftlichen Menschen zur Umwelt"[247] ist.

Als Formen der daraus resultierenden geistigen Aneignung der Wirklichkeit, d. h. der Erkenntnis der Welt, werden die wissenschaftliche, ethische und ästhetische Aneignung genannt.

Nach dieser Unterscheidung muß das Spezifische der ästhetischen Aneignung gegenüber der wissenschaftlichen und ethischen herausgestellt werden, um deren andersartige Konsequenzen zu verstehen.

Als erstes Kriterium trifft für das ästhetische Verhältnis des Menschen zur Wirklichkeit – dies sei noch einmal wiederholt – der allgemeine, auch Wissenschaft und Ethik betreffende Grundsatz zu, daß die P r a x i s – in der aufgezeigten dialektischen Weise – bestimmend ist.

Für ein weiteres darüber hinausgehendes Spezifikum der ästhetischen Aneignung wird zur Begründung die marxistisch-leninistische Erkenntnistheorie herangezogen, die aussagt, daß das „ästhetische Verhältnis des Menschen zur Wirklichkeit eine spezifische Erscheinungsform des allgemeinen Verhältnisses des Bewußtseins zum Sein ist."[248] Eine knappe Ausführung kann das hier Behauptete erläutern: „Die materielle Praxis, die reale Umgestaltung der Welt durch den Menschen bildet die Grundlage der Menschheitsgeschichte. Um aber handeln und die Welt verändern zu können, muß der Mensch sowohl den Gegenstand (das Objekt) seiner Tätigkeit und den Prozeß der Einwirkung auf diesen Gegenstand als auch sich selber, das Subjekt der Praxis, erkennen. In dem Maße, in dem sich der Mensch die Natur real aneignet, mit anderen Worten, wie er arbeitet, entwickelt sich sein Bewußtsein. In der Praxis entstanden, wird es seinerseits zum Mittel der Erweiterung und Vervollkommnung der Praxis. Bei der Arbeit stützt sich der Mensch auf die gewonnenen Erkenntnisse, auf die in der Gesellschaft vorhandenen Erfahrungen. Das Bewußtsein spiegelt das Sein nicht einfach passiv wider, sondern lenkt die Tätigkeit des Menschen und wird zu einer subjektiven Voraussetzung für die praktische Veränderung der Welt."[249]

Die Besonderheit der ästhetischen Aneignung der Wirklichkeit zu anderen Formen der Erkenntnis stellt sich u. a. in den Kategorien der ‚Ganzheit' und dem ‚konkreten Bild' dar: „Zum Unterschied vom theoretischen Denken erfaßt das ästhetische Bewußtsein[250] den realen Gegenstand in seiner Ganzheit, vollständig. Im Gegensatz zum wissenschaftlichen Begriff schafft es ein konkretes Bild. – Dabei geht es aber nicht um eine vordergründige Beeindruckbarkeit, sondern um ein Erkennen, das sich gleichermaßen aus der Sinneswahrnehmung u n d dem Verstand herleitet. Die ästhetische Wahrnehmung kann nicht auf die Sinneswahrnehmung reduziert werden, sondern wird jeweils „unbedingt in bestimmtem Maße durch den Verstand vermittelt",[251] wie sie andererseits „untrennbar mit der sinnlichen Stufe der Erkenntnis verbunden ist."[252] Das macht ihre Besonderheit aus.

Darüber hinaus stellt sich die Frage nach der Erfahrung der ästhetischen Aneignung der Wirklichkeit, ihrer Methode. Allgemein wird unterschieden in unmittelbare Erfahrung, die ihren Ursprung in der persönlichen Praxis des betreffenden Menschen hat und indirekte Erfahrung, unter der die „Kenntnisse, die uns aus früheren Jahrhunderten überkommen sind, und die Kenntnisse, die Menschen an anderen Orten erworben haben (Mao Tsetung),"[253] zu verstehen sind. Damit werden die geschichtliche und die soziale Komponente als unabdingbare Voraussetzungen in die Erfahrung mit einbezogen, so daß die indirekte Erfahrung in der Gesamtheit der Erkenntnisse, Vorstellungen und Gefühle der Menschen quantitativ überwiegt. Demgegenüber wird aber der direkten Erfahrung als der qualitativ anderen der Vorzug gegeben, weil der Mensch sie in seiner Eigentätigkeit durch Kampf, Verstand oder Leidenschaft selbst erworben hat und sie somit für ihn „greifbar" ist.

Darüber hinaus besitzt die direkte Erfahrung im Feld der ästhetischen Aneignung eine besonders qualifizierte Form in der Kunst, weil „die Kunst, die die ästhetischen Beziehungen des Menschen zur Wirklichkeit formt und ausdrückt, die Ergebnisse der indirekten Erfahrung gleichsam als Gegenstand der unmittelbaren Erfahrung"[254] gibt.

Eine weitere Besonderheit, die für die Konsequenzen der ästhetischen Erziehung von Bedeutung sein wird, ist der Zusammenhang der ästhetischen Beziehung zur Wirklichkeit in seiner unabdingbaren Verbundenheit mit der produktiven Tätigkeit des Menschen, seinem Schöpfertum: es besteht eine organische Einheit zwischen Arbeit, praktischer Tätigkeit und ästhetischem Genuß. Das heißt, in jeder Tätigkeit des Menschen, praktisch schaffender oder allgemein gesellschaftlicher Art, wird die Umwelt verändert und im Gegenstand ist das subjektive Ziel des Menschen „vergegenständlicht". „Dadurch spiegelt der Gegenstand gewissermaßen das tätige Subjekt, seine Absichten, Ideen, Gefühle und Wünsche wider."[255] Diese Praxis erfordert vom Menschen ein notwendiges Maß des Erkennens der „Wahrheit des Gegenstandes".[256] Die subjektiven Wünsche werden so an den objektiven Erfordernissen der Wirklichkeit gemessen, was dazu führt, daß der Mensch in Übereinstimmung mit den inneren Gesetzlichkeiten des Gegenstandes handeln muß. Erst „darin besteht die Freude am Schaffen", die von Hegel benannte „Selbstverdoppelung". Hierin wird die organische Einheit von Arbeit und Genuß begründet.[257]

3.2 Die Besonderheit der Kunst in der ästhetischen Beziehung zur Wirklichkeit.

Wenn die „höchste Form der ästhetischen Beziehung des Menschen zur Wirklichkeit die Kunst ist",[258] dann muß nach der Begründung gefragt werden, die eine solche Aussage gerechtfertigt erscheinen läßt. Kagan beschreibt die Kunst als eine „komplizierte, vielseitig-widersprüchliche Erscheinung",[259] die deshalb auch in der Komplexität ihrer Begründung – wenn auch nur thesenartig – wiedergegeben werden muß, um die oben zitierte Hypothese in der marxistisch-leninistischen Theorie zu beweisen.

1. These:[260]

„Das künstlerische Schaffen ist Widerspiegelung der Wirklichkeit[261] und gleichzeitig deren Umgestaltung es verkörpert die Ergebnisse der Erkenntnis der Wirklichkeit und zugleich deren Beurteilung; über die Welt und über den Künstler, über das Objekt und über das Subjekt."[262]

In dieser ersten These sind bereits alle im Folgenden aufzufächernden und darzustellenden Grundbegriffe, die für die Besonderheit der Kunst maßgeblich sind, mitgeteilt. Ihre nähere Erklärung ergibt sich aus den folgenden Thesen.

2. These:

Eine erste Konsequenz aus der Grundthese ist die, daß die Kunst eine Aussage macht in der Spannung zwischen Sein (Widerspiegelung) und Sollen

(Umgestaltung), Gegenwart und Zukunft:

> „wie die Realität des Lebens ist und zugleich darüber wie das menschliche Leben sein soll und wie es nicht sein soll."[263]

Damit wäre der Kunst der utopische Charakter eigen, der ihr aufgrund ihrer Eigenart die Kraft gibt, das Ästhetische mit dem Ethischen und dem Politischen zu verbinden – oder anders gesagt, der der Kunst ihre gesellschaftliche Funktion in bezug auf die Um- und Neugestaltung der Welt gibt.

3. These:

> „Das künstlerische Schaffen ist eine spezifische Methode der Modellierung der Wirklichkeit, ihrer bildhaften Reproduktion."[264]

Mit dieser Aussage gibt Kagan im Methodischen die schon kurz skizzierte Besonderheit der künstlerischen Widerspiegelung des Lebens im Unterschied zur wissenschaftlichen Erkenntnis an, bereits gekennzeichnet in den Stichworten „Ganzheit" und „konkretes Bild" und „Neuschaffung in der Nachahmung". Ebenso liegt die Besonderheit der künstlerischen Widerspiegelung in der „praktischen" Tätigkeit – die Rezeption einbeschlossen – gegenüber der „theoretischen" Tätigkeit der wissenschaftlichen Erkenntnis.[265]

Mit Hilfe der dialektischen Methode erfolgt der Schluß, daß „das von den Künstlern Geschaffene kein reales materielles Produkt (ist), sondern ein Produkt der Phantasie. Aber das ‚Wunder' der Kunst besteht gerade darin, daß sie das Phantasiegebilde als lebendige Realität erscheinen läßt."[266] Konsequenz einer solchen Aussage wäre etwa die, daß uns Personen der Literatur wie z. B. Hamlet oder Werther lebendiger sind als die Menschen, die zur damaligen Zeit real gelebt haben. Dieses Phänomen wird damit erklärt, daß die Kunst die reale Welt gleichsam durch die Welt der Phantasie ‚verdoppelt'. Eine weitere Erläuterung dieser Aussage entsteht in der Argumentation Kagans durch die Konfrontation künstlerischer und wissenschaftlicher Modelle.

4. These:

> „Die künstlerisch-bildhaften Modelle unterscheiden sich von den wissenschaftlichen Modellen dadurch, daß sie die Welt nicht einfach erklären, sondern sich neben das real Existierende stellen und von uns als eine gewisse ‚illusorische Realität' wahrgenommen werden."[267]

An dieser Stelle erscheint als Hauptinstrument der künstlerischen Erkenntnis, die jeweils in unserem Sprachgebrauch den Produzenten und Rezipienten mit einschließt, die schöpferische Fähigkeit des menschlichen Bewußtseins zur Phantasie, nicht in einer Ablösung oder Frontstellung zum abstrahierenden Denken, sondern in der Betonung der unterschiedlichen Beziehung des Primären im jeweiligen Erkenntnisakt. Ihr Stellenwert in der unterschiedlichen Funktion von Kunst und Wissenschaft wird auch hier mit der dialektischen aber einsichtigen Aussage umschrieben: „in der Kunst schafft gerade die Phantasie mit Hilfe des Denkens das künstlerische Bild, erschafft Neues, noch nie Dagewesenes, während in der Wissenschaft das abstrakte Denken mit Hilfe der Phantasie die Gesetze des Seins entdeckt."[268]

Als weitere Besonderheit ergibt sich daraus für die Kunst, daß Entdecken und Erschaffen als Einheit zusammengehören, sie „erkennt die reale Welt und erschafft gleichzeitig neue ‚Welten';"[269] die bildhaften Modelle sind die künstlerische Substanz, während die Wissenschaft ihren Schwerpunkt im Entdecken neuer Gesetze der realen Welt hat. Diese schöpferische Kraft der Kunst, die in der Interpretation des Geschehenen das Mögliche oder Notwendige darstellt, gilt sowohl in den ‚primären' Künsten, auf seiten des schaffenden Künstlers, wie im ‚sekundären' Bereich der interpretierenden Künste, eingeschlossen den Rezipienten.

5. These:

Eine weitere Charakteristik bestimmt sich aus der Sicht des Künstlers, der Subjektivität, die notwendig in sein Werk eingeht, aus seinem Verhältnis zum Leben, seiner Beurteilung von Menschen, Vorgängen, Gedanken, Gefühlen, Ideen und Überzeugungen.

> „Die Kunst benügt sich nicht mit einer genauen Widerspiegelung der Wirklichkeit, sondern verändert sie, weil der künstlerischen Modellierung der realen Welt die Rolle der Erkenntnis und der Interpretation des Lebens zufällt."[270]

Als Aufgabe wird der Kunst in dieser Hinsicht zugeschrieben, eine möglichst große Übereinstimmung zwischen Wesen und Erscheinung zu erreichen, deshalb muß sie in ihrem Vorgehen an dem „dargestellten Gegenstand etwas verändern, etwas weglassen, etwas ergänzen, etwas verstärken und etwas abschwächen, da sich sonst die Darstellung des Gegenstandes nicht in eine künstlerische Gestalt von verallgemeinerter Bedeutung verwandeln kann."[271]

6. These:

Das Kriterium der Analyse und Beurteilung von Kunstwerken ist für Kagan wiederum ein dialektisches, das Vorhandenes und Zukünftiges umfaßt:

> „Folglich müssen wir, wenn wir eine künstlerische Erscheinung analysieren und werten wollen, davon ausgehen, was sie aus der Wirklichkeit widerspiegelt und wie sie es tut, und zugleich davon, in welcher Richtung und mit welchem Ziel sie die Wirklichkeit umgestaltet."[272]

In dieser Aussage wird bereits die Problematik des (sozialistischen) Realismus angesprochen, der allzu leicht in das eine oder andere Extrem abgleitet, Kopie der Wirklichkeit oder ideologisch-utopische Zielsetzung ohne Analyse der Wirklichkeit, weil in der Bestimmung der Analyse und Zielrichtung nicht mehr der Künstler allein bestimmend ist sondern der Künstler in der in diesem Zusammenhang noch nicht angesprochenen Abhängigkeit vom Auftraggeber. Deshalb kann Kagan über die ,,wahre realistische Kunst in der Vergangenheit" von Shakespeare bis Rembrandt, sehr wohl sagen, daß sie dadurch charakterisiert war, „frei von der äußerlichen Ähnlichkeit mit der Wirklichkeit (abzuweichen), wenn es sich für eine tiefere Erkenntnis der Welt, der Gesellschaft und des Menschen als notwendig erwies."[273]

7. These:

Als wichtige weitere Frage schließt sich die nach dem Gegenstand der Kunst an oder anders gesagt nach dem, was aus der Wirklichkeit in der künstlerischen Gestalt modelliert wird. Gerade in dieser Fragestellung bestehen weitgehende Kontroversen unter den marxistisch-leninistischen Theoretikern, die zu einer Aufspaltung in unterschiedliche Gruppierungen und ‚Schulen' führte.[274] Als Gegenstand der Ästhetik nimmt Kagan den gesamten Bereich des optisch und akustisch Wahrnehmbaren an, „alle ästhetischen Erscheinungen der realen Welt und alle ästhetischen Eigenschaften der die Welt widerspiegelnden Kunst".[275] Für die Ästhetik allgemein stimmen die anderen Theoretiker mit Kagan darin überein, wenn es heißt: ,,Gegenstand des ästhetischen Urteils ist ‚alles, was für den Menschen im Leben von Interesse ist' (Tschernyschewski)",[276] doch wenn es um den Gegenstand der Kunst geht, beansprucht Kagan eine andere Kategorie:

> ,,Gegenstand der Kunst ist der wechselseitige Zusammenhang zwischen Objekt und Subjekt."[277]

Diese These macht nach Kagan zwei Arten der künstlerischen Aneignung der Wirklichkeit möglich und nötig. Da es sich um das Verhältnis Objekt-Subjekt handelt, ist sowohl eine Untersuchung von der sog. Objekt-Seite wie von der Subjekt-Seite erforderlich: ,,Im einen Falle ist Gegenstand der Erkenntnis die objektive Realität – umgewandelt durch die geistige Welt des Künstlers –, im anderen Falle die geistige Welt des Künstlers, widergespiegelt durch die objektive Realität."[278] Subjekt und Objekt werden bei jeder Art in einen untrennbaren Zusammenhang gebracht, so daß eine Menge konkreter Varianten und Modifikationen auftauchen können. Demnach kommt es für Kagan bei der künstlerischen Erkenntnis nicht auf den besonderen Gegenstand an. Es gibt für ihn keine Unterscheidung in den Objekten für die künstlerische oder wissenschaftliche Erkenntnis, dies kann für beide gleichermaßen Natur, Mensch, gesellschaftliches Leben etc. sein. Seine Unterscheidung liegt in der S t r u k t u r des Gegenstandes der künstlerischen Erkenntnis, die sich prinzipiell von der der wissenschaftlichen abhebt. Mit dieser Unterscheidung entzieht sich Kagan in der Bestimmung des Gegenstandes der Kunst und des künstlerischen Urteils der Zuordnung zu einer der widerstreitenden Parteien, der sog.

„Naturkonzeption"[279] oder der „Gesellschaftskonzeption". Gemäß der dialektischen Methode ist Kagans obige These als Maxime auch umkehrbar, so daß sie lautet: „Wir finden diese Dialektik des Objektiven und Subjektiven auch in jeder anderen ästhetischen Erscheinung",[280] wie er auch an anderer Stelle das Ästhetische als Erscheinung bezeichnet, weil das „Ästhetische in dem gleichen Maße eine Eigenschaft des Gegenstandes ist wie eine Bewertung durch den Menschen."[281]

Damit ist der Doppelcharakter des Ästhetischen festgelegt, der für Kagan in gleichem Maße Eigenschaft des Gegenstandes wie menschliche Bewertung ist und somit durch sein dynamisches Prinzip aus der Auffassung der Natur- und Gesellschaftskonzeption herausfällt.

8. These:

Nach der Darstellung der unterschiedlichen Komponenten in der Bestimmung der künstlerischen Erkenntnis der Wirklichkeit stellt sich die Frage nach dem Ziel oder auch Wert dieser Erkenntnis im Zusammenhang der Gesellschaft:

> „Die Erkenntnis des geistigen Lebens des Menschen und der Gesellschaft ist das wesentliche, eigentliche Ziel der Kunst, während die Erkenntnis des materiellen Seins der Natur und des Menschen ein Mittel ist, dieses Ziel zu erreichen."[282]

So gibt Kagan als Beispiel an, daß das Ziel eines Porträts immer die Erkenntnis des inneren, geistigen psychischen Lebens ist, wozu die Erkenntnis des Äußeren, Biologischen und Anatomischen vom Künstler gebraucht wird. Die Kunst will „durch die sinnlich wahrnehmbaren Formen des Seins in den vom Verstand und Erleben erfaßbaren geistigen Inhalt des menschlichen Lebens eindringen."[283]

9. These:

Wenn dies das Ziel ist, so stellt sich aber von hier aus noch einmal die Rückfrage, welchen Anspruch auf Wirklichkeit die so von der Kunst vorgenommene Aussage erhebt, wenn ihre Widerspiegelung nur eine bedingte ist:

> „Die künstlerische Aneignung der Wirklichkeit erhebt nicht den Anspruch, die Wirklichkeit selbst zu sein –, und das unterscheidet die Kunst von den illusionistischen Tricks, die das Auge und Ohr betrügen sollen."[284]

Wichtig ist also auch der dialektische Zug in der Wertung, daß sich die Kunst als Kunst behauptet, daß sie sich von der Lebensrealität unterscheidet, aus den schon genannten verschiedenen Gründen, um nicht mit dem Maßstab der Wirklichkeit gemessen als „falsche" abgetan zu werden.

10. These:

Unweigerlich führen diese Aussagen auf die Kernfrage der Ästhetik zu, die Frage nach der Wahrheit. Dazu bringt Kagan zunächst die Negativabgrenzungen ein: von der Andersartigkeit der künstlerischen

Wahrheit als einer „poetischen" gegenüber der wissenschaftlichen oder dokumentarischen Wahrheit, die Besonderheit des Verhältnisses von Wahrheit und Phantasie auf dem Gebiete der Kunst, um damit den andersartigen Maßstab in der Beurteilung und Wirksamkeit der künstlerischen Wahrheit aufzuzeigen:

„Der Begriff ‚Wahrheit' besitzt in der Kunst einen ‚anderen Sinn als in der wissenschaftlichen oder dokumentarischen Widerspiegelung der Wirklichkeit."[285] In der künstlerischen Wahrheit geht es nicht um die Übereinstimmung zwischen Geschildertem oder Dargestelltem und den Tatsachen des realen Lebens wie bei Dokumentarwerken, für deren Beurteilung die Begriffe ‚Erfindung', ‚Erdichtung', ‚Phantasie' eine negative Bedeutung haben, insofern damit Unwahrheit bezeichnet wird. Phantasie wird im Bereich der Wissenschaft nur insoweit benötigt, als sie imstande ist, im Bewußtsein des Wissenschaftlers „die Vorstellung von seiner Tätigkeit hervorzurufen, wobei der Wert dieser Vorstellung davon abhängt, inwieweit sie sich verwirklichen läßt."[286]

> „Die künstlerische Wahrheit kann nicht durch die faktische Glaubwürdigkeit des Dargestellten bestimmt werden, sie reduziert sich auch nicht auf die genaue Widerspiegelung der Gesetzmäßigkeit des materiellen Seins der Natur und des Menschen . . . In der künstlerischen Erscheinung ist die Wahrheit poetisch in dem Sinne, daß sie unmittelbar durch ihre Übereinstimmung mit den Gesetzen des geistigen Lebens und nicht mit den Gesetzen der materiellen Welt bestimmt wird."[287]

An dieser Stelle der Kaganschen Theorie ist kein Aufschluß mehr darüber zu erhalten, woher sich die „Gesetze des geistigen Lebens", die Normen für eine Wahrheit der Ästhetik begründen, wenn man nicht die Grundlagen dieses Denkens mit einbezieht, die an dieser Stelle – konsequenterweise – die Ideologie des Kommunismus als einzig gültigen und letzten Wertmaßstab setzen. In seiner Darlegung der Dialektik des Relativen und Absoluten sowie der Dialektik des Individuellen und Sozialen, die er einführt zur Lösung möglicher Konflikte,[288] im Bereich der vorhandenen Normen, stellt er als absolute Norm „das Allgemeinmenschliche" auf, das er aus der „leeren Abstraktion" der idealistischen Philosophie und Ästhetik zurückholen will, indem er ihm einen konkreten sozialen Inhalt gibt, den der Marxismus-Leninismus darstellt. Die Begründung, mit der er dieses Gesamtfundament seiner Theorie unterbaut, umfaßt entgegen seinem sonstigen theoretischen Vorgehen, in wenigen Zeilen die zwei ‚Glaubenssätze', die somit auch nicht weiter zu diskutieren sind:

„Der Marxismus-Leninismus dagegen zeigt, daß der Begriff des „Allgemeinmenschlichen" einen realen und tiefen Inhalt besitzt . . . Erst der Sozialismus und Kommunismus bieten unbegrenzte Möglichkeiten für die freie, gleichberechtigte und harmonische Entwicklung aller Menschen.

Deshalb ist letzten Endes das Kommunistische das Allgemeinmenschliche . . ."[289]

3.3 *Die Rolle der Kunst im gesellschaftlichen Leben*

Kagan weist unter der politischen Voraussetzung, daß der „marxistisch-leninistischen Ästhetik . . . die dialektische Einheit von wissenschaftlicher Objektivität und kommunistischer Parteilichkeit eigen"[290] sei, drei wichtige Funktionen der Kunst nach, die in ihrem wechselseitigen Zusammenhang den grundlegenden sozialen Wert der Kunst in der Gesellschaft ausmachen. Da einerseits diese Problematik in Vergangenheit und Gegenwart die Grundfrage der Ästhetik ausmacht und andererseits der Kagansche Ansatz sich in gegenwärtigen hiesigen Publikationen der Kommunikationstheorie[291] in einzelnen Übernahmen wiederfindet, ist es notwendig, zunächst informativ einen kurzen Überblick über die Darlegungen der Kommunikationsfunktion, der hedonistischen sowie der bildenden und erzieherischen Funktion der Kunst im Denken Kagans zu geben.

Kagan kommt aufgrund seiner Darlegungen der Beziehung der Kunst zur Wirklichkeit zu dem Schluß: „Die Kunst widerspiegelt aber nicht nur das Leben und wird nicht nur vom realen Leben hervorgebracht, sondern wirkt auch aktiv auf das Leben zurück. So wird der genetische Aspekt . . . ergänzt durch den funktionalen Aspekt, das heißt durch das Problem der ‚Rückkoppelung' der Kunst zum Leben."[292] Der sogenannten „bürgerlichen Ästhetik" wird die gesellschaftliche Zweckbestimmung abgesprochen, „da ihre einzige Bestimmung darin bestehe, den Menschen einen ästhetischen Genuß zu bereiten."[293] Die bürgerliche Gesellschaft gebe somit die Möglichkeit, ihre Existenzbehauptung und ihren Kampf durch die Kunst zu unterstützen, auf, vertausche sie stattdessen mit einer Desinteressiertheit, die ihren Grund im l'art pour l'art – Verständnis besitze.[294]

3.3.1 *Die Kommunikationsfunktion der Kunst*

Die Besonderheit der ästhetischen Wahrnehmung von Kunstwerken in der Erkenntnis ihrer künstlerischen Herkunft und ihrer künstlerischen Abstraktion vorausgeschickt, ergibt sich als erste Funktion: „Das Kunstwerk wird als Vermittler erkannt, als ein besonderes Sprach- bzw. Zeichensystem mit kommunikativer Bedeutung, das vom Künstler gegebene Informationen vermittelt."[295] Daraus leitet Kagan für die Decodierung und Dechiffrierung der spezifischen Bildsprache einerseits analoge Methoden zwischen Kunst und Sprache ab, andererseits aber begründet er den besonderen Charakter der Kunstsprache gegenüber der Verbalsprache, in der andere Ziele vorliegen und damit auch andere Mittel angewandt werden müssen.

Übereinstimmung besteht darin, daß Kunst- und Verbalsprache die Rolle von Verständigungsmitteln für den Menschen übernehmen: „Daher besteht ihre (der Kunst) erste gesellschaftliche Funktion in ihrer Kommunikationsfunktion."[296] In dieser Funktion hat sie einen individualen und sozialen Wert, indem „sie . . . die Ergebnisse der geistigen Tätigkeit eines anderen Menschen vermittelt, der die Welt besonders genau, detailliert und ethisch betrachtet hat", „um damit die eigene Persönlichkeit zu bereichern."[297] Hierin liegt bereits der erste Ansatz, daß der Kunst gegenüber der Sprache in zweifacher Hinsicht größere kommunikative Möglichkeiten zuerkannt werden, indem sie nicht nur innerhalb jenes Teils der Gesellschaft (z. B. Stamm, Volk) verstanden wird, der die gleiche Verbalsprache spricht, sondern „der gesamten Menschheit verständlich ist, obgleich sie immer von nationalen Besonderheiten geprägt ist."[298]

Als zweite Erweiterung gibt Kagan an, daß „die Sprache lediglich fähig (ist), dem Menschen ihm vertraute Informationen zu übermitteln, die Kunst dagegen reichert sie mit dem darin enthaltenen geistigen Gehalt an."[299] Daraus leitet Kagan die These ab, daß die Aktivität der Kunst als Verständigungsmittel größer ist als die Aktivität der Sprache.

Während die einzige Funktion der Sprache – nach Kagan – in der Kommunikation besteht,[300] kommen der Kunst neben dieser andere Funktionen zu, die in ihrem Begründungszusammenhang noch dargelegt werden. Diese Unterscheidung Kagans führt u. a. die Konsequenz mit sich, daß die Sprache, die als Verständigungsmittel nur Form ist, mit den Kategorien gemessen und auch beurteilt werden kann, die einzig das Mittel der Form als Zeichensystem untersuchen.[301] Demgegenüber beansprucht Kagan für die Kunst „eine Einheit eines bestimmten Inhalts und der sie verkörpernden Form,"[302] sie vermittelt also nicht nur eine Information, sondern ist diese Information selbst. Sie kann nicht mit quantitativen Methoden gemessen werden, da die Wahrnehmung des Kunstwerks „für jeden Menschen Mittel zur Erkenntnis dessen (ist), was hinter dem Werk steht und Ziel eines sinnlich-wahrnehmbaren Akts" ist. Hierin, in der Einbeziehung des Zieles liegt der weitere Ansatz, daß „die Wahrnehmung eines Kunstwerkes unmittelbar in ein Gefühl ästhetischen Genusses umschlägt."[303]

3.3.2 Die hedonistische Funktion der Kunst.

„Die Fähigkeit, durch Kunst Genuß zu erlangen, hängt vom ästhetischen Wert des Kunstwerks selbst ab und vom Niveau der ästhetischen Entwicklung der Persönlichk e i t, die das Kunstwerk wahrnimmt."[304] Demnach besteht eine Form des ästhetischen Genusses für den Menschen darin, die k ü n s t l e r i s c h e S p r a c h e z u v e r s t e h e n[305] und damit über die Möglichkeit zu verfügen, den im Kunstwerk enthaltenen Reichtum des poetischen Gehalts zu erfassen."[306]

Diese Wirkung der hedonistischen Funktion wird in besonderer Weise noch einmal für den Rezipienten in seiner Möglichkeit des „Mitschaffens" ausgesagt und gewertet: „Eine ästhetisch vollwertige Wahrnehmung der Kunst ist nur möglich durch das Mitschaffen bei der Rezeption, und der Genuß des Lesers, Hörers oder Zuschauers ist Widerhall jener Freude, die der Künstler während des Schaffensprozesses empfand."[307] Als weitere Konsequenz der hedonistischen Funktion im Mitschaffen durch Entschlüsselung, d. h. im Vollzug eines derartigen Bildungsprozesses, werden die schöpferischen Fähigkeiten im Menschen gebildet: „Daraus resultiert auch der gesellschaftliche Wert der hedonistischen Funktion der Kunst. Indem sie dem Menschen einen ästhetischen Genuß vermittelt, entwickelt sie seine s c h ö p f e r i s c h e n F ä h i g k e i t e n und erhöht sein s c h ö p f e - r i s c h e s P o t e n t i a l, sie vervollkommnet dadurch Mensch und Gesellschaft."[308]

Die Voraussetzungen, die notwendig sind, um diese schöpferischen Fähigkeiten zu entwickeln, sind Fragen der Einübung im theoretischen wie im praktischen – und damit Fragen der Bildung. Sie werden an dieser Stelle von Kagan mit ideologischen Argumenten gesetzt und somit nicht mehr hinterfragt oder abgeleitet: „In der Klassengesellschaft bleibt die Fähigkeit zum ästhetischen Genuß in der Regel Privileg der herrschenden Klasse. Theoretisch soll das durch die Lehre bewiesen werden, daß die Fähigkeit zum Empfinden ästhetischen Genusses eine Errungenschaft Auserwählter oder der geistigen Elite sei. Die marxistische Ästhetik weist aber nach – und hat es bereits praktisch bewiesen –, daß jeder Mensch über solche Fähigkeiten verfügt, wenn die Gesellschaft nicht in ihm das Verständnis für die Kunst und die Liebe zur Kunst unterdrückt und entstellt, sondern sie erzieht und entwickelt."[309]

3.3.3 Die bildende und erziehende Funktion der Kunst

Eine definitorische Aussage Kagans zu diesen Funktionen soll vorausgestellt werden, die den dann auszufächernden Problemkreis umschreibt: „Ob wir es wollen oder nicht, ob wir es erkennen oder nicht, die Kunst ist objektiv ein Instrument der E r z i e h u n g. E r z i e h u n g in diesem Falle heißt nicht, den Menschen moralische oder politische Sentenzen vorzutragen, ihnen zu erklären, was gut und was böse ist, was man tut und was man nicht tun darf. Die Kunst erzieht, indem sie die r e a l e L e b e n s e r f a h r u n g e r w e i t e r t, indem sie die Möglichkeit bietet, das zu empfinden und zu erleben, was zu erleben im Leben nicht möglich ist."[310]

Die Möglichkeit der Erweiterung und Bereicherung der Lebenserfahrung[311] durch die Kunst, d. h. der für die Einbringung der Geschichte in den gegenwärtigen Lebensvollzug des Individuums und der Gesellschaft wertvolle kommunikative Wert der Kunst wird theoretisch weiter in seiner erzieherischen Funktion ausgeführt und noch einmal interpretiert: „Der Umfang und die Qualität der Lebenserfahrung hängen in vielem von z u f ä l l i g e n Umständen im Leben einer Persönlichkeit ab. Die Kunst überwindet die willkürliche Zufälligkeit und vermittelt die Erfahrung, die vom Künstler v o r a u s g e s e h e n und z i e l s t r e b i g geplant wurde."[312] Der Bildungsvorgang jedoch, der in dieser Weise geschieht, stützt sich zunächst auf die in anderem Zusammenhang bereits dargelegte Unterscheidung der Andersartigkeit der Bildung durch Kunst als der durch Wissenschaft; die Begründung dafür jedoch läßt aufhorchen, da sie Gegenstand einer kritischen Untersuchung sein muß: „Eine Besonderheit der Wissensvermittlung durch die Kunst besteht darin, daß die Kenntnisse, die in den Kunstwerken enthalten sind, relativ mühelos gewonnen werden und leicht zugänglich sind, da sie mit Hilfe der bildhaften Konkretheit der Sprache und emotional einprägsam vermittelt werden. Diese Kenntnisse prägen sich dem Verstand und dem Herzen besonders tief ein. Die Kunst vermittelt Kenntnisse von der Welt g e f ä l l i g u n d z w a n g l o s, indem man sich an den Kunstwerken e r f r e u t. Dagegen verlangt die Aneignung der in wissenschaftlichen Werken enthaltenen Informationen die Anspannung der intellektuellen Kräfte."[313]

Daraus leitet Kagan für die erkenntnishafte Information durch die Kunst einen Doppelcharakter ab, der den speziellen bildungsmäßigen Wert ausmacht, zum einen werden die Kenntnisse dem „Verstand und dem Herzen", dem Denken und Gefühl zugleich eingeprägt. Zum anderen tragen sie zugleich objektiven und subjektiven Charakter, d. h. „sie enthalten auch die B e w e r t u n g dessen, was erkannt wird."[314] Damit werden die Möglichkeiten der Bewußtseinsbildung durch die Kunst noch einmal deutlich herausgestellt, wobei aber die Zielsetzung – ob zur Befreiung oder Machtergreifung – noch offen ist.[315] Das Instrument ihrer Handhabung liegt in der dem Erleben eigenen erzieherischen Kraft: „Die erzieherische Kraft der Kunst wirkt gerade dadurch, daß sie erlebt wird. Etwas zu erleben bedeutet, das betreffende Ereignis, die Erscheinung oder Handlung seinem persönlichen Leben einzufügen, sie, wie die Psychologen sagen, zum Fakt der Biografie zu machen. Das künstlerische Schaffen benutzt diese Fähigkeit, indem es solche bildhaften Modelle des Lebens schafft, die k ü n s t l i c h bei den Menschen emotionale Reaktionen hervorrufen."[316]

Nach welchen Grundsätzen, Maximen, Richtlinien und auf welches Ziel hin diese bildhaften Modelle vom Künstler geschaffen werden, das bestimmt nicht er, sondern „das diktiert die Gesellschaft (deren

Repräsentanz die Partei ist, Anm. d. Verf.), die sein eigenes Bewußtsein formte, die seine Einstellung zum Leben prägte."[317]

3.3.4 Der soziale Wert der Kunst

Wie dargelegt wurde, hat die Kunst in der marxistisch-leninistischen Theorie mehrere aufeinander bezogene und gegenseitig intensivierende Funktionen, die als Gesamtheit zum Aufbau der neuen Gesellschaft notwendig sind und den sozialen Wert der Kunst ausmachen. Logisch ist demzufolge die überraschend hohe Einschätzung der ästhetischen Erziehung als Instrument zur Vermittlung dieses sozialen Wertes, zum einen, weil durch die Besonderheit der Wirkungen der Kunst der g a n z e Mensch ergriffen wird, zum anderen, weil die angestrebte zukünftige neue Gesellschaft die totale Ergriffenheit oder das totale Ergriffenwerden voraussetzt. So heißt es folgerichtig: Ziel und Sinn der Kunst „bestehen gerade in der vollständigen geistigen Formung des Menschen, in der gesellschaftlich ausgerichteten[318] Entwicklung seines Charakters und Bewußtseins, seiner Weltanschauung, seiner Psychologie und Ideologie, seiner Gefühle und Überzeugungen, seines Geschmacks und seiner Kenntnisse."[319] Mit dieser Aussage wird – wie selten – deutlich, daß bei der Formung des neuen Menschen gemäß dem Vorentwurf des Kommunismus die Kunst das adäquateste Mittel ist, weil sie aufgrund ihrer Eigenart die umfassendsten Wirkungen auslöst, die keinen Bereich des Menschseins unberührt lassen, weder Charakter noch Gefühl oder Bewußtsein, weder Geschmack noch Überzeugung. „Um diese vielfältigen Aufgaben zu lösen, muß die Kunst gleichzeitig Erkenntnis, Auffassung, Erläuterung und Wertung des realen Lebens und seiner eigentümlichen Verdoppelung sein . . . Daher verflechten sich in der Kunst wie im Leben das Materielle und das Geistige, das Objektive und das Subjektive, das Reale und das Ideale, das Ästhetische und das Unästhetische, das Emotionale und das Rationale, das Erkennende und das Schöpferische, das Individuelle und das Gesellschaftliche."[320]

Fragt man nach dem Wert und der möglichen Übertragbarkeit dieser marxistisch-leninistischen Theorie der ästhetischen Erziehung, so bietet zunächst der hier grundgelegte dialektische Bezug einen Ansatzpunkt:

Im Menschen und seiner Begegnung mit der Umwelt, dem Subjekt-Objekt-Bezug als dem wesentlichen Bereich der Veränderung des Menschen und der Gesellschaft, stehen sich bei jeder Entscheidung von unterschiedlichen Begründungszusammenhängen hergeleitete, meist antipodische Gesichtspunkte gegenüber, wie z. B. reale-ideale, subjektive-objektive, individuelle-gesellschaftliche etc., die in einem dialektischen Prozeß zur Klärung geführt werden müssen. Soweit würde die Methode als Operationsmodell zur Entscheidungfindung für unterschiedliche Grundentscheidungen brauchbar sein. Doch der Begründungszusammenhang der Ausrichtung des dialektischen Prozesses wird in der marxistisch-leninistischen Theorie nicht mehr diskutiert und begründet und damit nicht in die freie Entscheidung des Einzelnen gestellt, sondern als verbindlicher Glaube vorgegeben, sodaß sich der Entscheidungsprozeß immer nach der ideologischen Vorentscheidung richtet und damit auch die Veränderung der Wirklichkeit und des Menschen mit Hilfe der ästhetischen Erziehung.

An dieser Stelle kann die Wiedergabe der Gedanken Kagans zur Kunst und ästhetischen Erziehung abgeschlossen werden, ohne im einzelnen die dialektischen Bezüge von Form und Inhalt, Gegenstand und Idee, Realität und Idealität etc. näher darzulegen; ebenso wurde darauf verzichtet die Konsequenzen dieser Theorie für den Sozialistischen Realismus auszufalten.[322] Einzig die Grundfragen nach der Wahrheit und Freiheit sollen abschließend noch in ihren normativen Setzungen nachgewiesen werden als zentrale Mitte dieser Ästhetik als Sinntheorie.

Im Rückgriff auf Lenin[323] wird die „wirkliche Freiheit des künstlerischen Schaffens" gegenüber der „Scheinfreiheit" der Bourgeoisie wie folgt begründet: Freiheit bedeutet, „mit den Massen verbunden zu sein[324] und ihren Interessen bewußt zu dienen". „Das wird eine freie Literatur (und Kunst, Erg. d. V.) sein, weil nicht Gewinnsucht und nicht Karriere, sondern die Idee des Sozialismus und die Sympathie mit den Werktätigen neue und immer neue Kräfte für ihre Reihen werben sollen."[325]

Freiheit ist auf dem Gebiet der Kunst deshalb gleichzusetzen mit Parteilichkeit, weil beide „mit dem revolutionären Kampf der Arbeiterklasse" und „der Sache des Sozialismus" eng verbunden sind. „Parteilichkeit und Freiheit widersprechen sich nicht, denn jeder Meister der Kunst wählt sich seine gesellschaftliche Funktion nach eigenem Willen."[326] – Aus dieser Übereinstimmung von Freiheit und Parteilichkeit folgt konsequent der nächste Schritt – wie überhaupt jeder Schritt logisch ist, wenn man die Voraus-setzung akzeptiert hat –, daß der Partei die Führung auf dem Gebiet der Kunst zusteht, um die Freiheit verwirklichen zu können: „die Parteilichkeit garantiert dem Künstler die günstigsten Bedingungen für die Entwicklung, . . . die Parteilichkeit sichert der Kunst eine organische Verbindung mit allen aktuellen Ereignissen des Lebens, . . . das macht auch die Führung von seiten der Partei auf dem Gebiet der Kunst notwendig . . ."[327]

Erkennt man die Voraussetzung an, daß es wirkliche Freiheit nur im Kommunismus gibt, erweist sich auch die Argumentation logisch, mit der dem Vorwurf der Unfreiheit von „bürgerlichen Ideologien" begegnet wird: „Unter den Bedingungen der sozialistischen Gesellschaft, in der das Volk wirklich frei, in der es der wahre Herr seines Schicksals und der Schöpfer des neuen Lebens ist, gibt es für den Künstler, der treu seinem Volke dient, keine Frage, ob er in seinem Schaffen frei oder nicht frei ist. Für einen solchen Künstler ist es klar, wie er an die Erscheinungen der Wirklichkeit herangehen muß, er braucht sich nicht anzupassen, nicht zu zwingen; die wahrheitsgetreue Darstellung vom Standpunkt der kommunistischen Parteilichkeit ist für ihn ein Herzensbedürfnis, er steht fest auf diesen Positionen, vertritt und verteidigt sie in seinem Schaffen."[328] So kann die Erkenntnis abgeleitet werden, daß „die Parteilichkeit der sowjetischen Kunst die volle Schaffensfreiheit des Künstlers sichert. Der sowjetische Künstler ist in dem Sinne frei, daß er die Notwendigkeit erkannt hat, dem Volk und dem Kampf für den Kommunismus zu dienen."[329]

So verstanden ist der Künstler der „aktive Helfer der Partei und des Staates bei der kommunistischen Erziehung der Werktätigen."[330] Das „ästhetische Ideal", das sowohl wahr und auch schön ist, legitimiert ihn zu dieser hohen Aufgabe und gibt ihm die Richtschnur seines Handelns: „Jedes ästhetische Ideal ist letztlich ein Ideal mit sozialem Inhalt. Alles, was in unserer Wirklichkeit als reale Züge des Kommunismus in Erscheinung tritt, ist auch schön. Schön sind jene gerechten, von der Ausbeutung des Menschen durch den Menschen freien Verhältnisse, die der Sozialismus schafft; schön sind . . ."[331]

Wenn dies in dem Sinne ausgewertet wird, in dem die „marxistisch-leninistische Ästhetik die dialektische Einheit von wissenschaftlicher Objektivität und kommunistischer Parteilichkeit" ist,[332] dann ist der Anspruch der ästhetischen Erziehung durch ihren Gegenstand, die Kunst, legitimiert, die mit der Freiheit, Wahrheit, Gerechtigkeit, Schönheit unlöslich verbunden ist und sie verwirklicht.

3.4 Kritik an der marxistisch-leninistischen Theorie der Ästhetik

Am Grundansatz der in den Ausführungen M. Kagans beispielhaft dargestellten Ästhetik-Theorie scheiden sich die Kritiker, die kommunistischen, die marxistischen und die nicht marxistischen: wird der deterministische Ansatz, daß der Sozialismus zur Wissenschaft geworden ist[333] und diese Wissenschaft oder auch die wissenschaftliche Objektivität allgemein mit der kommunistischen Parteilichkeit gleichzusetzen ist, akzeptiert, dann sind in der Kaganschen Theorie alle Folgerungen für die Ästhetik in bezug auf die Aufgabe der Kunst in der Gesellschaft – ihre Sinnfrage also – logisch, methodisch gut entwickelt und der vorgegebenen Zielintention entsprechend.

Unter diesem Postulat, das den Ansatz nicht mehr in Frage stellt, argumentieren vor allem gegenwärtig die kommunistischen DDR-Autoren[334] insbesondere in der von Manfred Buhr herausgegebenen Reihe ‚Zur Kritik der bürgerlichen Ideologie'. Sie hat es sich zur Aufgabe gemacht, alle nichtmarxistischen Ideologien unter dem oben genannten dogmatischen

Anspruch des Marxismus-Leninismus als der einzigen objektiven Wissenschaft zu bekämpfen.[335] – Die von Wilhelm Girnus in bezug auf eine Ästhetik-Theorie bekämpften und abgelehnten Autoren wie Georg Lukács und Ernst Fischer können mit der hier geführten Argumentation gleichzeitig als Kritiker der Kaganschen Theorie ausgewiesen werden. Die differenzierte, jedoch im Laufe der Geschichte schon des öfteren zu Kontroversen Anlaß gegebene Widerspiegelungstheorie von Lukács wird von Girnus kurz und knapp als falsch bezeichnet, weil Lukács Funktion und Struktur des Kunstwerks in ihrer dialektischen Wechselbeziehung nicht gegeneinander abgrenze.[336] Die Widerspiegelungstheorie eines Lukács beansprucht vom Objekt her eine bestimmte Objektivität, deren Hintergründe und Problematik hier im einzelnen nicht zu entfalten sind, die jedoch einer o. gen. „objektiven Wissenschaft" entgegensteht und somit widerlegt bzw. diffamiert werden muß.

Dieselben Gründe treffen auch für die Diffamierung Ernst Fischers zu, dem zum Vorwurf gemacht wird, daß er „irgendwelche ewige, absolute, unabänderliche Normen", deren Refugium die Kunst ist, als eine neue „Dogmatik im Namen des von ihm erneuert geglaubten Marxismus gegen die ‚schlechten dogmatischen Marxisten' verficht."[337] Dort, wo Postulat gegen Postulat oder Dogma gegen Dogma steht, besonders dann, wenn sich ein jedes auf den Marxismus oder den richtigeren und besseren Marxismus bezieht, beginnt der Kampf.

Als Grundlage dient den DDR-Autoren u. a. Michail Lifschitz,[338] der zwar aufgrund seiner Hegel-Studien und der bei ihm fehlenden Ost-West-Kampfsituation sehr viel fundierter und differenzierter argumentiert, aber dennoch in den Voraussetzungen mit Kagan übereinstimmt. Er weist in der Hegelschen Ästhetik im Unterschied zu allen anderen Werken der deutschen Ästhetik die kritisch-revolutionären Elemente auf, wonach die ‚bürgerliche Gesellschaft' und der ‚christliche Staat' für die Entwicklung künstlerischen Schaffens ungünstig sind: „Von hier aus kann man zwei Schlüsse ziehen: Entweder muß die Kunst für den Triumph des absoluten Staates zugrunde gehen oder dieser wird zerstört, und ein neuer Weltzustand bringt eine neue Blütezeit künstlerischen Schaffens hervor."[339] Während Hegel nach Lifschitz' Meinung zu der ersten These neigte, glaubt er – nach Meinung des jungen Marx – bei einer Akzentverlagerung der „Lehre vom antiästhetischen Geist der Wirklichkeit . . . revolutionären Charakter"[340] verleihen zu können. Damit ist zwar zunächst die Zielbestimmung des „neuen Weltzustandes" noch offen gelassen, doch im Laufe der Argumentation wird sie kommunistisch dogmatisch bestimmt: „Nur die Lehre vom Geist der Partei in der Kunst, Partei im Sinne von Marx und Lenin, zeigt dem heutigen Künstler die wirkliche Quelle jener Bestimmtheit, Konzentriertheit des Willens und schöpferischen ‚Einseitigkeit', die zur wahren Kunst notwendig sind."[341] Zwar ist in der Interpretation des Parteibegriffes durch die Berufung auf die Väter des Marxismus noch eine größere Spanne möglich als in der engen Auslegung auf Parteibeschlüsse irgendwelcher Parteitage der kommunistischen Partei Rußlands oder des Bitterfelder Weges in der DDR, aber dennoch ist die Grundbestimmung der Kunst und Ästhetik dieselbe wie bei Kagan: Indienstnahme für die kommunistische Revolution und die Durchsetzung des Klassenkampfes.

Alle Autoren gründen sich auf den Begründer der marxistisch-ästhetischen Theorie und Erziehung Anatoli Lunatscharski,[342] der nach der Oktoberrevolution als „erster Volkskommissar für das Bildungswesen des ersten sozialistischen Staates" die Wichtigkeit der Kunst und Ästhetik für den Aufbau des sozialistischen Kommunismus erkannt hat und so nach Meinung dieser Theoretiker die marxistische „Theorie und Praxis der Pädagogik, der Musik, der Literatur, der bildenden und darstellenden Kunst entscheidend bereichert"[343] hat. Der bei Kagan, Lifschitz und den DDR-Autoren in neuer Formulierung wieder auftretende Grundsatz des instrumentellen Einsatzes von Kunst, Künstlern und deren Wissenschaft als Hilfsmittel zur Durchsetzung der Macht im Sinne der kommunistischen Revolution lautet bei Lunatscharski: „. . . der große kollektive Propagandist, der kollektive Verkünder – die Kommunistische Partei – muß sich mit sämtlichen Mitteln der Kunst wappnen, welche also zu einem mächtigen Hilfsmittel für die Agitation wird."[344]

Die Fundierung der Kunst aufs Ritual, auf die ästhetische Beeindruckbarkeit, zum Zwecke der Machtergreifung und Machtdurchsetzung, die W. Benjamin für den Faschismus nachweist[345] ist bei Lunatscharski, hier als Intention des Kommunismus, wörtlich anzutreffen, wenn die „Zauberkraft der Musik" eingesetzt wird, um „zielbewußt zu lenken", wenn für „Propagandazwecke in breitem Ausmaß die Baukunst zu nutzen" ist, wenn die „Propaganda- und Agitationswucht der Filmkunst" gerühmt wird, wenn „rhythmisch sich bewegende Massen" formiert werden, um „eine wirklich von e i n e m Gedanken erfaßte reguläre Friedensarmee!" zu formieren. So ist es nur folgerichtig, wenn Lunatscharski behauptet, daß „die Kunst, ohne sich im geringsten zu erniedrigen, vielmehr nur noch gewinnend, zum Ausdruck der Gedanken und Gefühle des ganzen Volkes wird – revolutionärer, kommunistischer Gedanken und Gefühle."[346] – Kagan steht hier mit seiner Forderung des Ergriffenseins des g a n z e n Menschen, des g a n z e n Volkes von e i n e r Idee in konsequenter Nachfolge des ersten kunstästhetischen Pädagogen des Marxismus.

In diesen, in engem Zusammenhang mit der Kaganschen Theorie stehenden marxistisch-kommunistisch-orthodoxen Texten geben die Kunst und die Ästhetik als ihre Wissenschaft auf Anweisung der sogenannten ‚objektiven Wissenschaft' des Marxismus-Leninismus Handlungsanweisung auf einem bestimmten Gebiet für die Durchsetzung des Klassenkampfes. Die Einzelwissenschaft ist somit dem Problem enthoben, die Sinnfrage anzugehen oder zu lösen, da sie eo ipso im Einsatz der Humanität steht, deren Deutung der Marxismus-Leninismus bereits ein für allemal vorgenommen hat. Wesentliche Aufgabe der Ästhetik ist es daher, der Besonderheit ihres Gegenstandes und dem speziellen Subjekt-Objektbezug entsprechende Methoden zu entwickeln, wobei hier die geforderte dialektische Verknüpfung von Theorie und Praxis je nach Autor mehr oder weniger mit eingebracht wird; ausgenommen von dieser Methode ist allein die bereits vorbestimmte Grundfrage nach dem Ziel, die als nicht mehr befragbar feststeht.

Eine Differenzierung und damit notwendige Kritik an der Kaganschen Theorie tritt innerhalb des marxistischen Bereichs dort auf, wo die eingangs genannte Maxime nicht fraglos übernommen wird, weil sie entweder als diktatorisch oder auch als unmarxistisch abgelehnt wird, oder aber weil sie sich aufgrund der Untersuchung der mit ihr in Zusammenhang stehenden Einzelbereiche wie Wirklichkeit, Phantasie, Freiheit, Parteilichkeit etc. im Rückschluß als falsch erweist. Zu der Gruppe dieser Kritiker gehören Autoren wie Georg Lukács, Ernst Fischer, Roger Garaudy u. a., die sich selbst zwar als Kommunisten oder Marxisten bezeichnen, jedoch außerhalb des kommunistischen Machtbereichs leben.

Es würde zu weit führen, alle Kontroversargumente der einzelnen Autoren aufzuzeigen, doch kann mit einigen unterschiedlichen Ansätzen beispielhaft die Kritikberechtigung nachgewiesen werden, zumal fast jedes der hier genannten Beispiele auf diese gesamte Gruppe der Kritiker zutrifft.

Unter der Fragestellung „Freie oder gelenkte Kunst?" legt Georg Lukács[347] beispielhaft das Problem der Freiheit dar, das ihn zu einem Gegner der Kaganschen Theorie macht, in der Kunst und Literatur zum Zwecke der Propaganda, die nicht mit der Freiheit identisch sein muß, eingesetzt werden. Ebenso grenzt sich Lukács vom anderen – eher westlichen – Extrem dieser Fragestellung, in der Kunst und Literatur Selbstzweck sind, ab. Eine Wahl zwischen diesen beiden ästhetischen Konzeptionen scheint ihm falsch, denn er bezieht seine Entscheidung nicht aus vorgegebenen Postulaten, sondern versucht mit Hilfe der dialektischen Methode zu einer Entscheidung zu kommen, die einerseits eine sogenannte vorgegebene Objektivität für den Künstler und die Kunst ablehnt, andererseits aber die totale Subjektivität des Künstlers als „abstrakt, formal, negativ"[348] und somit unwirksam nachweist. Einerseits verbindet er eine „gelenkte Kunst", die Zuordnung von Auftraggeber und Künstler, sowohl in der Geschichte wie in der gegenwärtigen Theorie keineswegs mit einem Mangel an Freiheit, weil er die Priorität, die Innovation dem Künstler zuerkennt, denn „keine ‚Maßnahme', ‚Institution' oder ‚Lenkung' kann eine neue Entwicklungsrichtung der Kunst heraufführen. Das können nur die Künstler selbst, wobei sie natürlich nicht vom Leben und vom Wandel der Gesellschaft unabhängig sind."[349] Andererseits ist für ihn eine künstlerische Freiheit, die ohne Bindung allein auf einer überspannten Subjektivität beruht, eine „formale und negative Abstraktion", die den Künstler um den „Preis der konkreten Freiheit" in seiner Subjektivität abschließt und ihn so der „Eroberung der objektiven Wirklichkeit"[350] beraubt.

Hier können zum weiteren Beweis der Lukaćschen These Horkheimers Aussagen über die Negativität der instrumentellen Vernunft in bezug auf eine Sinnfindung und Sinngebung herangezogen werden.[351] Er zeigt auf, daß durch die totale Subjektivierung der Vernunft in der Endstufe nur noch eine Formalisierung übrig bleibt ohne jede Bedeutung für die Ziele. Die Definition, die Horkheimer der subjektiven Vernunft gibt, ist genau die im Kaganschen System gefragte, nämlich „die Fähigkeit, Wahrscheinlichkeiten zu berechnen und dadurch einem g e g e b e n e n (Sperrung Verf.) Zweck die richtigen Mittel zuzuordnen" oder „die Fähigkeit der Klassifikation, des Schließens und der Deduktion, ganz gleich worin der besondere Inhalt besteht – das abstrakte Funktionieren des Denkmechanismus . . . Sie hat es wesentlich mit Mitteln und Zwecken zu tun, mit der Angemessenheit von Verfahrensweisen an Ziele, die mehr oder minder hingenommen werden und sich vermeintlich von selbst verstehen."[352]

Die von Horkheimer für unsere westliche Gesellschaft analysierte Situation trifft für die kommunistische Gesellschaft als für ein mit Sanktionen belegtes System zu, denn die Ziele, die, aus welchen Gründen auch immer, in unserer Gesellschaft nicht mehr befragt oder in Frage gestellt werden, sind dort dogmatisch vorgegeben, so daß eine ästhetische Theorie keine Innovationen der Sinndeutung und Sinnfindung vornehmen kann, sondern im gegebenen Rahmen nur instrumentell, d. h. im Anpassen der Mittel an den vorgegebenen Zweck, funktionieren darf.

Ernst Fischer ist einer der Kritiker, der die sog. Wissenschaftsvoraussetzung der ästhetischen Theorie im Kommunismus direkt angreift, denn er sagt: „Wissenschaft ist Erkenntnis – also nicht Ideologie."[353] Im Denken Fischers ist dieser Satz keine leere Behauptung, auch kein Postulat, mit dem ein anderes abgelöst oder widerlegt werden soll.

Er nimmt seine Beweisführung aus der Untersuchung der Begriffe von Wirklichkeit und Parteilichkeit, die ihn zu einem derartigen Schluß kommen lassen. „Was ‚Wirklichkeit' ist, vermag keine Staats- oder Parteiführung festzulegen und vorzuschreiben, und wenn sie sich angemaßt hat, ‚die ideologische Front mit allen anderen Abschnitten unserer Arbeit in eine Linie zu bringen,[354] reißt sie sich selbst ein Auge aus, das sie ärgert, weil es das den Realpolitikern und Ideologen noch Unsichtbare wahrnimmt. Und wenn wir schon in militärischen Kategorien denken, sind Literatur und Kunst nicht Bestandteile einer Front, die mit der jeweiligen ökonomischen, politischen, administrativen, innerparteilichen Tätigkeit ‚in eine Linie' gebracht werden muß, sondern die Spähtrupps, die sich ins Unbekannte vorwagen und häufig Unerwartetes, Unerwünschtes berichten. Am besten ist es, Kunst und Literatur nicht mit militärischen Ressorts zu verwechseln, sie nicht an Fronten abzukommandieren und in Taktik und Strategie zu unterweisen."[355]

Die Phantasie, die nach Fischer bestimmend ist für die Innovationskraft der Kunst, für ihren utopischen Charakter, läßt sich nicht reglementieren und kommandieren und ist somit mit einer bestimmten Parteilichkeit nicht in Übereinstimmung zu bringen, oder anders gesagt, die Kunst verliert mit ihrer Bindung an die Partei ihre „Kraft einer vorwärtsgreifenden, die Zukunft bestimmenden, tätigen und mächtigen Phantasie",[356] die – nach seiner Meinung – der Sozialismus in sich birgt. Diese Phantasie, die „ihrem Wesen nach Freiheit ist", wird aber ins Gegenteil pervertiert, „Kunst zur Ohnmacht verdammt", wenn sich „der im Namen des Sozialismus herrschende Apparat" ihrer bemächtigt und sie „in den Dienst eines Staates, einer Partei, eines herrschenden Apparates" stellt, „damit sie mit dem Bestehenden, wie es ist, übereinstimme, oder, was noch nicht ist, als schon Vollbrachtes in das Heute hineinschwindle."[357] Fischer glaubt, diese Tendenz, „die Kunst zu kontrollieren, zu administrieren, zu manipulieren" mehr und mehr im sozialistischen Kommunismus nachweisen zu können mit den Konsequenzen, „den Geist der Kritik und die Freiheit der Phantasie auszutreiben, den Schriftsteller und den Künstler zu Funktionären zu machen, zu Illustratoren von Resolutionen. Die Forderung nach ‚Parteilichkeit' verband sich mit der formalen nach ‚Gemeinverständlichkeit'."[358]

Gerade das Gegenteil wäre notwendig, um einem sozialistischen Staat Ansehen zu geben, daß er „Freiheit gewährt, deren die Kunst bedarf."[359] Diese Freiheit sucht Fischer in ähnlicher Weise wie Lukacs als ‚gebundene' zu verstehen, in dem Sinne, daß sie „Partei ergreift" und zwar für das „Humane, Vernünftige, über Klassen- und Staatsinteressen sich Erhebende, also nicht auf geforderte Art ‚parteilich' (d. h. parteipolitisch, Anm. d. Verf.) ist."[360] Diese Freiheit muß der Künstler durch seine Entscheidung nützen, „für oder gegen ein Ereignis, eine Sache, eine Idee Partei ergreifen" . . . „Doch was in den von Kommunisten regierten Ländern ‚Parteilichkeit' genannt wird, ist nicht die freie Entscheidung . . . sondern sich jeweils so zu verhalten, wie die Partei es jeweils für zweckmäßig hält."[361] Ernst Fischer, der in dieser Differenzierung die im kommunistischen Machtbereich einzig von der sogenannten instrumentellen Vernunft diktierte Auslegung des Lenin-Zitats von der „Parteilichkeit der Kunst" als der Idee des Sozialismus unangemessen und widersprechend nachweist, gehört trotz seiner sozialistischen Grundüberzeugung zu den schärfsten Gegnern der sozialistisch-kommunistischen Praxis, die aus einem dogmatischen Grundansatz – wie er bei Kagan vorliegt – die entsprechenden Konsequenzen zieht. Fischer zeigt die Widersprüche in den Konsequenzen, z. B. in ihrer Bedeutung für Phantasie und Parteilichkeit wie in dem nichtwissenschaftlichen Wissenschaftsverständnis.

Die aufgezeigten Möglichkeiten der Phantasie und Kunst als Quellen der Wahrheit und Freiheit wie auch deren mögliche Pervertierung durch die Reglementierung einer Parteipolitik weisen für die Kunst einen ähnlichen

Doppelaspekt auf wie für die „technischen und wissenschaftlichen Umwälzungen unseres Zeitalters."[362] Ernst Fischer stellt damit die in unseren Tagen – auch gerade für den Bereich der ästhetischen Erziehung – bedeutsame Alternative auf, vor deren Entscheidung wir stehen: „Die Tendenzen der modernen Kunst (im Osten wie im Westen, Anm. d. Verf.), die auf mannigfaltige Weise eine neue Einheit von Kunst und Leben zum Ziel haben, können eine neue Kunstperiode vorbereiten, in welcher das ästhetische Erlebnis als sinnliche, seelische, geistige Produktivität die Massen ergreift – aber auch ins Leere gehen, einer Verzweiflung der Kunst an sich selbst entgegen."[363] – Die Alternativfrage stellt sich also auch hier derart: Vermenschlichung oder Verdinglichung durch die Kunst?[364] Um diesen Prozeß in Richtung der Vermenschlichung zu beeinflussen, lautet die negative Abgrenzung: nicht mit Hilfe der Parteilichkeit oder Parteipolitik im System einer instrumentellen Vernunft.

Ernst Fischer trifft sich in dieser seiner Meinung mit Roger Garaudy,[365] der in der Analyse und Beurteilung der Ästhetik-Theorie im Sozialismus eine ähnliche Kritik zur Parteilichkeit aufstellt und als Ausweg zur Vermenschlichung den „Mythos" anbietet. Dieser Begriff muß in der von Garaudy gebrauchten Interpretation verstanden werden, um nicht zu Mißverständnissen zu führen: „Wir verwenden den Namen Mythos für jeden symbolischen Bericht, der den Menschen daran erinnert, daß er seinem Wesen nach schöpferisch, d. h. zunächst durch die Zukunft, die er erfindet, bestimmt ist und nicht durch die Vergangenheit der Gattung, in der er einfach von seinen Trieben und seinen Begierden bestimmt war."[366] „Der Mythos ist eine ‚Rückkehr zum Wesentlichen': zum Menschen, der sich ‚aufrichtet', der zur vorgegebenen Wirklichkeit nein sagt."[367]

Mit dieser Einführung des Begriffs „Mythos" und seiner Forderung ist Garaudy als ein Gegner der instrumentellen Vernunft zu bezeichnen, dem es nicht darum geht, möglichst wirksame und angemessene Mittel der Phantasie und Kunst für ein bereits vorgegebenes und nicht mehr befragbares Ziel einzusetzen, sondern Kunst und ästhetische Theorie im Rahmen des ‚Mythos' als Infrage-Stellen jeder endlichen Ordnung zu verstehen, um neuen Sinn zu setzen auf Zukunft hin,[368] wobei es ihm darum geht, „aus jedem Menschen einen Menschen zu machen, d. h. einen Schöpfer, einen ‚Poeten' ".[369]

Garaudy beruft sich in dieser seiner Argumentation von der „antizipierenden Funktion des Mythos" auf Marx als einen, der sagt: „Alle Mythologie überwindet und beherrscht und gestaltet die Naturkräfte in der Einbildung und durch die Einbildung: verschwindet also mit der wirklichen Herrschaft über dieselben."[370] Damit ist nachgewiesen, daß Autoren wie Lifschitz, Kagan, Girnus u. a. im Dienste ihrer Ideologie den mythologischen Charakter der Kunst zugunsten des parteipolitisch instrumentellen ersetzt und verändert haben.

An dieser Stelle trifft sich in der Begründung die Kritik der Autoren

Fischer und Garaudy mit der des Nichtmarxisten Günter Rohrmoser,[371] der in einem Rekurs auf die Väter des Marxismus nachweist, daß Marx die Funktion der Kunst nicht nur instrumentell verstanden hat, sondern als „eine Praxis, durch die sich die Menschen ihrer Konflikte bewußt werden. Die Theorie der Kunst ist also für den Marxismus immer gleichzeitig eine Theorie der Konflikte, die erst durch die Kunst zum Bewußtsein kommen",[372] also eine Form gesellschaftlicher Praxis zum Bewußtmachen von Grundwidersprüchen, die den Veränderungsmaßnahmen einer Administration, einer Partei, notwendig vorausgehen müßten. Doch in dieser Funktion ist die Kunst in der heutigen kommunistisch-marxistischen Theorie wie in der Praxis nicht zugelassen.[373] Die Beweisführung Rohrmosers gegen die Parteilichkeit der Kunst als Parteipolitik durch Kunst lautet ähnlich wie die Ernst Fischers, da er sich in seinen Beweisen ebenso auf Engels, Lenin und Trotzki bezieht, wonach die marxistische Kunst „ein der wissenschaftlichen Erkenntnis gleichwertiges Organ der Wirklichkeitserschließung ist"[374] und nicht im Dienst einer bestimmten Parteipolitik stehen kann. – Das allerorten von den Parteipolitikern des Marxismus zur Begründung ihres Vorgehens verwendete Lenin-Zitat von der ‚Parteilichkeit der Kunst' widerlegt Rohrmoser ebenso wie Fischer und Garaudy. In Lenins Aufsatz über „Parteiorganisation und Parteiliteratur" heißt es: „Die literarische (künstlerische, Anm. d. Verf.) Betätigung muß ein Bestandteil der organisierten, planmäßigen, vereinigten sozialdemokratischen Parteiarbeit werden".[375] Damit ist nach der Interpretation Rohrmosers nicht einfachhin „politische Indoktrination und Propaganda" zu verstehen, sondern diese nur unter der unumgänglichen Voraussetzung, daß der Künstler sich freiwillig der Partei unterworfen hat. Das ist bestimmend für die oben genannten Konsequenzen wie für die von Lenin geforderte „totale Unterwerfung der literarischen und ästhetischen Tätigkeit unter die von der Partei organisierte Arbeit für die Revolution."[376]

Im Unterschied zu Marx und Lenin verweist Trotzki nicht so sehr auf den utopischen Charakter der Kunst in der Bedeutung für die Gegenwart als vielmehr auf einen im hegelschen Sinne geschichtlichen Charakter der Kunst als „Organ der Erinnerung": „Sie ist die Aktualisierung des geschichtlichen Gedächtnisses der Menschheit in der modernen Welt".[377] – An dieser Stelle wird deutlich, wie Kagan in seiner Ausfaltung der Methoden der ästhetischen Theorie den Vätern des Marxismus folgt, denn Kunst hat für ihn die Aufgabe der Erinnerung und der Umgestaltung, begreift also den geschichtlichen und den utopischen Aspekt mit ein – jedoch im instrumentellen Sinne, ohne Eigenwert, sondern der vorgegebenen Zielsetzung der Partei folgend.

Zusammenfassend kann festgestellt werden, daß die Kagansche Theorie einer marxistisch-leninistischen Ästhetik sich alle Bestimmungen der Kunst dienstbar macht, die bei den Vätern des Marxismus – basierend auf der philosophischen und erkenntnistheoretischen abendländischen Erfahrung – vorkommen. Dazu gehören die Besonderheit der ästhetischen Aneignung aufgrund der Verbindung von Sinneswahrnehmung und Verstand in Anlehnung an Kant gegenüber der wissenschaftlichen Erkenntnis, die Bedeutung der Kategorie der Erinnerung in Anlehnung an Hegel, der utopische Aspekt der Kunst, d. h. die Wertung der Phantasie als Realität für die Veränderung der Gegenwart in Anlehnung an den Praxis-Bezug bei Marx u. a. – Der Umschlag all dieser Eigenarten und Methoden des Ästhetischen zur Erkenntnis und Umgestaltung der Welt erfolgt dann, wenn sie nicht mehr der Wahrheitssuche dienen, sondern einer in der Ideologie als gegeben vorausgesetzten sog. Wahrheit untergeordnet und dienstbar gemacht werden. Damit geschieht die Pervertierung der Mittel zur Sinnfindung in instrumentelle Herrschaftsmittel einer Diktatur.

4. Die Bedeutung der ästhetischen Erziehung

4.1 Ästhetische Erziehung in der kunstdidaktischen und pädagogischen Literatur.

Überschaut man die gegenwärtige kunstdidaktische Literatur, die sich der Frage annimmt, dem Fach einen neuen Stellenwert und eine begründete Zielsetzung im Rahmen eines Gesamtbildungskonzepts zuzuschreiben, dann scheinen sich auf den ersten Blick zwei Varianten im Konzept der allgemein geforderten „ästhetischen Erziehung" abzuzeichnen und zwar in den Kurzformeln: „Ästhetische Erziehung als politische Erziehung"[378] und „Politische Erziehung im ästhetischen Bereich."[379]

Um die Intentionen dieser beiden, keineswegs als festgefügte Interessengruppen vorkommenden pädagogischen Richtungen klarer herauszustellen, sollen die in den jeweiligen Texten gegebenen direkten und indirekten Definitionen von „ästhetischer Erziehung" untersucht werden, da sie neben zufällig im Text eingestreuten Bemerkungen zur Absicht und neben dem Rückschluß aus angeführten Beispielen die einzige Möglichkeit ergeben, die hinter den Begriffen liegende Wertung und Voraussetzung kennenzulernen.

Seit dem Jahre 1968 folgt eine Publikation auf die andere mit dem Versuch, eine Neuformulierung des Faches Kunsterziehung vorzunehmen. Dieser Trend ist aber keine Besonderheit der Kunstpädagogik, sondern erfaßte alle Wissenschaften in unterschiedlicher Weise jedoch mit der gleichen Grundfrage nach der ‚politischen Relevanz des Faches', sei es nun Soziologie oder Germanistik, Geschichts- oder Rechtswissenschaft oder die Pädagogik allgemein. – Als äußeres Zeichen dieser Infragestellung können die Studentenunruhen angesehen werden, die sich einerseits an politischen Tagesereignissen entzündeten, andererseits an universitären Strukturfragen, dem mangelnden Reformwillen der Bürokratie, wobei die Grenzen zwischen beiden Bereichen fließend und oft schwer erkennbar waren – und auch heute noch sind. Ähnlich stellt sich das Problem bei der Untersuchung der Publikationen in bezug auf die Umstrukturierung von Inhalt und Methode der ästhetischen Erziehung: Geht es um eine dem Fach angemessene Reform oder um eine als Reform kaschierte Durchsetzung bestimmter politischer Machtverhältnisse, die – bis zum Zeitpunkt der Machtübernahme – diese Absicht geschickt, aber wirksam kaschieren! Diese vorhandene Tendenz macht eine differenzierte Untersuchung nach den Vorentscheidungen nötig, um sie später mit der akzeptierten Methode der ästhetischen Erziehung nicht ungefragt aufgezwungen zu bekommen.

Allgemeines Kennzeichen, das diese Vermutungen bestätigt, ist die – aber vielleicht nur vermeintliche – Offenheit der Zielangabe durch Begriffe, die von jeder geistigen Grundentscheidung zu akzeptieren sind, weil sie ohne ihren Kontext formal und nichtssagend geworden sind, wie z. B. Emanzipation, Selbstbestimmung, Selbstbestätigung, Selbstbefreiung, Demokratie, Freiheit etc.

4.1.1 Ästhetische Erziehung als politische Erziehung.

Mit den pädagogischen Überlegungen Hartmut von Hentigs,[380] der innerhalb einer Neuformulierung der pädagogischen Ziele die ästhetische Erziehung gegenüber der bis dahin – 1967 – allgemein gültigen wenn auch für manche fraglichen musischen Bildung herausstellt, begann eine bis heute nicht endende Flut an Literatur und Diskussionen. Die in den Richtlinien[381] gegebene knappe Definition der „musischen Erziehung/Bildung" als „Gegengewicht gegen die einseitige Ausbildung des Intellekts" persiflierte Hentig mit „man weiß nicht recht, wie man dazu kommt, und ob jemand anders sie auch so erfährt – etwa so, wie man die Richtigkeit einer lateinischen Übersetzung methodisch erreicht und gemeinsam begründet, und das muß man in der musischen Bildung auch nicht, weil, gottlob, keine gemeinsamen Zwecke von ihr verfolgt werden".[382]

Gegen diese Unbestimmtheit der Inhalte, Methoden und Ziele setzt Hentig als Aufgabe die ästhetische Erziehung als „systematische" und verbindliche Ausbildung, gerichtet auf die Wahrnehmungsfähigkeit des Menschen, also bezogen auf den ursprünglichen Sinn von ästhetisch als Aisthesis, nicht auf den seit Baumgarten philosophisch gefüllten Wertbegriff. Ästhetische Erziehung heißt dann „systematische Ausbildung seiner (des Menschen) Wahrnehmungsmöglichkeiten, des Wahrnehmungsgenusses und der Wahrnehmungskritik."[383] Hentig fordert mit dieser Definition ein Programm, das Potenz, Genuß und Kritik auf dem Feld der Wahrnehmung ausarbeitet. Er begründet die Differenzierung in diese drei Stufen damit, daß der Mensch allerorten mit einer historischen Situation konfrontiert wird, in der „potentiell alles künstlerisch gestaltet oder mißgestaltet sein kann, die rationalisierte Welt also insgesamt an den Wirkungen beteiligt ist, die man den Kunstwerken im Guten wie im Schlechten vorbehalten hatte."[384] Grund für die notwendige ästhetische Erziehung ist also ein historisch-empirischer, der in der vielfach ausgeweiteten Beanspruchung der Wahrnehmung im täglichen Leben besteht und als Verhalten fordert: Aufnahme, Genuß oder Kritik, je nach guter oder schlechter Beschaffenheit, Wertbegriffen, die hier durch „gestaltet" oder „mißgestaltet" angegeben sind.

Die Inhaltlichkeit der ästhetischen Erziehung „bestünde folglich vor allem darin, den Menschen von klein auf die Gestaltbarkeit der Welt erfahren zu lassen, ihn anzuhalten, mit der Mächtigkeit der ästhetischen Wirkungen zu experimentieren und die unendliche Variation nicht nur der Ausdrucksmöglichkeiten, sondern gerade auch der Aufnahme und Genußmöglichkeiten zu erkennen."[385]

Das Ziel, das die Bestimmung der Kriterien für eine Wertung abgeben müßte, ist offen in der Ausdeutung, denn es soll „zur Selbstbestätigung und Selbstbefreiung durch die Entdeckung eigener Wahrnehmungs-, Ausdrucks- und Wirkungsmöglichkeiten"[386] führen. Was dies bedeutet, können nur Beispiele tendenziell erahnen lassen: auf dem Gebiet der Kunst keine unbegründete Werthierarchie übernehmen, kein unbegründetes Mitläufertum, Erhaltung der Spontanietät gegenüber wissenschaftlichen und ideologischen Deutungen, keinen Künstlerkult.

Oder an anderer Stelle, die Wahrnehmung betreffend, wird das Negativum definiert: Wir geben „uns meist nicht Rechenschaft, welche Festlegungen sie erfährt durch die Sprache, durch Vorbilder, durch Vorurteile, durch Institutionen und Gewohnheiten, durch Bequemlichkeiten und Tabus", und als Positivum „welche Ausweitungen folglich noch möglich sind und versäumt werden, welche Ausweitungen nötig sind und wozu."[387]

Inhalt der ästhetischen Erziehung ist demgemäß nach Hentig in erster Linie eine rationale kritische Funktion, verständlich als Gegengewicht zur nicht-rationalen, unkritischen musischen Erziehung der Vergangenheit. Diese Neuformulierung der ästhetischen Erziehung steht damit im allgemeinen Trend der Bildungskonzeption, die durch das Vorherrschen instrumenteller Vernunft gekennzeichnet ist – hier zutreffend für den Teil der Wahrnehmungskritik. – Der Genuß, die hedonistische Funktion, gemäß der Tradition Spezifikum des Ästhetischen, die keineswegs in erster Linie von der Vernunft bestimmt wird, ist in der Inhalts- und Zielangabe nicht näher gekennzeichnet. Auch die Kernfrage des „wozu" bleibt offen, will man sich nicht mit der empirischen – quantitativen Antwort der Bezugsfelderweiterung zufriedengeben.

Die im Titel angegebene politische Bedeutung der ästhetischen Erziehung ist derart zu verstehen, daß durch die Ausweitung des Gegenstandsbereichs der ästhetischen Erziehung z. B. auf Massenmedien, Umweltgestaltung, Konsumverhalten etc., auf Gebiete also, in denen dauernd Entscheidungssituationen auftreten, mit Hilfe der Wahrnehmungsausbildung gesellschaftliche Probleme gelöst werden sollen. So könnte man als ‚politisch' den Aktualitätsbezug des Betroffenseins bezeichnen, der zum Entscheiden und Handeln herausfordert. Dies ist aber keine Besonderheit in Bezug auf das Ästhetische, denn diese Erziehung wird ebenso in der wissenschaftlichen Ausbildung anderer Fächer gefordert; das Spezifikum ist lediglich die Methode der Wahrnehmung, die aber auch in anderen Schulfächern angewandt werden soll, nur in den sog. „Kunsterziehern ihre spezialisierten Anwälte"[388] hat.

In der Nachfolge dieser Auffassung Hartmut von Hentigs steht der Kunstpädagoge Diethart Kerbs, wenn er in seiner Publikation „Ästhetische und politische Erziehung"[389] diese beiden Charakteristika in Zusammenhang zu bringen sucht. Für unsere Fragestellung ist somit sein Begriff der ästhetischen Erziehung in Verbindung mit seinem Politikverständnis wichtig, um die Konsequenzen für die Pädagogik bewerten zu können.

Kerbs stellt seinen Begriff der ästhetischen Erziehung in Abgrenzung zum bisherigen Verständnis von ästhetischer Erziehung dar, sei es nun im „Sinne Schillers nichts Geringeres als die Ermöglichung der Menschlichkeit" oder sei es der im frühen 19. Jahrhundert aufkommende verengende Begriff der Kunsterziehung oder sei es „der schon im Ansatz ungenaue Begriff der musischen Bildung".[390] Und so fordert er als unabdingbares Fundament zwei Kriterien: „1. Ästhetische Erziehung bezieht sich auf alle ästhetische relevanten Phänomene, d. h. nicht nur auf sämtliche Künste, sondern auch auf die Schönheit, z. B. von Menschen, Landschaften oder Gebrauchsgegenständen. 2. Ästhetische Erziehung beschränkt sich nicht auf das je eigene Schaffen und Machen, sondern erstreckt sich immer auch (oder sogar vorwiegend) auf das Erkennen, Genießen, Beurteilen und Interpretieren von ästhetischen Phänomenen."[391]

An diesem Ausgangspunkt, der Ästhetik im Sinne von Aisthesis versteht, das Naturschöne wie das vom Menschen Gestaltete umfaßt, sich auf Produktion wie Rezeption bezieht, habe sich alles inhaltliche und methodische Vorgehen der ästhetischen Erziehung auszurichten. Im Objektbereich liegt gegenüber Hentigs Aussage eine – leider unbegründete – Erweiterung auf das Naturschöne vor; im Subjektbereich lauten die Forderungen „erkennen, genießen, beurteilen und interpretieren", wobei außer der Funktion des Genießens die anderen in ihrer Eigenart vorrangig auf den Intellekt, die Ratio, bezogen sind. Sucht man zu einer Bewertung dieser Zuordnung zu kommen, wird die Frage weiterhin dadurch kompliziert, daß Kerbs an anderer Stelle[392] von den drei Funktionen der ästhetischen Erziehung spricht, die er als die kritische, die utopische und die hedonistische bezeichnet. Die kritische Funktion hat die Aufgabe, Farb- und Formzusammenhänge durchschaubar zu machen, damit der Mensch durch sie nicht manipuliert wird; die utopische Funktion wird als „Vorausentwurf des Möglichen" charakterisiert, um darin das freie Vorausdenken zu üben und die Kreativität zu entwickeln; die hedonistische Funktion besteht in der

Erfüllung der sinnlichen Bedürfnisse des Menschen, deren Befriedigung Genuß bringt.

In den weiteren Darlegungen bleibt der Autor jedoch eine nähere Ausführung zu den Funktionen der Utopien und des Genusses schuldig, bzw. bringt negative Abgrenzungen ein, die den hier beschriebenen nicht-rationalen Funktionen eigentlich den Sinn absprechen, ja sie sogar als emanzipationsverhindernd charakterisieren. In der Anlehnung an Schillers Begriff des „ästhetischen Scheins", der für Schiller noch als „Befreiung der Menschheit zur Vernunft" eingesetzt werden konnte, glaubt Kerbs für unsere Zeit nachweisen zu können, daß die Reklametechniken und Propagandisten in Politik und Wirtschaft beredtes Zeugnis dafür ablegen, daß dieser Begriff pervertiert wurde. Die von Schiller bereits vorausgesehene Gefahr des ästhetischen Empfindens als eines passiven Verhaltens, das Urteilskraft und Verstand aussetzt, und so den Weg freimacht für alle Formen der Manipulation, sei vollauf eingetreten bis hin zur „konsequenten Ästhetisierung des politischen Lebens",[393] so daß die ästhetische Beeindruckbarkeit schließlich die notwendige Emanzipation verhindert. „Jedenfalls läßt sich erkennen, daß die ästhetische Beeindruckbarkeit des Menschen in nicht geringem Maße zur Verhinderung seiner intellektuellen und politischen Emanzipation eingesetzt wird, statt zu deren Ermöglichung, wie Schiller es postuliert hatte."[394]

Diese Behauptung veranlaßt Kerbs zu der Forderung, daß ästhetische Erziehung deshalb niemals von der intellektuellen und politischen getrennt werden darf, sondern stets synchron betrieben werden muß, das heißt: „Es muß zu einer rationalen Analyse sowohl der ästhetischen Elemente an politischen Gegenständen als auch der politischen Relevanz von ästhetischen Erscheinungen erzogen werden."[395]

Im Vordergrund einer solchen Aussage steht die – wenn auch ungeklärte – Maxime politischer Erziehung, die sich des Ästhetischen als des Sichtbaren bedient und zwar in erster Linie mit Hilfe des Verstandes, der „kritischen Analyse". Ebenso werden die „kritische Distanz" und das „Unterscheidungsvermögen" als Bezugspunkte für die dem Ästhetischen eigenen Besonderheiten wie „Einbildungskraft, Empfindungsvermögen, Phantasie und Sensibilität" eingesetzt, so daß die entscheidende Instanz bei der ästhetischen Erziehung durch die Ratio bestimmt wird. „Die ‚Ausbildung des Empfindungsvermögens' (wie Schiller das Ziel der ästhetischen Erziehung definiert) darf sich nicht darauf beschränken, die Aufnahmebereitschaft für ästhetische Phänomene zu erhöhen, sondern muß zugleich mit der Begeisterung die kritische Distanz, mit der Erlebnisfähigkeit das Unterscheidungsvermögen auszubilden trachten."[396] Der nähere Aufschluß über diese Zuordnung und ihre Zielsetzung kann nur in der Untersuchung des politischen Verständnisses gefunden werden, da es außer der nominalen Nennung der „utopischen und hedonistischen Funktion des Ästhetischen" keine Ausführung über ihre Eigenarten gibt, als einzig die

Bezogenheit auf die Ratio und das Politische.

Der Zusammenhang von Pädagogik und Politik liegt nach Kerbs darin, daß dort „wo die Lebensumstände nicht menschenwürdig sind oder zu sein versprechen, es die Aufgabe der Erziehung ist, dem Jugendlichen ein Bewußtsein von der Veränderbarkeit der Welt zu geben und ihn zur Veränderung der Welt zu befähigen."[397] Diese Formel ist ein Beispiel für die des öfteren erwähnte Offenheit, denn es gäbe schwerlich einen Pädagogen, der seine Arbeit nicht in diesem Sinne als Arbeit am wohlverstandenen Fortschritt, an der Verbesserung der Welt verstünde. Wenn aber mit „Veränderung der Welt" Umsturz, Zerstörung, Revolution, Durchsetzung einer bestimmten Ideologie mit allen zur Verfügung stehenden Kampfmitteln gemeint sein sollte, dann ist diese Offenheit parteipolitische Manipulation zur Durchsetzung von Macht. Daß diese Möglichkeit nicht der realen Grundlage entbehrt, zeigt die Darstellung einer Unterrichtseinheit des Autors zum Thema „Drucken",[398] indem der Gesamtaufbau auf dem nicht mehr zu hinterfragenden Vorverständnis basiert, daß das Eigentum als Herrschaftsinstrument im Informationswesen die bestimmende Verfügungsgewalt ist, die es abzubauen gilt, da sie Demokratisierungsprozesse verhindert. In einer einschränkenden Bemerkung, daß der „Lehrer nur in ständiger Abwägung seiner pädagogischen und politischen Verantwortung handeln könne"[399] wird deutlich, daß Kerbs hier eine Trennung der Funktionen vornimmt und die Eigenart des Politischen gerade nicht im Zusammenhang mit dem Pädagogischen oder Ästhetischen bestimmt wird, sondern aus einem anderen – hier nicht explizit genannten – Vorverständnis. Somit ist es auch kaum zu leisten, seine Forderung „ästhetische Erziehung als Bestandteil der politischen Erziehung"[400] zu interpetieren, denn sie ist nichts anderes als die oben von ihm selbst in anderem Beispielzusammenhang abgelehnte „Beeindruckbarkeit" als Machtinstrument, jetzt mit der kritischen Funktion versehen als politische bezeichnet. Von welchen Grundsätzen diese Kritik bestimmt wird, bleibt den – möglicherweise mit dem pädagogischen Selbstverständnis in Konflikt kommenden – politischen Entscheidungen des Erziehers überlassen, denn „wir können uns nicht darauf verlassen, daß die ästhetische Sensibilität die politische direkt ermöglicht oder bewirkt."[401] Die Wirkmacht des Ästhetischen soll in diesem Konzept um der besseren Kontrolle willen in die Aufsicht oder Vorentscheidung des Politischen genommen werden. Die konkrete Forderung des Programms der ästhetischen Erziehung sieht dann nach Kerbs so aus, einen ästhetischen Gesamtunterricht zu entwerfen, in dem die kritische, utopische und hedonistische Funktion der ästhetischen Erziehung als politische eingesetzt werden sollen: „Was hier zur Debatte steht, wird in dem Zwischenfeld von Pädagogik, Politik und Ästhetik ermittelt werden müssen."[402] Dazu fordert Kerbs, daß sich die zu entwickelnde Theorie der ästhetischen Erziehung auf die Sozialphilosophie zu berufen habe, die „den Begriff der substantiellen Rationalität entwickelt, durch den das Interesse der Vernunft an ihrer eigenen Durchsetzung und Ausbreitung – und damit die tendenzielle Intellektualisierung der Wissenschaft – proklamiert wird" und an der Pädagogik, die „diesen Begriff rezipiert und als ‚Hervorbringung des Potentials der gesellschaftlichen Veränderung in der heranwachsenden Generation' in ihre eigene theoretische Begründung aufgenommen" hat, sowie an den neuen Forderungen der Kunsttheorie „Für eine Kunst der politischen Konsequenz", d. h. „für eine Kunst der Weltveränderung Partei"[403] ergreifen.

Die gemeinte Inhaltlichkeit des „Partei Ergreifens" umschreibt Kerbs in einem Vortrag: Der notwendig zur ästhetischen Erziehung erweiterte Kunstunterricht versteht sich „als Erziehung zur Freiheit, auf Freiheit hin, d. h. als Erziehung zum Wahrnehmen von Freiheit, wo diese vorhanden ist und zum Erkämpfen von Freiheit, wo diese nicht vorhanden ist."[404] Die Ausführungen des Vortrages dienen dazu, die sonst abstrakt bleibende Leerformel ‚Freiheit' zu füllen. Kerbs glaubt, in Anlehnung an Schiller, den von diesem geforderten „ästhetischen Zustand" der Menschheit, der Vorstufe der Wahrheit ist, bereits in einigen kleinen Gruppen unserer Gesellschaft, in sogenannten Subkulturen verwirklicht. Dazu rechnet er Hippies, free people, flower children, love generation, Woodstock-Nation usw. Vier Kennzeichen, die in den einzelnen Gruppen in unterschiedlicher Intensität auftreten, sind für ihn Beweis seiner Behauptung. Aus diesen Merkmalen läßt sich schließen, was Kerbs – sieht man von der formalen Bedeutung des Wortes ästhetisch als visuell wahrnehmbar ab – unter ästhetisch im gesellschaftlich-politischen Sinne versteht:

1. „Eine antiautoritäre Grundhaltung, die sich in der Ablehnung jeder Art von Zwang, im Nichtanerkennen oder Lächerlichmachen gesellschaftlicher Autoritäten, im Stören von Ritualen, im Verhöhnen von Symbolen, im Parodieren geheiligter Werte äußert."[405]
2. „Ablehnung von Unterdrückung und Krieg. Ablehnung faschistischer Ideologien, also eine anti-imperialistische und anti-rassistische Grundeinstellung."
3. „Eine hedonistische Grundhaltung, die gegen Leistungsdruck und Konkurrenzdenken für eine ungeschmälerte und sofortige Erfüllung aller Glücksbedürfnisse Partei ergreift . . . als eine Art menschliches Grundrecht jedem schlechthin zugestanden."[406]
4. „Eine ästhetische Grundhaltung, der hedonistische Narzißmus, die ästhetisch-erotische Selbststilisierung."[407]

Neben der Konstatierung und Bewertung dieses Zustandes als „ästhetischen" im Schillerschen Sinne, setzt Kerbs bestimmte Erscheinungsformen von Kunst mit diesen Subkulturen gleich, da beide in der „von der Gesellschaft bzw. ihrem kollektiven Überich unterdrückten oder verdrängten Strebungen des Unterbewußtseins reale Gestalt"[408] gewinnen. – Damit kommt der ästhetischen Erziehung die Aufgabe der pädagogischen Vermittlung in den Formen zu, daß sich, entweder der Lehrer oder die

Schüler oder beide diesen Subkulturen anschließen oder indem die Fragen der Subkultur „in die inhaltliche Bestimmung des Unterrichts in die ästhetisch relevanten Fächer hineinreichen" oder aber die Künste Gegenstand des Unterrichts sind, die mit diesen Subkulturen in Verbindung stehen, denn die „ästhetische Freiheit" wird heute „von den Subkulturen reklamiert."[409]

Diese Darlegungen zur Inhaltlichkeit der Freiheit im Verständnis von Kerbs mußten in dieser Ausführlichkeit eingebracht werden, um an einem Beispiel zeigen zu können, welcher Beliebigkeit der inhaltlichen Füllung Leerformeln wie Freiheit, Wahrheit, Emanzipation, Selbstbestimmung etc. als Bildungsziel ausgesetzt sind. Und so liest sich nach dieser Darstellung die dreifache Forderung der ästhetischen Erziehung von D. Kerbs nicht mehr nur formal, wenn man die Vorentscheidungen des Autors zu ihrer inhaltlichen Füllung nutzt: „Ästhetische Erziehung kann ein Dreifaches leisten:

1. In der Kontrolle der Ideologien durch die ästhetische Praxis die Freiheiten einzuklagen, die uns immer noch vorenthalten werden.
2. In der Kritik der Wahrnehmung und der ästhetischen Praxis die Täuschungen zu entlarven, durch die wir getröstet werden sollen.
3. ‚Den Begriff der Freiheit und den Anspruch auf Glück immer wieder konkret mit Inhalt zu füllen.'"[410]

Als dritter Autor zur Fragestellung des Verhältnisses von ästhetischer und politischer Erziehung soll Gunter Otto herangezogen werden, der in der Auffassung des Ästhetischen als des visuell Wahrnehmbaren mit Hentig und Kerbs übereinstimmt, in der Definition des Politischen eine abweichende Meinung vertritt.

Ästhetisch heißt für ihn „Bezugnahme auf Wahrnehmbares und auf Wahrnehmung, insbesondere auf optische und haptische Wahrnehmung und auf optisch und haptisch Wahrnehmbares. – Dieser Ästhetikbegriff vermittelt genau zwischen den beiden beschriebenen Standorten. Er klärt in seinem Rückverweis auf Wahrnehmung den Orientierungshorizont für politisch relevanten Kunstunterricht. Denn was durch wen und wie vermittelt, wahrgenommen wird, ist stets gesellschaftlich vermittelt und sollte für jedermann transparent werden, durchschaubar gemacht werden; d. h. jedermann sollte fähig sein zur kritisch reflektierenden Wahrnehmung. Wahrnehmung ist sowohl eine anthropologische Grundkategorie als auch historisch gebunden."[411]

Übereinstimmend mit den beiden anderen Autoren liegt der Schwerpunkt auf der Ratio, mit der die Wahrnehmung gepaart und der Wahrnehmungsgegenstand erkannt werden soll. Beiläufig wird zwar einmal erwähnt, daß die ästhetische Erziehung auf die hedonistische Funktion nicht verzichten könnte,[412] aber dieses Statement führt im Argumentationszusammenhang zu keiner Konsequenz. – Die Frage kann also eingegrenzt werden: Wodurch wird ästhetische Erziehung, wenn sie die Ratio als Mittel zum Durchschaubarmachen der Wahrnehmung einsetzt, zur politischen Erziehung? Unter drei Bedingungen gilt für Gunter Otto die Gleichsetzung „Ästhetische Erziehung i s t politische Erziehung" und zwar, „wenn sie die W a h r n e h m u n g s w e l t mindestens ausschnittweise aufklärt, wenn sie zu E m a n z i p a t i o n von Individuen und Gruppen gegenüber der Wahrnehmungswelt beiträgt, wenn sie zur V e r ä n d e r u n g der Wahrnehmungswelt beiträgt."[413] Mit diesen Bedingungen wird der Politikbegriff Gunter Ottos im Methodischen angesiedelt, kurz gesagt: W e i ß ich um die Beeindruckbarkeit durch einen Gegenstand, erkenne die Intention, um demgemäß in meinem Verhalten eine Entscheidung zu treffen, wäre dies ästhetische Erziehung als politische Erziehung, weil sie von der Wahrnehmung ausgeht. Die Methode dieses Wissens und Erkennens differenziert lautet: „Ästhetische Erziehung ist dann politische Erziehung, wenn ihre Informationsangebote und ihr Verhaltenstraining über die S y s t e m g r e n z e d e r O b j e k t e, über die den Objekten i m m a n e n t e Strukturproblematik hinausfragen in Richtung auf B e d i n g u n g der Entstehung, auf mögliche, beabsichtigte, reale oder vermutliche W i r k u n g in sozialen Situationen."[414] Diese Darstellung versteht eine Methode als politische, die sich gegen eine geschichtsfremde Formalinterpretation immanent-ästhetischer Strukturen absetzt.

Die Methode der Erforschung der von den Objekten auf den Menschen ausgehenden Bedingungen und Wirkungen wird also als politische bezeichnet, gestützt auf den Einsatz der Ratio im Feld der Wahrnehmung zum Zweck von „Information und Einübung" oder „Analyse und Visualisierung" oder mit anderen Kategorien gesagt: sehen, urteilen, handeln ist der methodische Schritt, der – zur Aktivität und Emanzipation führend – ‚politisch' genannt wird, wobei Emanzipation darin besteht, die „prinzipielle V e r ä n d e r b a r k e i t bestehender Zustände zu erkennen und an V e r ä n d e r u n g s p r o z e s s e n mitzuwirken."[415]

Der Schwerpunkt liegt also auf der Vermittlung, daß das W a s des Gegenstandes, das W i e der Methode und das W e r der Person des Vermittlers jedem transparent gemacht werden. In dieser Forderung scheint mir die Redlichkeit des Ansatzes von Otto zu liegen, die einzig vor einer Manipulation schützen könnte. Damit ist auch für den Vermittler gefordert, sein Vor-verständnis zur Diskussion zu stellen, es offenzulegen und die Bedingungen des Vorgehens in der Auswahl der Objekte bezogen auf die Zielvorstellung und die Methode in pädagogisch adäquater Weise mitzugeben.

Was den Objektbereich angeht, so gibt es für Otto „keine prinzipiell völlig irrelevanten Objekte",[416] weil alle ästhetischen Objekte aus der wechselseitigen Beziehung des historischen Aspektes (Gesellschaft), des sachlogischen Aspektes (Struktur), des sozialen Aspektes (Kommunikation) und des genetischen Aspektes (Realisation) hervorgehen.[417] Damit hat jedes Objekt einen mehr oder weniger gesellschaftlichen Bezug, ob dieser relevant wird, liegt nur in der Methode der Vermittlung. Otto wendet sich somit konsequent gegen diejenigen, die glauben, mit dem aktuellen Objekt, dem n e u e n Inhalt, bereits die gesellschaftliche Relevanz hergestellt zu haben: „Politisches Verhalten, gesellschaftlich relevanter Unterricht lassen sich nicht von den I n h a l t e n her aufbauen, sondern primär von Zielvorstellungen, an denen sich die Auseinandersetzung mit den Inhalten zu orientieren hat. Weil einer über W e r b u n g unterrichtet, wird sein Unterricht nicht automatisch politisch bewußter als der des Kollegen, der mittelalterliche Tafelbilder analysiert. Entscheidend ist, worauf sich die Analyse richtet."[418]

Politische Relevanz ist für Otto einerseits in der Methode und andererseits in den Objekten aufzusuchen, insofern sie alle gesellschaftlich vermittelt sind, jeweils jedoch in unabdingbarem Zusammenhang mit der leitenden Zielvorstellung. Damit setzt er sich gegen Hans Giffhorn ab, der „offenbar das ‚Verbindliche' außerhalb des ästhetischen Objekts und des ästhetischen Prozesses" sucht, „statt diese zunächst einmal exakt zu analysieren".[419] Damit wird bei G. Otto in der Wertung des Objekts die Eigenart des Ästhetischen oder Bildnerischen eingebracht und nicht zugunsten eines außerhalb liegenden – falschen oder richtigen – politischen Bewußtseins auf das, „was der Begriff des Bildnerischen erfaßt", verzichtet. Hier liegt der Grund, weshalb diese so aufgefaßte politische Erziehung eher das Recht beanspruchen kann sich ‚ästhetisch' zu nennen, als die Theorie von Diethart Kerbs oder die folgende von Hans Giffhorn.

4.1.2 Politische Erziehung im ästhetischen Bereich

Der gleichnamige Buchtitel einer von Hans Giffhorn[420] herausgegebenen Veröffentlichung entspricht dem inhaltlichen Anliegen des Autors: Ein bestimmter Gegenstandsbereich, nämlich der ästhetische, d. h. derjenige, der alles umfaßt, „was aufgrund seiner visuell wahrnehmbaren Eigenschaften, seines Aussehens, Wirkungen im Betrachter hervorruft",[421] soll der politischen Erziehung dienstbar gemacht werden. Die in dieser Beschreibung enthaltenen Schlüsselbegriffe für eine Interpretation sind „ästhetischer Bereich" und „politische Erziehung". Giffhorn selbst gibt in einem Anhang Begriffsdefinitionen zum Verständnis seiner Aussagen:

Die Wörter „ästhetisch", „ästhetisches Objekt", „ästhetischer Zustand", „ästhetischer Bereich" und „ästhetischer Wert" werden bewußt abgegrenzt gegen jede philosophische Tradition und Theorie des Ästhetischen als der Lehre vom Schönen, gegen jede Wertung, denn sie beanspruchen bei Giffhorn ‚Wertfreiheit', die aber sehr eigenwillig subjektiv verstanden werden muß, wenn gleichzeitig „ästhetischer Wert" definiert wird als „Der Wert, den wir dem Aussehen einer Sache zumessen."[422] – Die gegebenen Definitionen bezeichnen als in frage kommenden Gegenstand über den Bereich der Kunst- und Design-Objekte hinaus[423] „alles visuell Wahrgenommene und Wahrnehmbare." In bezug auf Siegfried Maser und seine „Ansätze zu einer exakten Ästhetik"[424] wird der quantitative Aspekt des informationstheoretischen Denkens herausgestellt.

Autoren wie Heino R. Möller und Hermann K. Ehmer,[425] die in Denkweise und Vorgehen Giffhorn sehr nahe stehen, folgern weitere Konsequenzen aus einem derartig ‚wertfreien' Ansatz, indem sie die Qualitätsfragen eo ipso ausscheiden, weil es keine Kriterien dazu gibt und dann Quantitätsfragen in Qualitätsfragen mit einer apodiktischen Behauptung umfunktionieren: „Die quantitative Dominanz der sogenannten Massenmedien wird zur qualitativen, da ihre kommunikative Effizienz durch Masse und Realitätsgrad ungleich höher liegt als bei der Bildenden Kunst, die sich von ihrer traditionellen Funktion, optischer Informationsträger zu sein, weitgehend zurückgezogen hat und sie allenfalls nur noch indirekt wahrnimmt."[426]

Die Kennzeichnung ‚ästhetisch' bietet somit in einer derartigen Definition keinen Aufschluß über die Zielsetzung der Erziehung in diesem Bereich. Die Herausstellung der Eigenart einer Erziehung im ästhetischen Bereich kann also nur durch den hier hinzugefügten Begriff des ‚Politischen', der ‚politischen Erziehung' erfolgen. Die in diesem Fall von Giffhorn gegebene Definition bleibt leider ebenfalls formal, wenn sich „politische Erziehung" als eine versteht, „die die dialektischen Beziehungen von individuellem Verhalten und gesellschaftlichen Verhältnissen berücksichtigt und deshalb das politisch folgenreiche Verhalten von Schülern (bzw. späteren Erwachsenen) zum Gegenstand ihrer Bemühungen macht, um die Schüler zum Verbessern der Lebensbedingungen der Mitglieder der Gesellschaft zu konditionieren . . ."[427] Wird gemäß der ersten Aussage „politische Erziehung" als die wechselseitige Beeinflussung von Individuum und Gesellschaft verstanden, so gibt es kaum ein menschliches Verhalten, das nicht politisch ist. Die Aktionen, die Folgen einer derartigen Erziehung sein sollen, müssen „politisch folgenreich" sein, d. h. entweder handelt es sich hier um eine Tautologie oder aber mit dieser zweiten Verwendung des Begriffes ‚politisch' ist eine andere Inhaltlichkeit des Politischen gemeint. Es liegen Tendenzen in den weiteren Aussagen Giffhorns vor, die die zweite Annahme zu beweisen scheinen, so z. B. die Definition der „Politischen Erziehung", die nicht speziell auf den ästhetischen Bereich bezogen ist: „Politische Erziehung ist jede Erziehung, die das Verhalten von Menschen beeinflußt, da alles Verhalten von Individuen in dialektischer Beziehung steht zu den politisch-ökonomischen Machtverhältnissen einer Gesellschaft."[428] Mit dieser einzig in einer Nuance veränderten Definition, daß nämlich die „gesellschaftlichen Verhältnisse" ersetzt werden durch „politisch-ökonomische Machtverhältnisse" als die – so scheint es – einzig möglichen und entscheidenden, ist eine Vorentscheidung für das Verständnis des Politikbegriffs bei Giffhorn gefallen, die als ideologisch zu bezeichnen ist. – Methodisch gleich verfährt er an anderer Stelle, indem für eine bestimmte didaktische Entscheidung unbegründete Vorentscheidungen getroffen werden, die zwar vom arbeits-ökonomischen Vorgehen her bedingt sein können, aber wiederum denselben Sachverhalt betreffen, der eine grundsätzliche Wertentscheidung v o r a u s s e t z t. Hierbei handelt es sich darum, daß der Sachbereich ‚Kunst' mit dem Bereich ‚Kulturindustrie' gleichgesetzt wird und „schreibt man der Kulturindustrie im Kapitalismus affirmative Wirkungen zu, so ergibt sich als ein Ziel der politischen Erziehung im ästhetischen Bereich, diese Wirkungen abzubauen . . ."[429]

Erkennt man eine solche ideologische Voraussetzung im Verständnis der politischen Erziehung an, dann ergeben sich folgerichtig – wie im System Kagans – eine Reihe notwendiger Konsequenzen, z. B. „Relativierung schädlicher Folgen traditioneller Ästhetik" . . . „Abbau des Anspruchs auf absolute Gültigkeit und ethischen Charakter ästhetischer Normen" . . . Abbau des ästhetischen Genusses, „der Emanzipation im Wege steht", oder aber Förderung des ästhetischen Genusses, wenn er „eine Voraussetzung, eine Art ‚psychische Stütze' für aktives politisches Verhalten darstellen kann."[430] Wer entscheidet in einer solchen Situation, ob der vorliegende ästhetische Genuß genehmigt und gefördert oder verboten werden soll? Diese Entscheidung des Lehrers oder Erziehers kann nur aus seinem Vorverständnis entschieden werden, wenn keinerlei andere Kriterien einer Sinn- oder Werthaftigkeit begründet mitgegeben werden.

Eine weitere Abwertung des ästhetischen Bereichs zugunsten eines bestimmten – hier aber nicht ausgesprochenen – Politikverständnisses folgt an der Stelle der Argumentation, wo nicht eo ipso auf die E i n deutigkeit der ästhetischen Information gebaut werden kann, sondern ihr Doppelcharakter verschiedene Interpretationen zulassen würde. Für diesen Fall empfiehlt Giffhorn – auch das ist eine indirekte weitere Interpretation seines festgelegten ideologischen Vorverständnisses –: „Hier muß gefragt werden, ob man nicht mit nachprüfbaren Informationen über ökonomische und sozialpsychologische Zusammenhänge weitaus überzeugendere Aufklärungsarbeit leisten kann, als wenn man den Umweg über Bildinterpretationen wählt."[431] Diese Aussagen sowie ihre Anwendung in Unterrichtsbeispielen sind zur Urteilsbildung dessen, was Giffhorn unter „politischer Erziehung im ästhetischen Bereich" versteht, unerläßlich, denn alle Definitionen sind derartig allgemein, daß sie von jedem akzeptiert werden könnten, wenn es z. B. heißt: „Politische Erziehung im ästhetischen Bereich ist das Bewußtmachen der Wirkung von ästhetischen Phänomenen auf Urteile", denn „Urteile und Vorurteile über die Umwelt werden u. a. durch ästhetische Phänomene ausgelöst, auch verändert, verfälscht". Dazu gehören u. a. „Einschätzung von Mechanismen des Konsummarktes, das Urteil über politische Parteien, die Bewertung von Objekten politischer Konflikte", „die Vorstellung von Zusammenhängen der Meinungsbildung und damit die Beurteilung der Entscheidungsmöglichkeiten von Konsumenten und

Wählern."[432] In den hier aufgezählten Beispielen findet sich jedoch kein Spezifikum, das dem ästhetischen Bereich als besonderem eigen ist, sondern diese Forderungen könnten ebenso als Bildungsziel des Geschichtsunterrichts, der Soziologie, einer Gewerkschaft oder Partei aufgestellt sein, wobei bei der letzteren die Vorentscheidungen des Parteiprogramms zumindest die Methode des Vorgehens und die intendierte Meinungs- und Urteilsbildung charakterisieren würden. Erst in den dann folgenden Ausführungen, die sich auf die Spezifika von Form und Farbe richten, stellt Giffhorn eine These auf, die auf eine außerhalb – im Politischen – liegende Entscheidung, die Aktion betreffend, angewiesen ist: „Meinungen, Urteile und Vorurteile über Phänomene der Umwelt können durch Farben und Formen gezielt in beliebigen Richtungen beeinflußt (manipuliert) werden."[433] Diese These stellt eine pädagogische Grunderkenntnis dar. Die Frage der Anwendung von wem und zu welchem Zweck bleibt offen.

Bei den anderen hier zu nennenden Autoren wie Hermann K. Ehmer und Heino R. Möller finden sich keine verbalen Interpretationen des „Ästhetischen", sie alle gebrauchen den Begriff im Sinne des „visuell Wahrnehmbaren", doch die Forderung nach dem Politischen des Unterrichts taucht – wenn auch mit unterschiedlicher Akzentsetzung – auf, so z. B. bei Heino Möller: „Unterricht in Visueller Kommunikation ist ein eminent politischer Unterricht: politisch in dem Maße, wie er mit seinen Mitteln an seinem Gegenstand dazu verhilft, Jugendliche aus Abhängigkeitsverhältnissen herauszuführen, sie für das Bestehen von Konflikten in ihrer Gesellschaft und zu veränderndem Handeln zu befähigen."[434]

Die generell mit dieser Problematik der „politischen Erziehung im ästhetischen Bereich" auftauchenden Fragen können folgendermaßen zusammengefaßt und systematisiert werden:

1. Wenn die Bestimmung „ästhetisch" in ihrer formal-positivistischen Reduktion des visuellen Wahrnehmens gebraucht wird – wie in den genannten Beispielen aufgezeigt –, ist sie einerseits beliebig austauschbar, d. h. der Bereich der ästhetischen Erziehung kann durch andere Bereiche kommentarlos ersetzt werden, andererseits bleibt eine derartige Bestimmung offen für neue Wertungen. Auch dann, wenn alles Werthafte formal abgelehnt wird, ist es implizit der Sache der Erziehung eigen und wird indirekt auch von den hier zitierten Autoren gefordert. Angewandt auf das im Rahmen der Visuellen Kommunikation notwendig hermeneutische Verfahren, d. h. angewandt auf die Untersuchung des Aussagewertes der ästhetischen Objekte, der Medien, der Werbung und der optischen Signale, kommt bereits dem Lernziel, der ‚Erkenntnis des Sachverhaltes', die Wertfrage ebenso zu wie dem daraus erwachsenden und geforderten „politisch folgenreichen"[435] Tun. Weder Erkenntnis noch das aus der Erkenntnis folgende Handeln sind wertfrei zu leisten, erst recht dann nicht, wenn ihre Aufgabe im Rahmen politischer Erziehung definiert wird. „Neutralität", „Objektivität" oder „Wertfreiheit" in einem pädagogischen

Konzept anzustreben, ist der pädagogischen Sache unangemessen oder aber als Vorwand gebraucht. Die gegebenen Definitionen enthalten derartige Ansätze, sie werden aber von den angeführten Beispielen widerlegt.[436]

2. Alle bisherigen Deutungen des Begriffes „ästhetisch" oder der „ästhetischen Erziehung", die in der philosophiegeschichtlichen Tradition eine Wertung beinhalten, werden in der hier angeführten Literatur nicht berücksichtigt. Eine eigene Werthaftigkeit, die sich z. B. aus dem Objektbereich der Kunst und deren gesellschaftlicher Bedeutung ergibt, wie es Adorno[437] darzulegen versucht, wird nicht erwähnt. In der Beurteilung dieser kunstpädagogischen Literatur scheint es so, als gebe es bisher nur eine ästhetisch-immanente, eine formale Interpretation von Kunstwerken, die gesellschaftspolitisch unwirksam bleiben muß.[438] – Alogik herrscht auch insofern, als bereits gemäß der allgemeinen Definition der politischen Erziehung im ästhetischen Bereich bei Giffhorn,[439] in der die gegenseitige Beeinflußbarkeit von Subjekt und vermitteltem Objekt angegeben ist, die gesellschaftliche Wirksamkeit eines jeden Kunstwerkes nachgewiesen werden kann.[440] Jedoch im Sinne der Definition der politischen Erziehung als der dialektischen Beziehung der Individuen zu den „politisch-ökonomischen Machtverhältnissen einer Gesellschaft"[441] ist ein derartiger Nachweis schwer zu erbringen. Die in dieser Aussage geforderte, in marxistischer Intention eingeschränkte Wirksamkeit auf das Politisch-Ökonomische zwingt die Kunst und die ästhetischen Objekte unter eine ideologische Vorentscheidung über das, was politisch ist.

3. Da auf der Definitionsebene der angegebenen kunstpädagogischen Literatur Werte und Wertungen vermieden werden, bleibt hier der Qualitätsbegriff ausgeschaltet oder einer unbegründeten Subjektivität überlassen.[442] An anderer Stelle jedoch wird – zur Begründung des Objektbereichs – die Qualität aus der Quantität abgeleitet, eine Setzung der instrumentellen Vernunft, die im Rahmen ihrer Zweck-Mittel-Relation die Kategorie des ganz Anderen, des Besonderen, notwendigerweise ausklammern muß.

4. Da der so verstandene Qualitätsbegriff, der aus der Quantität hergeleitet wird, nur zunächst zur Bestimmung der Inhalte herangezogen wird, müssen darüberhinaus für die Zielsetzung der „politischen Erziehung im ästhetischen Bereich" und ihrer Methoden, Entscheidungen v o r a u s g e h e n. An dieser Stelle stellt sich die Frage nach der Ideologisierung der gegenwärtigen kunstpädagogischen Literatur.

Die Kunst hatte von jeher einen unmittelbaren Bezug zur gesellschaftlichen Wirklichkeit, sie unterschied sich in ihrer Wirksamkeit gegenüber den sogenannten objektiven Wissenschaften durch ihre Eigenarten wie Bildhaftigkeit, Ganzheit, Wahrheit,[443] z. B. gegenüber einer Wahrhaftigkeit der Wissenschaften. Die Kunst hat von jeher ein Anliegen, einen Wert, eine Intention gehabt, war immer „ideologische Waffe oder Propaganda".[444] Diese Ideologie ist eine andere auf dem Gebiet der Kunst als auf dem der Wissenschaften. Ein Kunstwerk ist nicht in dem Sinne „wahr" oder „unwahr", „falsch" oder „richtig" wie eine wissenschaftliche Doktrin es ist, aber eine derartige nachprüfbare Wahrhaftigkeit ist von einem Kunstwerk auch gar nicht intendiert. Ein Kunstwerk ist in jedem Falle parteiisch, d. h. „der künstlerische Aspekt ist perspektivisch; ‚falsch' ist aber eigentlich nur jener, der einen inneren Widerspruch enthält."[445]

Diese Andersartigkeit der Kunst in bezug auf ihre Beeindruckbarkeit und die Eigenart ihrer Wahrheit führt dazu, daß sie im politischen oder tagespolitischen Sinne oft nicht eindeutig ist. Um dieser Intention nachzukommen, ist es im Zweifelsfalle also besser eindeutige Informationen zu geben,[446] wenn sie nämlich unter den Kategorien eines „falschen" oder „richtigen" Bewußtseins als Mittel für die bereits gefällte politische Vorentscheidung gebraucht werden. Die so verstandene Ideologisierung der Kunstpädagogik ist eine gänzlich andere als die Ideologiehaftigkeit der Kunst, die aufgrund ihrer Eigenart notwendig „ideologische Waffe" sein muß. Hier steht die Ideologisierung der Kunstpädagogik als Waffe gegen die „ideologische Waffe" der Kunst, die sie abschaffen möchte, weil der ästhetische Bereich dann zielgerichteter und eindimensional in den Dienst einer bestimmten politischen Ideologie genommen werden kann.

4.2 Die formale Unbestimmtheit von Humanität in den Entwürfen der ästhetischen Erziehung

Die vorangegangene Darstellung, Kommentierung und Beurteilung der Ästhetik im Denken Herbert Marcuses und im gesellschaftswissenschaftlichen Konzept des Marxisten Kagan kann – ungeachtet aller eingebrachten Differenzierungen – verbal ein übereinstimmendes gemeinsames Ziel aufweisen: Das Erstreben einer größeren, anderen Humanität! Bleibt die Zielformulierung nach einem universalen Humanismus, einer Emanzipation des Menschen, einer Aufhebung der Entfremdung, derart global und allgemein, so stimmen nicht nur Ost- und West-Kontrahenten, sondern auch die angeführten Kunstdidaktiker damit überein, wenn sie von Zielen wie ‚Selbstbestimmung', ‚Emanzipation' und ‚humanen Verhältnissen' sprechen. Ließe man es mit dieser formalen Übereinstimmung Genüge sein, käme man zu einem trügerischen Urteil über die Gemeinsamkeit der verschiedenen Ansätze. Zur realen Einschätzung muß die jeweils unterschiedliche Intention erkannt werden, müssen die Voraussetzungen des Denkens, die Methoden des Vorgehens und die z. T. nur aus Beispielen rückzuschließenden Inhalte der formalen Zielbestimmung ‚Humanität' mit untersucht und beurteilt werden.

Dieser Versuch wurde in den vorausgegangenen Kapiteln gemacht, um eine vermeintliche oder vorschnelle Einmütigkeit durch die vermeintlich formale Unbestimmtheit von Humanität mit der Darlegung des gesamtgesellschaftlichen theoretischen Konzepts zu widerlegen: Wie sich gezeigt hat, ist die Gemeinsamkeit aller, das Ästhetische aufgrund seiner Eigenart als gesellschaftsverändernde Kraft zu nutzen, nicht Anlaß zur Kooperation sondern zur gegenseitigen Feindschaft. Trotz der formal übereinstimmenden Zielsetzung ‚Humanität' bekämpfen die orthodoxen Marxisten offen und erbittert die Kritische Theorie. Die Divergenz von Intention und formaler Etikettierung ist derart, daß für den Ostblock-Kommunismus die Frankfurter Schule „nach wie vor Feind Nummer Eins"[447] ist. Der Grund liegt darin, daß die Denk- und Gesellschaftskonzeption, die Ideologie, die zur Ausfüllung des Ästhetischen und so zur Interpretation der Humanität gebraucht wird, der Kritischen Theorie total widerspricht.

Das Ästhetische, das bei Marcuse „neue Sensibilität" genannt wird, soll als innovierende Kraft im „gesellschaftlichen Maßstab" einer zukünftigen humanen, neuen Gesellschaft folgende Charakteristika haben: „Abschaffung von Ungerechtigkeit und Not . . . eine wesentliche Affinität zur Freiheit . . ., das Sinnliche, das Spielerische, die Muße als Existenzformen . . ., das Vertrauen in die Rationalität der Phantasie . . ., ein neues Realitätsprinzip",[448] nicht aber eine bestimmte festgelegte Ideologie, die durch eine Partei als Herrschaftsinstrument durchgesetzt wird. Marcuses neue Sensibilität wird gerade zur Sprengung dieser Herrschaft eingesetzt. Kennzeichnend ist in Marcuses Entwurf die Offenheit der neuen Humanität, da sie durch anthropologische Kategorien bestimmt wird wie „Sinnlichkeit", „Muße", „Gelächter", „Gesang", „Liebesspiele", „Heroismus", „Vertrauen", „Freude", „Schönheit", gegen „Haß" und „Schrecken", gegen „Aggressivität" und „Schuld". Die Aporie liegt darin, daß sich das Neue aus der Negation des Bestehenden ableiten soll, die Menschen als Träger der neuen Sensibilität in ihrer Geschichtlichkeit aus der eindimensionalen Erfahrungswelt des Bestehenden aber nicht ausbrechen können. Wie kann dann Verwirklichung geschehen? Das Ingangsetzen der Revolution wird durch diesen Zirkel in Frage gestellt wie auch durch das nicht auszumachende Subjekt, das Träger der Revolution sein soll und kann. Sind es die Jugendlichen, die Intellektuellen, die Künstler? Die Frage bleibt offen; negativ ist nur eindeutig abzugrenzen, daß es für Marcuse nicht mehr die Arbeiterklasse ist, weil diese bei der gegenwärtigen Organisationsform der kapitalistischen Gesellschaft den revolutionären Charakter weitgehend verloren hat. Dies stellt einen weiteren einsichtigen Grund dar, daß für diejenigen, die die Erreichung der Humanität durch die revolutionierende Arbeiterklasse programmatisch festgelegt haben, der Weg zur Humanität im Denken Marcuses als ‚desorientierend' bezeichnet wird und notwendig bekämpft und paralysiert werden muß.

Neben dem andersartigen Träger der Humanität im orthodoxen Marxismus bestimmt die unterschiedliche Interpretation der „Entfremdung" als Herausforderung und Gegenpol auch die Inhaltlichkeit der neuen Humanität. „Entfremdung" wird ausschließlich auf das Problem der

Verfügung der Arbeitenden über die Produktionsmittel eingegrenzt, und so hat Humanität die Abschaffung dieser Herrschaft zum Inhalt. Andere vielfältige Formen der Herrschaft von Menschen über Menschen sind dabei nicht gemeint, gegen die gerade Adorno und Marcuse als gegen die eigentlichen Ursachen der Entfremdung die neue Humanität als Ziel anführen.

Daß in der Praxis die Humanität der neuen Gesellschaft auf der einen Seite durch ihre Offenheit in der Bestimmung und durch ihre in der Methode sich ergebende Aporie Frage bleiben muß, auch wenn es heißt „die neue Sensibilität ist (eben) deswegen Praxis geworden"[449] und auf der anderen Seite keine „neue" ist, sondern zur Stabilisierung des Systems eingesetzt wird, macht die ästhetische Erziehung in jeder Konzeption, die die Humanität beansprucht, fragwürdig.

Die Füllung und Interpretation dessen, was bei den Didaktikern Humanität bedeutet, liegt zwischen der Position der Offenheit oder ihrem Gegenteil einer ideologischen Bestimmung, in der die Entfremdung auf die Produktionsverhältnisse beschränkt bleibt. Da in den Didaktiken die Zielbestimmungen nicht in einen gesamtgesellschaftlichen oder philosophischen Kontext eingebunden sind, können immer nur Tendenzen nachgewiesen werden, wenn die formale Begrifflichkeit durch angeführte Beispiele die Vorentscheidungen in der Methode und die diesen entsprechenden Zielbestimmungen erkennen läßt. Im Methodischen läßt sich als einziges durchgehendes Kennzeichen feststellen, daß die sogenannte Innovation, Selbstbestimmung, Emanzipation, neue Humanität mit den Mitteln der instrumentellen Vernunft erreicht werden soll, d. h. durch r a t i o n a l e Kritik in einer Zweck-Mittel-Relation.

Die genannten Autoren Giffhorn, Möller, Ehmer lassen als Grundlage dieser sog. „rationalen Kritik" durchgehend die Position eines außerästhetischen, meistens recht vordergründigen Vulgärmarxismus erkennen, dem die erkenntnistheoretischen Grundlagen einer philosophisch-gesellschaftstheoretisch ausgerichteten ästhetischen Erziehung fehlen, wenn auch die Vokabel wie ein magisches Reizwort dauernd bemüht wird, um diesen Mangel zu verdecken.

Auch Klaus Matthies Veröffentlichung, im Titel „Erkenntnis und Interesse in der Kunstdidaktik"[450] bewußt an die Kritische Theorie angelehnt, kommt über ein Namenzitieren von Thomas von Aquin über Kant, Hegel, Heidegger, Benjamin bis zu Gehlen als Autoren ästhetischer Theorie für bisherige kunstdidaktische Konzepte nicht hinaus. Obwohl er sich laut Kapitelüberschriften zur Aufgabe gemacht hat „erkenntnistheoretische Fragestellungen zur etablierten Kunstdidaktik" und „Antagonistische Züge in der gegenwärtigen Fachdidaktik" zu untersuchen, kommt er damit zu keiner anderen Lösung, als der oben genannten eklektizistischen Aufzählung von Autoren, auf die sich Kunstdidaktiker berufen. Der tiefer gehende, von wissenschaftlichem Aspekt ausgehende Untersuchungsansatz, welche ästhetischen Theorien oder erkenntnistheoretisch-philosophischen Voraussetzungen im Hinblick auf die ästhetische Fragestellung in den Schriften der Kunstdidaktiker sichtbar werden, bleibt ausgeklammert, da der Autor dann seine und manche seiner Autoren enge ideologisch fixierte „kathedersozialistische"[451] oder vulgärmarxistische Position offenlegen müßte.

Als Ziel ästhetischer Theorie bleibt dann die einst klassenkämpferische Forderung übrig „mit den Mitteln des Ästhetischen für die Befreiung des Proletariats einzutreten".[452] Bei der Frage der Beurteilung der gesellschaftlichen Verhältnisse und deren Kriterien für eine Veränderung geschieht hier offen und direkt das, was in manchen anderen Didaktiken indirekt entschlüsselt werden muß: die handfeste vulgärmarxistische Ideologisierung, die für die Richtung der Veränderung folgendes konstatiert: „Hier treten auf Parteinahme fußende axiomatische Setzungen in ihr Recht, die nicht weiter begründend zurückgeführt werden können, sondern ideologischer Natur sind . . ."[453]

An dieser Stelle spätestens wird deutlich, daß Ästhetische Erziehung hier zum Mittel parteipolitischen Machtstrebens eingesetzt werden soll. Damit ist diese Art ästhetischer Theorie im Hinblick auf ein erkenntnistheoretisch zu entwickelndes, anthropologisch fundiertes neues Selbstverständnis, das der Sinnfindung des Menschen dient – auch im Sinne Marcuses – ausgeschlossen.

In der kunstdidaktischen Literatur der Gegenwart fehlt generell die wissenschaftstheoretische Begründung, die – selbst wenn angekündigt – durch axiomatische Setzungen erledigt wird. Und solange die damit verbundene philosophisch-anthropologische Frage nach Mensch und Gesellschaft, seinen Existential- und Sozialbeziehungen nicht auf die Inhaltlichkeit von Humanität ausgesagt wird, bleibt diese Humanität als Erziehungsziel für den Pädagogen eine leere Hülse oder aber eine Indienstnahme für ideologische Interessen.

Vergleichen wir damit noch einmal den Ansatz der ästhetischen Erziehung in der marxistischen Theorie, so zeigt sich der Unterschied in der dialektischen Methode, die eine Differenziertheit des Vorgehens zuläßt, in der letzten Zielsetzung aber von ihrem übergeordneten Gesellschaftsverständnis ebenso die Inhaltlichkeit der Humanität axiomatisch setzen muß.[454]

Die marxistisch-ästhetische Erziehung ist „systematische Vermittlung und Formung von ästhetischen Kenntnissen, Erkenntnissen, Bedürfnissen, Fähigkeiten, Gewohnheiten und Gefühlen, die dem realen Humanismus und den Schönheitsvorstellungen der sozialistischen Gesellschaft entsprechen und wesentlichen Anteil an der Herausbildung allseitig entwickelter sozialistischer Persönlichkeiten, vor allem ihrer schöpferischen Potenzen, haben."[455] Das was Humanismus „real" ist, und was Schönheit bedeutet, s e t z t die sozialistische Gesellschaft in ihren dazu berufenen Organen der

Partei fest. Die Form der Vermittlung liegt in dem bewußten Einsatz der Methoden ästhetischer Erziehung im sozialistischen Bildungsprozeß, wobei die Widerspiegelungstheorie in ihrer Dialektik die Grundlage der Ästhetik bildet. Die Werthaftigkeit und Sinnhaftigkeit[456] einer solchen Art ästhetischer Erziehung liegt darin, daß mit ihrer Hilfe und ihrem gezielten Einsatz im pädagogischen Prozeß die Beeindruckbarkeit der Sinne des Menschen für ein zuvor festgesetztes Ziel bewußt in Dienst genommen wird.

Für alle diejenigen, die mit der axiomatischen Setzung eines marxistischen oder vulgärmarxistischen Inhaltes von Humanität nicht übereinstimmen, bleibt somit nur noch die Konzeption der „ästhetischen Erziehung" Marcuses in diesem Zusammenhang noch einmal auf seine Inhaltlichkeit zu befragen.

Für Marcuse soll der „neue Mensch" und mit ihm „die neue Gesellschaft", die in ihrer Humanität frei ist von Verdinglichung, Entfremdung und Eindimensionalität mit Hilfe einer „neuen Sensibilität" erreicht werden. Neue Sensibilität wird einerseits als Möglichkeit der Zukunft begriffen, als realutopisches Ziel sozialer Evolution, und andererseits erscheinen neue Sensibilisierungen als Vermittlungsprozesse, in denen gesellschaftliche Veränderung zum individuellen Bedürfnis wird.[457] Damit ist ausgesagt, daß Marcuse in wechselnder Verwendung „neue Sensibilität" einsetzt, als Ziel und Vermittlung. Als Ziel hat Sensibilität die Möglichkeit einer inhaltlichen Bestimmung der Humanität, des neuen Menschen, nämlich insoweit dazu eine neue sinnliche Präsenz, eine neue Weise der Erfahrung von Leiblichkeit gehört. Dabei ist Sensitivität nicht das Gegenteil oder der Ersatz für rationales Vermögen sondern dessen notwendige Grundlage und Ergänzung. Die positive Bestimmung der neuen Sensibilität geschieht mit der negativen Analyse gegenwärtiger Desensibilisierung, die das Menschsein der Gegenwart bestimmt, insofern z. B. kulturelle und soziale Wahrnehmung menschlicher Leidensgeschichten abgestumpft sind. Damit legt Marcuse Sensibilisierung als potentielle Chance von Humanisierung fest.

Zu einer ersten Stufe dieser Sensibilisierung gehört das Mühen des Einzelnen um sein Selbst, die Suche nach einer authentischen persönlichen Lebensgeschichte in den verschiedenen Ansätzen von „Bewußtseinserweiterung".[458] Mit diesem Ansatz steht Marcuse im Zusammenhang dessen, was „Sinntheorie" meint: Der Mensch soll mit Hilfe der neuen Sensibilität seine Sehnsucht nach einem Bezugssystem für sein Bewußtsein und sein Handeln vornehmen.

Möglichkeiten zu ihrer Vermittlung wurden beispielhaft im Kapitel zur Kategorie der Erinnerung ausgeführt, indem Marcuse in seiner Freud-Interpretation Erinnerung als „Wiederkehr des Verdrängten" begreift, indem in ihrer dialektischen Aufnahme gefährliche Inhalte der Vergangenheit in der Gegenwart wieder lebendig und damit einer etablierten Gesellschaft gefährlich werden können. Erinnerung als Kategorie trägt aber ebenso – wird sie nicht dialektisch vermittelt – die Gefahr affirmativer bzw. regressiver Erinnerung in sich, die sich dann in der herrschenden Kultur als Nostalgie einrichten kann und so assimiliert wird oder aber in einem neuen Historismus auftritt.

Das bedeutet, daß zu Marcuses Theorie die pädagogische Form der Vermittlung derart notwendig ist, daß sie seine Kategorien in der Dialektik der Kritischen Theorie darstellt, um sie nicht wieder in möglicher „Eindimensionalität" versacken zu lassen. Hier sind – neben den schon aufgezeigten Aporien – die Widerstände mancher Pädagogen, sich mit Marcuse zu befassen, erklärlich, denn er liefert ihnen kein System, keine Doktrin, sondern verlangt eine aktive Teilnahme an einem Prozeß, in dem er das Ziel nur negativ abgrenzend angibt.

4.3 Qualitäten der ästhetischen Erziehung aufgrund des Kunst-Gegenstandes

Die sichtbarste Wiederkehr des Verdrängten, die mit Hilfe der Erinnerung und der Phantasie geschieht, vollzieht sich nach Marcuse im Bereich der Kunst. Marcuse greift dazu die Kontinuität der ästhetischen Form in Anlehnung an Adorno heraus, die Kunst jenseits ihres Klassencharakters Autonomie zukommen läßt. Damit spricht er der Kunst in ihrer möglichen anderen Sprache, die bestimmt sein kann von Erinnerung und Phantasie, die Möglichkeit alternativer Kommunikationsformen zu dem Kontinuum von Herrschaft und Repression zu.

Diese These macht es notwendig, die Kennzeichen der „neuen Sensibilität" zusammenfassend noch einmal darzustellen, um sie im folgenden auf den Kunst-Gegenstand als mögliche inhaltliche Qualität der ästhetischen Erziehung zu beziehen.

Die wichtigsten Konstituenten der neuen Sensibilität sind folgende:[459]

1. Die neue Sensibilität ist antiinstitutionell d. h. sie versteht sich als spontane Erfahrung des Unmittelbaren.
2. Die neue Sensibilität wendet sich gegen die Funktionszwänge der modernen Industriegesellschaften, gegen das von ihnen propagierte Rollenverhalten, gegen den instrumentalen Charakter von Arbeit, gegen Leistung, Produktivität etc. und versteht sich dazu als Alternative mit den Zielbegriffen wie Kreativität, Genuß, Identität.
3. Die neue Sensibilität ist in diesem ihrem alternativen Ausdrucksverhalten im ursprünglichen Sinn ästhetisch, d. h. auf die Wahrnehmung ausgerichtet.
4. Die neue Sensibilität stellt ein „Schwellenbewußtsein" dar, d. h. sie ist eine zeitlich-begrenzte Erfahrungsmöglichkeit von Alternativen, sie ist nicht auf Dauer eingestellt. – Um wirksam zu werden, bedarf sie der

Dauer. Dauer jedoch ist ihre Anpassung und damit beginnt ihre Erstarrung. Hier zeigt sich eine weitere Aporie, die mit dieser Kategorie verbunden ist.

Desungeachtet stehen wir im Moment noch v o r ihrer Integration. Die Bedingungen sollen stichwortartig genannt werden, die im Augenblick das Ziel ästhetischer Erziehung im weitesten Sinn auf allen Lebensgebieten sein müßten, wenn die „neue Sensibilität" Wirklichkeit werden soll. Dieter Baake nennt folgende Ansätze einer Materialisierung: „einen neuen Stil, mit Macht umzugehen, z. B. sie selbstlos einzusetzen", „einen neuen Blick auf den Einzelnen als Leidenden, Diffamierten", „eine große Distanz gegenüber allem Nur-Repräsentativen", „eine mögliche Regeneration der Ungezwungenheit, Natürlichkeit im Umgang", „eine neue Genauigkeit gegenüber Gefühlen, Affekten, psychischen Vorgängen", „eine neue Konkretheit", „ein neues Annehmen und Hineinnehmen des Irrationalen, das nicht mehr verdrängt wird, ... sondern als Bedürfnis nach Liebe, Geborgenheit, Anerkennung, Akzeptierung etc., als Berechtigung von Zorn, Enttäuschung, Erwartung etc., akzeptiert und damit rationaler Bearbeitung zugänglich wird."[460]

Aus diesen Konkretisierungsfeldern wird deutlich, was Marcuse gemeint hat, wenn er davon spricht, daß die neue Sensibilität zum politischen Faktor geworden ist. Doch nicht nur die neue Sensibilität ist es, sondern auch die Kunst besitzt „politisches Potential".[461] Diesen Zusammenhang gilt es jetzt als für die Kunstpädagogik und die in ihr stattfindende ästhetische Erziehung als Möglichkeit einer neuen Humanisierung herauszuarbeiten.

Die Kunst soll nach Marcuse ihr politisches Potential dadurch entfalten, daß sie ein Bedürfnis nach wirksamer Kommunikation durch Anklage des Bestehenden und durch die Ziele der Befreiung ausdrückt.[462] Die Situation der Gegenwart, in der die Kunst wirksam werden muß, ist nach Marcuse gekennzeichnet durch die Diskreditierung idealistischer Begriffe, durch Erziehung zum Positivismus, durch das Eindringen von Methoden „strenger" Wissenschaften in die Sozial- und Geisteswissenschaften, durch Eingliederung libertärer Subkulturen, die den Warenmarkt erweitern können; durch die Zerstörung des Universums der Sprache: Super-Orwellianismus als normale Kommunikationsweise; durch den Niedergang des Vaterbildes und des Über-Ichs in der bürgerlichen Familie.

Da der Kunst als eigenständigem Universum der Tradition, des Protestes, die Negation des „Gegebenen" zukommt, hat sie die Möglichkeit der Befreiung von den oben genannten Zwängen. Die Kunst vermag in einer anderen Sprache als der etablierten, in anderen Bildern als den gewohnten, Einfluß auf die etablierte Gesellschaft auszuüben und zwar mittels der ihr eigenen Qualität der ästhetischen F o r m. Form bedeutet dabei die Gesamtheit der Qualitäten, die ein Werk zu einem in sich geschlossenen Ganzen mit eigener Struktur und Ordnung machen. „Kraft dieser Qualitäten t r a n s f o r m i e r t das Kunstwerk die in Wirklichkeit herrschende Ordnung".[463] Nur Adornos „Ästhetische Theorie"[464] kann an dieser Stelle zur Klärung dessen, was bei Marcuse unter Form verstanden wird, deutend weiterhelfen. Adorno hat den Begriff der Transformation in seinen Darlegungen zur Form nachgewiesen, er hat gezeigt, daß sie trotz ihres „Scheincharakters" den dargestellten Inhalten Bedeutung und Funktion verleiht, und zwar eine andere als die der etablierten Gesellschaft.

Nur ein kurzer Exkurs, der versucht, die wesentlichen Zusammenhänge in bezug auf die Form gemäß Adornos „Ästhetischer Theorie" darzustellen, kann die weiteren Folgerungen verdeutlichen und evtl. auch ihre Berechtigung nachweisen.

In der Ästhetik Theodor W. Adornos, die für ihn keine subjektivistische Geschmacksästhetik und keine reine Wirkungsästhetik mehr sein darf und ebenso keine klassizistische Deduktionsästhetik[465] mehr, also weder Inhaltsästhetik noch Formalismus, spielt die Kategorie der „F o r m" die entscheidende Rolle. Form bedeutet für ihn, daß „der Vorrang des Objekts in der Kunst durch die Form als sedimentiertem Inhalt geschieht."[466] Mit diesem noch näher darzulegenden Ansatz der Form als zentralem Begriff der Ästhetik soll diese sich nach Adorno als „materialistisch-dialektische" ausweisen;[467] gesellschaftsbezogen sein, ohne aber allgemein-normative, aus gesellschaftlichen Bedingungen und Ansprüchen ableitbare Regeln für die Kunst geben zu müssen oder geben zu wollen.

Diese, gewohntem Normdenken als paradoxe Ästhetik erscheinende Theorie, versteht sich als Kritische Theorie, indem sie den Entmythologisierungsprozeß der Kunst in seiner Dialektik zu reflektieren sucht. Als eine so verstandene kritische Ästhetik leistet sie vor allem die Kritik erstarrter ästhetischer Begriffe und hat „die untergehenden Kategorien als übergehende zu denken in bestimmter Negation";[468] deren zentrale die der Form ist.

Will man Adornos Formbegriff verdeutlichen, versperrt er sich – und dies ist sein erstes Charakteristikum, Eigenart der Kritischen Theorie und insbesondere des Adornoschen Denkens – jeder Art von Definition. So bietet sich als mögliche Methode der Darstellung nur eine stichwortartige, oft dialektische Zusammenstellung von Aussagen zum Problem Form, die dann an einer Aussage zur Form exemplarisch interpretiert werden sollen.

Der Form ist als Charakteristikum Autonomie eigen, die in der Freiheit gegenüber der Empirie statt der Versklavung an die Empirie[469] besteht, einsichtig darin, daß der Künstler die ihm adäquat scheinende Form für einen Inhalt als Schöpferleistung setzt. „Form wirkt als Magnet, der die Elemente aus der Empirie in einer Weise ordnet, die sie dem Zusammenhang ihrer außerästhetischen Existenz entfremdet, und nur dadurch mögen sie der außerästhetischen Existenz mächtig werden."[470]

Demgegenüber weist sich Nichtkunst, Kulturindustrie, durch „einen sklavischen Respekt vor den empirischen Details aus", der von einer ganz bestimmten Funktion diktiert wird. Die Kunstwerke jedoch bestimmen sich gerade durch die Freiheit ihrer Form, ihre gesellschaftliche Funktion erscheint als funktionslose: „Ihr gesellschaftliches Wesen bedarf der Doppelreflexion auf ihr Fürsichsein und auf ihre Relationen zur Gesellschaft",[471] d. h. insofern auch Kunstwerke Produkte gesellschaftlicher Arbeit sind, sind sie ihrem Formgesetz untertan, dessen Dialektik es jetzt darzustellen gilt.

Ziel ist es, die von Adorno aufgestellte Behauptung zu beweisen, daß die Kunst durch die ihr eigene Form nicht in der Selbstgenügsamkeit eines l'art pour l'art Programms erstickt, sondern eine gesellschaftliche Wahrheit beinhaltet, die für den Fortgang der Geschichte von Bedeutung ist.

Der vermeintlich negative Ansatz wird sich als positiver darlegen lassen: „Formal sind sie (die Kunstwerke, Anm. d. Verf.) unabhängig von dem, was sie sagen, Ideologie darin, daß sie apriori Geistiges als ein von den Bedingungen seiner materiellen Produktion Unabhängiges und darum höher Geartetes setzen und über die uralte Schuld in der Trennung körperlicher und geistiger Arbeit täuschen."[472]

„Formal" bedeutet in diesem Zusammenhang, daß das Kunstwerk durch die Form Ideologie, d. h. falsches Bewußtsein ist. Was bedeutet aber dann der Begriff Form näherhin? Form ist zunächst als Gegensatz zu Inhalt zu bestimmen, wobei Form und Inhalt gemeinhin immer voneinander getrennt gesetzt werden. Dennoch ist diese Trennung nicht zu vollziehen, versteht man unter Form nicht nur die gestalterischen Mittel, mit denen ein Inhalt bearbeitet und dargeboten wird. Für den Inhalt, der zunächst disparat und chaotisch ist, tritt die Form als Ordnungsprinzip auf. Damit ist nicht gesagt, daß man den Formbegriff Adornos mit bestimmten bekannten Formschemata, z. B. Sonate in der Musik oder Sonettform in der Literatur, erklären könnte. Eine solche Fixierung wäre völlig unzureichend und hätte die dem Begriff und Denken Adornos eigene Dialektik außer acht gelassen, da auch die Sonatenform nicht ohne den zugehörigen geformten Inhalt als Form adäquat ausgesagt werden kann.

Bei Nicht-Kunstwerken, etwa bei Texten der Massenmedien ist festzustellen, daß der gleiche Inhalt in verschiedenen Medien anders gestaltet und geformt auftritt, sich aber keineswegs der Trennung von Inhalt und Form widersetzt. Diese begriffliche Trennung ist durch die Eigenart der Form beim Kunstwerk n i c h t vorzunehmen, denn Form und Inhalt sind in einer starken Verdichtung so sehr ineinander verschmolzen, daß jedes Kunstwerk eine ihm selbst spezifische Form hat, ohne die es gar nicht hörbar oder sichtbar wäre.

Das fetischisierende Prinzip ist also dieses einsmachende Prinzip bei Kunstwerken, das die durch die Form hergestellte Identität der verbal getrennten Begriffe von Form und Inhalt schafft. Anders gesagt, zerbricht diese Form, verliert Kunst ihren Fetischcharakter[473] und wird zur Nicht-Kunst.

Geht man aber mit dieser Definition an die Analyse der Praxis, um festzustellen, was bildende Kunst ist, so ist die Form vieler Kunstwerke der letzten Jahrzehnte nicht mehr in der Abbildlichkeit faßbar. In der bildenden Kunst wurde nämlich die Kategorie der Form von der Abbildlichkeit erweitert um die Intention des Künstlers und den Herstellungsprozeß, so daß z. B. die Antiform im Dadaismus durch die Intention wieder zur neuen Form erhoben wurde. Es gehört also zur Handhabung des Adornoschen Formprinzips als Kriterium für Kunst und Nicht-Kunst der Gegenwart notwendig die Erkenntnis der vielfältigen Möglichkeiten der Form in der Gegenwart dazu, die gerade mit dem 20. Jahrhundert eine ungeheure Bedeutungserweiterung erfahren haben. Geschieht das nicht, muß sich der Analytiker den Vorwurf der Geschichtslosigkeit machen lassen und widerspräche damit einem weiteren Grundprinzip der Kritischen Theorie.

Wenn nun Form in dem oben genannten Zitat in Zusammenhang gebracht wird mit Produktionsverhältnissen, so ist dazu noch eine klärende Deutung notwendig. Diese Produktionsverhältnisse sind so angelegt, daß eine Trennung zwischen geistiger und körperlicher Arbeit stattfindet und auf diese Weise der Mensch nur in einem Teilbereich seiner Fähigkeiten gebraucht wird. Die Menschen werden in der so gearteten Arbeitswelt ohne Rücksicht auf ihre Individualität, sondern aufgrund ihrer gleichen Funktion miteinander identifiziert. Damit sind sie als Funktionsträger auswechselbar. Dies bedeutet auf die Kunst übertragen, daß sie Ideologie darum ist, weil das einheitsstiftende Prinzip, das die Identifikation von Form und Inhalt bewirkt, ihr immanent ist und so über den oben genannten Mißstand innerhalb der Produktionsverhältnisse hinwegtäuschen oder aber ihn bewußt machen kann. So kann z. B. die Entfremdung des Menschen in den Produktionsverhältnissen durch die Autonomie des einheitsstiftenden geistigen Prinzips der Kunst angeprangert werden. Darin liegt die „Schuld" der Kunst, ein mögliches Positivum für den Bewußtwerdungsprozeß zu sein oder aber auch aufgrund der Identität von Form und Inhalt, von Körperlichem und Geistigem, die Tatsache ihrer Trennung in den gesellschaftlichen Verhältnissen zu verdecken. Die „Schuld" der Kunst von der Adorno spricht, ist gesellschaftsimmanent zu verstehen, da sie gerade d i e Voraussetzung bildet, Kritik zu üben und dadurch auf eine neue, andere Gesellschaft zu verweisen.

Überträgt man die Erkenntnisse dieses Exkurses, so ist Marcuses These verständlich, daß die Kunst durch die Form die Negation des Bestehenden erzwingt: „Es handelt sich stets um einen ‚gebrochenen', ‚sublimierten' Widerspruch, der die gegebene Wirklichkeit – und die Befreiung von ihr – transfiguriert und übersetzt.[474] Die Transfiguration schafft ein anderes Universum, ob nun realistisch oder naturalistisch, das sich als das A n d e r e der Wirklichkeit und Natur versteht.

Marcuse glaubt damit nachweisen zu können, daß der Kunst aufgrund der Qualität der ästhetischen Transformation, der Form also, die folgenden

beiden Möglichkeiten für eine neue Humanität zukommen:
die Offenbarung der „condition humaine", wie sie sich unbeschadet aller spezifischen Bedingungen durchhält und das Ansprechen bestimmter beharrlicher Qualitäten des menschlichen Verstandes, der menschlichen Sinnlichkeit und Einbildungskraft – Qualitäten, die von der traditionellen philosophischen Ästhetik als die Idee der Schönheit gedeutet wurden.[475]
Für Marcuse liegt hier der Schlüssel dafür, daß die Kunst als einzige das geschichtliche Universum transzendieren kann, indem sie vermittels der Trans-Formation eine andere Dimension der bestehenden Wirklichkeit erschließt, nämlich die der möglichen Befreiung. Zwar ist diese Wirklichkeit S c h e i n, aber gerade dadurch daß Kunst Schein sein will, ist sie wirksam nicht als bloße Fiktion und Phantasie, sondern als Universum konkreter Möglichkeiten.

Damit muß sich Kunst – und das wäre ihre abgrenzende Definition zu Nicht-Kunst bzw. sog. ästhetischen Objekten – immer in einer Spannung von Affirmation und Negation befinden, anders gesagt, sie muß die dialektische Einheit dessen aufweisen, was ist, und dessen, was sein kann und sollte.[476] Wo diese Einheit zugunsten einer Seite aufgegeben wird, hat sie ihre Wahrheit verloren, ist nicht mehr kritische Erinnerung und Phantasie, sondern Affirmation oder Phantasterei.

Die Eigenart des Kunstbegriffs der Kritischen Theorie sei im folgenden noch einmal in ihrer Dialektik mit Marcuses Worten zusammengefaßt, weil sich daraus das Programm einer entsprechenden Pädagogik seiner ästhetischen Erziehung in Grundzügen ableiten läßt: „Die Normen, welche die ästhetische Ordnung regieren, sind keine geistigen Begriffe! . . . Die von der Kunst erreichte sinnliche Unmittelbarkeit setzt eine Synthese der Erfahrung nach allgemeinen Prinzipien v o r a u s, die allein dem Kunstwerk eine mehr als nur private Bedeutung verleihen können, eine Synthese zweier antagonistischer Ebenen der Wirklichkeit:
der etablierten Ordnung der Dinge und der möglichen oder unmöglichen Befreiung von ihr – wobei auf beiden Ebenen ein Wechselspiel zwischen dem Geschichtlichen und dem Allgemeinen besteht. An der Synthese selbst sind Sinnlichkeit, Phantasie und Verstand gleichermaßen beteiligt."[477]

Daraus leitet sich das Ergebnis zur Bestimmung von Kunst ab: ein Objekt, das aus dem Bestehenden abstammt und dennoch anders ist, weil es einer anderen Wirklichkeit angehört. Kunst bleibt damit f r e m d, da sie immer in einer Spannung zwischen Idee und Realität oder Allgemeinem und Besonderem steht. Aber gerade diese ihre notwendige, positive Eigenart der „Entfremdung" wird als Argument in der etablierten Gesellschaft für ihre Ablehnung gebraucht, daß die Kunst wegen ihres Fremdseins nicht zu den Massen „spricht". Der Grund der mangelnden Kommunikation wird wie selbstverständlich der Kunst zugeschrieben, nicht aber den Massen, denen die Möglichkeiten einer Kommunikation bewußt oder unbewußt vorenthalten werden – auch von Pädagogen.

4.4 Bedeutung ästhetischer Erziehung für die Kunstpädagogik

Nach dieser Darstellung der Möglichkeit der Kunst als Medium neuer Humanität sollen thesenartig die daraus für die Kunstpädagogik, die ästhetische Erziehung, zu entwickelnden Konsequenzen dargestellt werden. Im Mittelpunkt dieser Überlegungen steht der Rezipient von Kunstwerken, für den Produzenten wären in anderem Zusammenhang ähnliche Konsequenzen zu entwickeln.

Kunst muß aufgrund der ihr eigenen Qualitäten Gegenstand des Kunstunterrichts sein. Sie könnte als einzige die „Exploration des Möglichen"[478] bewirken. Kunst aus dem pädagogischen Bemühen um eine bessere, neue Gesellschaft auszuschalten, wie es manche Vertreter der Visuellen Kommunikation fordern,[479] hieße, die zukünftige Gesellschaft auf die bereits vorhandene und herrschende instrumentelle Vernunft vollends einzuengen. Gibt es Kunst als Gegenstand nicht mehr, könnte die Differenz der einzelnen Entwürfe zur ästhetischen Erziehung nur in der mächtigeren und geschickteren Anwendung der Mittel der instrumentellen Vernunft liegen, d. h. Interpretation und Durchsetzung sogenannter Humanität hingen nur von einer Macht ab, die Humanität auch inhaltlich bestimmt, nicht aber von der innovierenden Möglichkeit des Gegenstandes. Es gäbe dann nur das quantitative Mehr, nirgends aber das qualitative Anders.

Damit ergibt sich, daß die hier aufgezeigten Eigenarten einer ästhetischen Erziehung als Sinntheorie in erster Linie durch den Bereich und die Eigenarten der Kunst auszuweisen sind, weil ihr – wie im Rahmen der Kritischen Theorie und auch der marxistisch-leninistischen Ästhetik bereits nachgewiesen – innovierende Kraft in bezug auf Zukunft innewohnen kann. Die im engeren Sinne der Visuellen Kommunikation gemeinten Gegenstände des Kunstunterrichts wie Werbung, Massenmedien, Design im Sachbereich der Produkt- und Umweltgestaltung sind damit für eine ästhetische Erziehung als Sinntheorie ausgeschlossen, nicht aber als Objekte zur Analyse der Gegenwartssituation.

Der Grund für diese notwendige Unterscheidung liegt darin, daß sie Produkte der rational-technologischen Gesellschaft sind, die somit diese nicht transzendieren können und auch nicht wollen. Sie müssen mit den ihnen eigenen Methoden auf Funktion und Leistung untersucht werden, um sie in ihrer Existenz und Bedeutung entweder begründet zu bestätigen oder sie durch einen ‚Gegenentwurf' zu korrigieren oder zu bekämpfen. Die Begründung dazu läßt sich nicht durch immanente Analyse aus den Gegenständen ableiten. Sie entstammt entweder einer vorgegebenen Ideologie oder einer jeweils neu zu begründenden Zielsetzung von Humanität. Die Konsequenz daraus heißt, daß die ästhetische Erziehung als Sinntheorie, die die mit dem Kunstgegenstand gegebene Innovation untersucht, Voraussetzung für eine ästhetische Erziehung der Visuellen

Kommunikation sein müßte, will man der Ideologisierung entgehen.

Die ästhetischen Objekte der Visuellen Kommunikation erhalten als Inhalte des Kunstunterrichts folglich den Stellenwert, Situationsanalysen zu bieten, die auch ihre Berechtigung im Rahmen der Kritischen Theorie aufweisen können, insofern sie berechtigte Kritik üben: Gegen die Lebensferne idealistischer Konzeptionen bewahrte die Kritische Theorie den marxistischen Begriff der Kritik, ohne ihn zu imitieren, d. h. Analyse der Gegenwart ist Voraussetzung für philosophisches Denken, wie philosophisches Denken wiederum als Vorausgehendes die Analyse mitbestimmt.

Die von Hegel übernommene Dialektik der Kritischen Theorie macht der formalen Logik zwar Schwierigkeiten, ist aber für unseren Zusammenhang von ästhetischen Objekten und Kunstwerken bezogen auf die Erkenntnis wichtig und typisch. „Der wirkliche Erkenntnisbereich besteht nicht in der gegebenen Tatsache, hat es nicht mit den Dingen, wie sie sind, zu tun, sondern mit deren kritischer Einschätzung, die das Vorspiel eines Hinausgehens über die gegebene Form ist. Die Erkenntnis beschäftigt sich mit den Erscheinungen, um über sie hinauszugelangen."[480] Dieselbe Dialektik wird noch deutlicher in der Aussage: „Tatsachen sind nur dann Tatsachen, wenn sie auf das bezogen sind, was noch keine Tatsache ist und sich dennoch in den gegebenen Tatsachen als reale Möglichkeit manifestiert, anders gesagt: Tatsachen sind das, was sie sind, nur im Moment eines Prozesses, der über sie hinausführt, hin zu dem, was im Tatsächlichen noch nicht erfüllt ist."[481]

Diese knappe Charakteristik des dialektischen Ansatzes Kritischer Theorie liefert für die unterschiedlichen Inhalte des Faches Kunstpädagogik die Wertung, daß ästhetische Objekte nicht um ihrer selbst willen Gegenstand sein können, sondern nur in ihrem Bezug auf konkrete Humanität, die wiederum den Maßstab für deren Einschätzung abgibt. Konkrete Humanität kann jedoch durch die den Kunstwerken eigene Transformation jeweils neu eruiert werden. Wie geschieht dies, mit welchen Mitteln? Worauf hat eine Kunst-Pädagogik in erster Linie aufzubauen?

Schwerpunkt allen Tuns, sowohl den Produzenten wie den Rezipienten von Kunst betreffend, scheint die Förderung, Aktivierung und Ausbildung der Phantasie als schöpferische Kraft, die nicht losgelöst sein darf von der Wirklichkeit.

Ihr Charakteristikum liegt darin, daß sie aus der rückschauenden Erinnerung,[482] die auf Erfahrung basiert, und der vorausgerichteten Erwartung sich freispielend und kombinatorisch bewegt. Sie ist also immer schon an Wahrnehmungen beteiligt, aber dennoch in ihren Erscheinungen von der Außenwelt abgehoben, weil ihren Bildern kein äußerer Gegenstand vorgegeben ist.

Diese so bestimmte Phantasie kann keinem politischen Programm dienstbar gemacht werden, was aber nicht heißt, daß Phantasie keine politische Bedeutung besäße. Ihre hochgradige politische Wirksamkeit –

oder auch sogenannte ‚gesellschaftliche Relevanz' – wird dadurch bewiesen, daß sie Machthabern und Polit-Ideologen gefährlich werden kann, sonst gäbe es keine Künstlerprozesse. Man könnte es sich ersparen, Künstler einzusperren, sie in die Verbannung zu schicken, ihre Werke zu verbrennen. Ebenso brauchte man nicht mit Emphase die Abschaffung der Kunst zu proklamieren.

„Wo die Phantasie weder durch die ideologische Kandare gezähmt noch durch Absonderlichkeit zur Bedeutungslosigkeit verurteilt ist, kann sie neue Zivilisationen inspirieren."[483] Das utopische Denken, die soziale Vision oder auch die politische Phantasie liefern Vorstellungen, mit deren Hilfe bestehende Gesellschaften aufgebrochen oder neue geschaffen werden können. Die Methoden der Gegner, Phantasie abzuschaffen, die in dem Sinne gefährlich werden könnte, daß sie nach den Zielen und nicht mehr nur nach der Erneuerung der Mittel fragt, liegen darin, sie entweder zu ideologischen Werkzeugen zu machen oder sie mit dem Vorwurf des mangelnden „Realismus", der fehlenden „Faktizität" und „Durchführbarkeit" zu belegen. Die Konsequenz ist in beiden Fällen eine soziale und kulturelle Stagnation, eine in bezug auf Innovation inaktive Gesellschaft.[484] Beweise dafür ließen sich auf vielen Gebieten gesellschaftlicher Praxis anführen.

Daß die Kunst ein prädestiniertes Feld der Konkretion politisch wirksamer Phantasie sein kann, daß hier der utopische Anspruch Form und damit Kommunikationsmöglichkeit annimmt, ist sowohl aus dem Selbstverständnis der Künstler, wie ihrer Gegner, wie durch Vertreter anderer Wissenschaften zu belegen.[485]

Als weiteres wirksames pädagogisches Mittel muß die Sensibilisierung eingeübt und gefördert werden, damit sie sich in Aktionen materialisieren kann, d. h. die Fähigkeit, Umweltreize (selektiv) wahrzunehmen, aufzunehmen und zu verarbeiten ist Aufgabe dieser Pädagogik. Sensibilität ist insofern ein Konstituenz humaner Existenz: sie ist die Voraussetzung dafür, Sprache lernen zu können, im Gedächtnis Ereignismomente zu speichern, Erinnerung zu üben, Situationen als Ganzheit zu erfassen, gegen die Reizabstumpfung anzugehen, zweckrationalen Funktionalismus aufzulösen, nach Sinn und Wert menschlicher Tätigkeiten zu fragen, d. h. Humanität zu begründen.

Gegenstände dieser Einübung bieten sich dort an, wo Künstler das gleiche Programm, die Sensibilisierung zu vergegenständlichen suchen: z. B. in der Gruppe ZERO, wenn monochrome Bilder als Befreiungsaktion empfunden werden, wenn Licht und Bewegung auf neue ungewohnte Weise ins Bild gebracht werden, wenn die Existenz der Bewegung als immaterielle Form vorgeführt wird.[486] Da es in diesem Zusammenhang nicht möglich ist, Kunstwerke als Beispiele zur Sensibilisierung zu präsentieren, soll durch einige Aussagen der Künstler zu ihrem Werk, das sich als „Schule der Sensibilität" versteht, die Übereinstimmung mit Marcuses Theorie aufgezeigt werden.

Arman: „Ich glaube, daß dem Wunsche nach Anhäufung ein Sicherheitsbedürfnis zugrunde liegt, und im Zerstören, im Zerschneiden äußert sich der Wille, die Zeit anzuhalten. Die Ereignisse aufheben durch Collage, durch Blockieren im Polyester",[487] eine Form der Sensibilisierung, die die Instrumentalität einer falschen Sicherheit durchbrechen möchte.

Bury: „Zwischen Unbeweglichkeit und Beweglichkeit läßt uns eine gewisse Langsamkeit ein ‚Aktionsfeld' entdecken, in dem das Auge die von einem Objekt zurückgelegte Strecke nicht mehr erfassen kann. Wenn eine Kugel sich von A nach B begibt, wird die Erinnerung, die wir von ihrem Ausgangspunkt haben, zur Funktion der Langsamkeit, mit der sie die Strecke zurücklegt. Unser Auge, unser Gedächtnis haben die Erinnerung an A verloren. Nur die Langsamkeit ermöglicht ihr, die eigenen Spuren zu verwischen, uns ihre Vergangenheit vergessen zu machen, Erinnerung zu löschen ... Durch die Langsamkeit entziehen sich die Wegstrecken der Programmation; sie gefallen sich in wirklicher oder vorgestellter Freiheit, einer Freiheit, die sich selbst zur Freude wird. Die Geschwindigkeit begrenzt den Raum, die Langsamkeit erweitert ihn."[488] Pol Bury hat diese hier theoretisch wiedergegebene Erfahrung als durch Sensibilität erlebbare z. B. in dem Werk „89 Kugeln", 1973, dargestellt.

In „meiner Bemühung um eine monochrome Malweise" sagt Yves Klein, suche ich „den immateriellen realismus; die körperlosen und dabei gefestigten zonen meiner bildnerischen sensibilität, zudem transportabel und ausdehnbar bis ins unendliche, sind durch eine bewundernd bewegte betrachtung der natur in all ihren aspekten und momenten geschaffen ... ein bild, das zugleich höchst real und höchst unmaterial ist."[489]

Heinz Mack versucht die „Ruhe der Unruhe" in seinen Lichtobjekten erfahrbar zu machen: „Die Unruhe der Linie: sie möchte Fläche werden; die Unruhe der Fläche: sie möchte Raum werden. Dieser Unruhe folgt unsere malerische Sensibilität. Linien, Fläche und Raum müssen kontinuierlich ineinander übergehen, aneinander sich ‚aufheben', in dem dialektischen Sinne, den unsere Sprache hergibt. Bleibt diese Integration sichtbar, dann vibriert ein Bild, und unser Auge findet die Ruhe der Unruhe."[490]

Indirekt ergab sich aus diesen Aussagen neben der Förderung und Einübung der Sensibilität, in Analogie zu Marcuses Ausführungen zum Problem der Wirklichkeit in bezug auf Kunst und Utopie,[491] daß es um eine im positivistischen Denken eingeschrumpfte, deshalb aber umso notwendiger anstehende Bedeutungsklärung und Bedeutungserweiterung des Wirklichkeitsbegriffes geht. Ziel einer solchen pädagogischen Bemühung muß es sein, die schon genannte dialektische Struktur, daß das, was ist, nicht wahr sein kann, daß aber andererseits das, was wirklich ist auch vernünftig ist, einsichtig zu machen. Das Lernziel müßte darin bestehen, diese beiden Ebenen von Wirklichkeitserfahrung zu differenzieren, um so der Eindimensionalität zu entkommen.

Mit der Documenta V in Kassel wurde das Problem „Befragung der

Realität", der Wirklichkeit, dringend und in neuen erkenntnistheoretischen Zusammenhängen in die Kunstdiskussion aufgenommen, die auf die Kunstpädagogik ihre Auswirkungen haben müssen. Hans Heinz Holz[492] differenziert die allgemeine Vorstellung, daß die Wirklichkeit das Reich der dinglichen Objekte sei, dahingehend, daß durch die technische Entwicklung nicht-dingliche Entitäten erfahrbar gemacht werden, wie z. B. Strom, und daß andererseits Information als Wirklichkeit erlebbar gemacht wird, wie z. B. durch das Fernsehen. Der Zuschauer hat die Aufgabe, das Bild der Wirklichkeit von der Wirklichkeit selbst zu unterscheiden. Doch das Medium intendiert eher das Gegenteil, nämlich das Bild für die Wirklichkeit auszugeben.

Es ist selbstverständlich, daß mit diesen fundamentalen Veränderungen in unserem Erfahrungsbereich sich auch die Realitätserfahrung des Künstlers und deren Niederschlag in der Kunst geändert haben: Nicht mehr Wahrnehmung der Außenwelt ist Aufgabe, denn diese hat sich als trügerischer Schein erwiesen, sondern Erfahrung unanschaulicher aber dennoch wirklicher Strukturen. Paul Klee hat bereits mit seiner Intention, daß Kunst nicht die Wirklichkeit wiedergebe, sondern Wirklichkeit schaffe, versucht, die Kohärenz der Wahrnehmungen des sog. „Wirklichen" durch seine Kunst zu durchstoßen und h i n t e r ihnen das Eigentlich-Wirkliche zu suchen. Mit dieser Neubestimmung visualisieren verschiedene Richtungen der Kunst des 20. Jahrhunderts eine neue, andersartige Idee von Wirklichkeit, die nicht mehr mit den Kategorien der Abbildlichkeit zu erfassen ist.

Ein Aufweis des dialektischen Wirklichkeitsverständnisses, das vor der Eindimensionalität bewahren könnte, bietet sich somit auf dem Wege der Analyse moderner Kunst an, die damit einen weiteren Ansatz von Freiheit konkretisieren hilft. Nicht mehr die äußere sichtbare Welt ist Gegenstand der Kunst sondern ebenso deren Bedingungen, vergleichbar der Darlegung in Marcuses Theorie, daß die Erkenntnis der Fakten der Wirklichkeit auf eine neue Wirklichkeit verweist und in der Analyse bereits von ihr mitbestimmt wird.

Das pädagogische Lernziel ließe sich für diesen Fragepunkt etwa folgendermaßen zusammenfassen: Der optische Positivismus, der nur das als wirklich ansieht, was zu sehen oder was fernzusehen ist, muß zugunsten einer Bewußtseinserweiterung überwunden werden, in der die Mehrschichtigkeiten der Wirklichkeit erfahren und erkannt und wiederum mit Wertungen verbunden werden, denn sie sind ausschlaggebend für das Verhältnis von Wirklichkeit und Humanität.[493]

Die genannten Problemfelder wie Kunstgegenstand, Sensibilität und Phantasie, kritische Analyse und Wirklichkeitsverständnis können nicht ohne Kenntnis der historischen Entwicklung der Ästhetik- T h e o r i e n vorgenommen werden. Dies ist notwendig, um die Eigenarten normativer Ästhetik, die Schönheit als einen nicht mehr hinterfragbaren Wert setzen konnte z. B. gegenüber einer Ästhetik der Visuellen Kommunikation zu erkennen, für die der Begriff Schönheit nicht mehr existiert. Dazu gehört ebenso die Vermittlung der Grundlagen einer Ästhetik der Kritischen Theorie wie der Möglichkeiten und Grenzen numerischer oder informationstheoretischer Ästhetik. Die Vermittlung derartigen Wissens müßte jeweils im historischen und gesellschaftstheoretischen Kontext geschehen und nicht in der Wiedergabe von „Systemen".

So wäre als notwendiger Gegenstand der derzeitigen Kunstpädagogik aufzuzeigen, wie nach der „Abschaffung" des normativen Schönheitsbegriffes in der Kunsttheorie über die Stufe der Leugnung das Fehlen als Defizit empfunden und nachgewiesen wurde. Kunst könnte und dürfte dann keine „Existenzmitteilung" mehr vollziehen. Andererseits wird sie von Menschen immer noch und wieder neu als solche erfahren.

Max Benses umstrittener Begriff der „Mitrealität" könnte z. B. Ausgangspunkt derartiger Darlegungen und Diskussionen sein, da er seinen Begriff von „Mitrealität", eine Art Normativität, im ersten Teil seiner „Aesthetica" ins Zentrum seiner Überlegungen setzt. Aufgrund der Darlegung der „Mitrealität" kommt er zu dem Schluß, daß ein Kunstwerk prinzipiell nicht konstruierbar und nicht berechenbar sei. Im zweiten Teil der „Aesthetica" verschwand indessen die „Mitrealität" zugunsten reiner Rationalität mit der Folgerung, daß Transzendenz, Transformation, ein irrationaler Luxus sei. Doch jetzt fast zehn Jahre nach Erscheinen der „Aesthetica" taucht im Zusammenhang mit den Forschungen auf dem Gebiet der Semantik, der Frage nach der Bedeutung von Bedeutungen, die „Mitrealität" wieder zaghaft auf, und zwar als nicht definitive Wirklichkeit, als Möglichkeit.

Beurteilt man die Tendenz einer solchen Theorie im Kontext anderer zeitgenössischer Theoretiker wie z. B. Umberto Eco und Siegfried J. Schmidt,[494] so zeigt sich trotz des vermeintlichen Übergewichtes einer „wertfreien" Konstatierungsästhetik, daß die Suche nach der Wertigkeit der Kunst von neuem begonnen hat. Eco konstatiert für das Kunstwerk ebenso wie Schmidt eine grundsätzlich mehrdeutige Botschaft, als „Mehrheit von Signifikaten (Bedeutungen), die in einem einzigen Signifikanten (Bedeutungsträger) enthalten sind."[495] In gleicher Intention müht sich S. J. Schmidt den Begriff der „Polyvalenz" darzulegen, einer Mehrwertigkeit des Kunstwerks, deren Konstituenten mitsamt ihrem „(Kon-) Text nicht als Faktoren in Lebenszusammenhänge gehören, in denen jedes Geschichtenelement eindeutig pragmatisch funktionalisiert ist."[496] Der Zusammenhang mit dem Form-Begriff Adornos als Konstituens des Kunstwerks, das sich der Versklavung an die Empirie entzieht, ist auffällig. Diese Andeutungen können nur darauf hinweisen, daß die Begrifflichkeit keine verbindliche mehr ist und somit auch nicht als solche zu vermitteln ist. Da aber andererseits in der Ästhetik-Theorie der Gegenwart vielfältige Ansätze zu einer neuen Wertbestimmung der Kunst vorgenommen werden, müßte dieses

Gegenstandsfeld einen wesentlichen Inhalt der ästhetischen Reflexion darstellen, zumal die Anfrage danach bei Studierenden vorhanden ist, was z. B. zeichenhaft in den oft pervertierten Formen der Subkulturen zum Ausdruck kommt.

In einer ästhetischen Erziehung als Sinntheorie, die zum Ziel hat, die „condition humaine" zu erkennen und möglichst zu verwirklichen, hat die „Sinnfrage" ihren legitimen Platz. Methodisch würde im Rahmen der Kritischen Theorie das einfache Streichen von „Sinn" ebenso falsch sein, wie Versuche, ihn autoritär zu setzen. Die Frage nach dem „Sinn", der – Kantisch gesprochen – kein Dogma, sondern ein unausrottbares Interesse des Menschen ausdrückt, ist Aufgabe der Pädagogik. Max Horkheimer hat diese Frage seit 1950 unablässig beschäftigt, er hat sie auch als Frage nach dem geschichtlichen Schicksal dessen bezeichnet, was in der bürgerlichen Gesellschaft „Vernunft" heißt.[497] Ebenso gehört Rudolf Arnheim[498] zu den Autoren, die den Nachweis der Verkümmerung unserer Sehfähigkeit führen: Das führte dazu, daß die Welt als unlesbar, unverständlich und sinnlos dargestellt wird. Sie könne nur dann wieder zu einem Sinnträger werden, wenn es gelänge, die Einheit von sinnlicher Wahrnehmung und der vom Denken gemeinten Bedeutung erneut herzustellen, also, wenn die neue Sensibilität Wirklichkeit wird.

Gegenbewegungen gegen das Unbehagen und Ungenügen an der perfekten rational-technologisch ausgerichteten Gesellschaft sind in verschiedenartiger Zeichenhaftigkeit unter der Jugend zu treffen. Anliegen dieser Gruppen ist die – so scheint es – nicht mehr zugelassene Frage nach dem „Warum" und „Wozu" menschlichen Daseins.

Ästhetik-Theorie und Praxis der erlebbaren Phänomene lassen eine deutliche gemeinsame Tendenz erkennen: Die Ästhetik, die sich in der Kunst und Nicht-Kunst mit dem Phänomen der Erscheinungen befaßt, muß Methoden entwickeln, die die Frage nach dem Sinn einbeziehen. Sie hätte die Chance, Humanität neu zu interpretieren, zu umschreiben, um der krankhaften Sinnlosigkeit, von Psychologen als „noogene Neurose"[499] bezeichnet, entgegenzuwirken.

Im Negativkontrast kann das Krankheitsbild der Sinnlosigkeit beschrieben werden. Es hebt sich daraus die pädagogische Aufgabe umso deutlicher ab. In der Kurzformel eines Psychologen lautet die Analyse folgendermaßen: „Im Gegensatz zum Tier sagen dem Menschen keine Instinkte, was er tun muß; und im Gegensatz zum Menschen in früheren Zeiten sagen ihm keine Traditionen mehr, was er soll. Und manchmal scheint er nicht einmal mehr zu wissen, was er eigentlich will. Nur umso mehr ist er dann darauf aus, entweder nur das zu wollen, was die anderen tun – Konformismus –, oder aber nur das zu tun, was die andern wollen – v o n ihm wollen: Totalitarismus."[500]

Um den Menschen davor zu bewahren, darf die ästhetische Erziehung in der Deutung der Humanität sich nicht nur der Mittel der instrumentellen

Vernunft bedienen und Kritikbewußtsein schaffen, wie es die meisten Didaktiker anstreben, sondern muß mit den ihr eigenen Mitteln, z. B. der Kunst als Exploration des Möglichen als Alternative zur Wissenschaft die humane Dimension aufzeigen, den Willen zum Sinn, den „survival value"[501] stärken, d. h. humane, menschliche Phänomene und Empfindungen wie Freude und Leid, Schönheit und Genuß stärken und bilden.

Anders ausgesagt hießen diese von Gegnern allzu leicht als Allgemeinplätze und Floskeln oder Formeln bezeichneten Lösungen, daß sich für die ästhetische Erziehung, will sie nicht als Handlanger einer Ideologie dienen, Konsequenzen aus der folgenden Erkenntnis zu ziehen wären:

„Die Ästhetik wurde zum Inkognito, in das hinein sich nicht nur die konkrete, in den Abstraktionen von Wissenschaft und Technik ausgeklammerte Subjektivität rettete, sondern sie wurde auch zum geschichtlichen Ort, an dem in der ästhetischen Potentialität die Inhalte religiöser und methaphysischer Erkenntnis gegenwärtig blieben."[502] An dieser Stelle müßte der Neuansatz beginnen, indem die Konkretheit der Kunst aus ihrem Inkognito erlöst und die ästhetische Potentialität auf ihren Beitrag zur Sinnhaftigkeit befragt würde. Damit ist nichts anderes gesagt, als daß eine ästhetische Erziehung als Sinntheorie die das Gegenwärtige transzendierende Kraft haben muß und in ihrer Inhaltlichkeit auf ein zu bestimmendes humanes Ziel ausgerichtet ist.[503] Einige, dem Bereich des Ästhetischen eigene Neuansätze seien noch genannt, um die Vielfältigkeit der theoretischen Versuche aufzuweisen, die alle in eine gleiche Richtung führen.

Beispielhaft werden in den folgenden Aussagen ein Soziologe, ein marxistischer Philosoph, ein bildender Künstler, ein Schriftsteller und ein Pädagoge zu Wort kommen. Gemeinsam ist ihnen die Überzeugung der Werthaftigkeit der Kunst. Hier könnte ein Ansatz zu interdisziplinärer Forschung offengelegt werden.

Der Soziologe Konrad P f a f f weist nach, daß die Gesellschaft der Zukunft Kunst gebraucht,[504] sie sogar so notwendig hat wie Wissenschaft, Forschung und Bildung in Gesellschaften unentbehrlich sind, die ihre Mangelsituation primär überwunden haben.

In seiner Analyse zeigt er auf, daß die sozio-ökonomischen Strukturen dieser Gesellschaft bisher weitgehend die Reflexion über die Bedingungen der Existenz von ‚Kunst' nicht zugelassen haben und darin der Grund liegt, daß die Notwendigkeit noch nicht ausreichend anerkannt ist.[505] Als Qualitätsmerkmale schreibt Pfaff der Kunst als einem besonderen Symbolsystem providentiellen Modellcharakter für die Zukunft zu, das heißt für ihn, daß Kunst eine „sozialrevolutionäre Kraft" ist und dadurch zur „Änderung der Gesellschaft beitragen"[506] könnte. Er sieht den Grund für die mangelnde Bedeutung der Kunst in der Gegenwart darin, daß ihr keine Wirkmöglichkeiten gegeben werden, weil sie entweder in den totalitären

Staaten von der herrschenden Partei in Dienst genommen wird oder weil sie in unserer Gesellschaft als unverbindliches Prestigesymbol der Privatsphäre zugeordnet wird. „In beiden Gesellschaftsformen scheint ästhetische Produktion zu einer rein affirmativen Haltung und zu einer sich selbst bestätigenden Affirmation der Gesellschaft gezwungen zu sein. Erst wenn sich dies ändert, kann sie ihre Funktion als demokratisches Instrument der Bewußtseinsbildung erfüllen."[507] Pfaff schreibt der Kunst eine Lebensnotwendigkeit für den Menschen in dem Sinne zu, daß sie zum Instrument der Befreiung in der Selbsterfahrung des Menschen wird,[508] mit anderen Worten: die bereits erwähnte Sinnfindung mit Hilfe anthropologischer Kategorien. Der Kampf, der in der Kunst ausgetragen wird – ein ihr eigenes Qualitätsmerkmal[509] – ist „gleichbedeutend mit der Suche nach Identität und Solidarität, dem zentralen Ziel der modernen Psychotherapie. Identität finden, sich als Einheit zur Person integrieren, bedeutet, emanzipiertes Menschsein erwerben".[510] Damit wird in einem neuen Ansatz der Interpretation von Emanzipation versucht, die formale Leere von Humanität zu füllen.

Als weiterer Zeuge für einen gesellschaftlich zu begründenden Wert der Kunst kann als philosophischer Vertreter der in anderem Zusammenhang bereits erwähnte Marxist Roger Garaudy erwähnt werden, der die obige Zielsetzung mit der ihm eigenen Begrifflichkeit der Kunst als „Mythos" beschreibt und nachweist.

Unter Mythos versteht er „jeden symbolischen Bericht, der den Menschen daran erinnert, daß er seinem Wesen nach schöpferisch, d. h. zunächst für die Zukunft, die er erfindet, bestimmt ist und nicht durch die Vergangenheit der Gattung, in der er einfach von seinen Trieben und seinen Begierden bestimmt war."[511] Dieser Mythos, zu dem „jedes große Kunstwerk"[512] als eine besondere Gestalt der Ausprägung gehört, hat folgende Charakteristika: Er (der Mythos) bezeugt eine neue Dimension des Seins „in der Wirksamkeit der Zukunft", also in seinem ihm eigenen utopischen Charakter, „er ist Sprache der Transzendenz des Menschen in seinem Verhältnis zur Natur" und dadurch „Möglichkeit eines absoluten Neubeginns".[513] Der Mythos schafft mit Hilfe von Symbolen neue Modelle, die nicht auf den Begriff reduzierbar sind. Dieselbe Aussage wäre übereinstimmend von Beuys anzuführen, wenn er auf den Unterschied von Sprache und Bild hinweist, von Denken und Handeln und fordert: „Am wichtigsten ist für mich, daß der Mensch anhand seiner Produkte M o d e l l e erfährt, wie er am Zusammenhang des Ganzen mitwirken kann und nicht nur Artikel produziert . . ."[514] Das, was der Mythos durch Symbole sagt, kann also nicht auf einen Bericht in Begriffen reduziert werden, sagt Garaudy, „dieser Unterschied ist entscheidend",[515] und somit auch als Qualitätsunterschied entscheidend für Kunst gegenüber Objekten Visueller Kommunikation. Zusammenfassend trifft die Aussage Garaudys – nach intensiven philosophischen Darlegungen, die hier nicht im einzelnen angeführt werden können – den Kern der hier angestrebten Begründung des Auftrags für ästhetische Erziehung: Der Mythos „ruft uns auf, nicht nur Hersteller von Objekten oder Errechner von Beziehungen zu sein, sondern Sinn zu setzen und Zukunft zu schaffen".[516] Da das Kunstwerk für Garaudy zu den Mythen gehört, besitzt es den schöpferischen und utopischen Charakter, der von keiner Gesellschaft ohne weitreichende Verluste vernachlässigt werden kann: „Die Kunst ist durch die Konstruktion von Mythen eine exemplarische Form des schöpferischen Aktes des Menschen, der die Zukunft des Menschen errichtet; daher ist die Erarbeitung einer Ästhetik für den Marxismus kein Luxus",[517] und nicht nur für den Marxismus!

Versucht man, die Künstler in ihrem Selbstverständnis zu befragen, unter ihnen den schon genannten Joseph Beuys, so ist für ihn „Kunst jedwede Tätigkeit, die vorgegebene Vorstellungen überwindet", also „Stein des Anstoßes"[518] aufgrund ihrer innovierenden Möglichkeit. In der Abgrenzung vom Vorgegebenen trifft Kunst die Wirklichkeit, indem sie Andersartigkeit für die Zukunft aufzeigt. Diese Aufgabe der Kunst bezeichnet Beuys als die ihr eigene ‚humane', die eng an den Menschen und ein „Menschenbild"[519] gebunden ist, das – negativ umschrieben – „im herrschenden Wissenschaftsbegriff keinen Platz hat. Und dazu bedarf es der ästhetischen Erziehung des Menschen."[520] Der Mensch, die Auffassung vom Menschen, was er ist und sein soll, ist inhaltliche Zielbestimmung der Humanität und damit Richtschnur für die ästhetische Erziehung, die dieses Ziel hat.

Beuys legt sein Menschenbild soweit fest, daß für ihn der Mensch nicht nur formaler und logischer Natur ist, so daß man von ihm nicht wie im positivistischen Wissenschaftsbegriff abstrahieren kann, sondern er steht im Mittelpunkt und hat durch eine Art „Kreativikum" den Nachweis zu erbringen, durch eine persönliche Tat den Denkbestand als konkret erfahrbar darstellen zu können.[521] Damit eng zusammen hängt der Freiheitsbegriff, der – durch Kunst vermittelt – kein formaler mehr ist und sein darf: „Freiheit ist die Fähigkeit des Menschen, neue Ursachen zu setzen. Aus dem schon Vorgegebenen kann nicht Neues kommen."[522]

Eine derartige, bei vielen Künstlern anzutreffende Auffassung ihres und der Kunst Selbstverständnis, gibt ihnen ein Sendungsbewußtsein und läßt sie nicht davor zurückscheuen, das bisher verpönte Wort „Weltanschauung" zu einem „Schlüsselwort zukünftiger Kunst werden"[523] zu lassen. Musiker und Maler sind sich darin einig, wie z. B. Stockhausen, Penderecki und Zimmermann, Joseph Beuys und Asger Jorn, daß sie der Kunst als Alternative zur Wissenschaft für die Zukunft der Gesellschaft einen neuen Stellenwert geben, weil „die Wissenschaft nicht mehr herausfinden (kann), was ihre Spielregeln sind und was das Spiel selbst. Die Verwirrung, die hier herrscht, resultiert aus der Entdeckung, daß man die natürlichen Phänomene nicht als absolut auffassen kann".[524] Kunst tritt als „Helferin des

Lebens",[525] als sinnvermittelnde Institution, in eine Umwelt der instrumentellen Vernunft. Sie muß die „Wege zu einer neuen humanitas mit den Stilmitteln der enthumanisierten Kunst schaffen".[526]

Die hier von den Künstlern wiedergegebene Auffassung trifft sich mit der des Soziologen, daß Kunst als Möglichkeit der Befreiung zur Ich- und Identitätsfindung, also zur Sinnerfahrung als dem konkreten Inhalt anzustrebender Humanität führen kann.

Heinrich Böll gehört auch zu denen, die sich in alarmierendem Ton mit der Kunstfeindschaft beschäftigen. In seiner Stockholmer Nobelpreisrede[527] protestierte er entrüstet gegen die scheinbar antiimperialistischen Versuche, „die Poesie, die Verkörperung, die Sinnlichkeit, die Vorstellungskraft und die Schönheit zu denunzieren", gegen jene also, die er die „neue manichäische Bilderstürmerei nennt, die alles daran setzt, „uns die ganze Kunst zu nehmen". Sie „würde nicht nur uns berauben, auch die, für die sie tut, was sie glaubt, tun zu müssen."[528] Diejenigen, die Kunst und Literatur durch Dokument und Protokoll ersetzen möchten, werden gemahnt, diesen ihren Weg der gesellschaftlichen Veränderung nicht absolut zu setzen und Kunst und Literatur nicht zu eliminieren, weil sie nach ihrer Meinung nicht sogleich und unmittelbar zur angestrebten Weltveränderung beitragen. Böll's Warnung vor der Zerstörung der Poesie gilt ebenso als Warnung vor der Zerstörung oder Abschaffung der Kunst in der Kunstpädagogik: „Man mag für sich selbst, um einen ästhetischen Weg der Veränderung zu wählen, auf Kunst und Literatur verzichten. Man kann das nicht für andere, bevor man ihnen nicht zur Kenntnis oder Erkenntnis gebracht hat, auf was sie verzichten sollen."[529] Wenn dieser Verzicht aber in Lehrplänen verordnet wird, dann ist damit eine Innovationsmöglichkeit – bewußt oder unbewußt – per Anordnung abgeschafft. Mit Böll's Worten „soll dieser der Kunst eigene Explosivstoff" der den Zusammenhang des Denkens mit Adorno und Marcuse nachweist, wiedergegeben werden:

„Nicht aus bloßer Spielerei und nicht nur, um zu schockieren, haben Kunst und Literatur immer wieder ihre F o r m e n gewandelt, im Experiment neue entdeckt. Sie haben auch in diesen Formen etwas verkörpert, und es war nie die Bestätigung des Vorhandenen und Vorgefundenen; und wenn man sie ausmerzt, begibt man sich einer weiteren Möglichkeit: der List. Immer noch ist die Kunst ein gutes Versteck: nicht für Dynamit, sondern für geistigen Explosivstoff und gesellschaftliche Spätzünder. Warum wohl sonst hätte es die verschiedenen Indizes gegeben? Und gerade in ihrer verachteten und manchmal sogar verächtlichen Schönheit und Undurchsichtigkeit ist sie das beste Versteck für den Widerhaken, der den plötzlichen Ruck oder die plötzliche Erkenntnis bringt."[530]

Demgegenüber scheint es, daß gerade Pädagogen in der Folge neuer Lerntheorien und Lernmodelle die Kunst abschaffen wollen. Dieser gegenwärtig besorgniserregende Trend soll deshalb von seiten eines Pädagogen und Literaturwissenschaftlers, der ihn zu erkennen glaubt, aufgezeigt werden.[531] „Lernziel" und „Curriculum", die seit Jahren in keiner Pädagogik mehr zu missenden Schlüsselbegriffe, haben bisher noch kaum bedachte Rückwirkungen auf das Verhältnis des Menschen zur Kunst und ihrer Wertung in der Gesellschaft. Mit der Definition des „Curriculum" ist auch bereits bezogen auf das Thema „Kunst" seine Fragwürdigkeit gegeben: Das Curriculum soll die vollkommene Rationalität und Transparenz des Lernprozesses garantieren einschließlich einer vollkommenen Erfolgskontrolle an den erworbenen oder nicht erworbenen Qualifikationen des Verhaltens. Die Schwierigkeit aber, ein solches ideales Curriculum zu konstruieren, liegt in der Hierarchie der Lernziele und das ist widerum typisch für deduktive Verfahren überhaupt.

Sehr leicht ist ein oberstes – inhaltsleeres – Lernziel wie Humanität oder Emanzipation zu setzen. Das Deduktionsproblem der Curriculumtheorie bleibt dennoch ungelöst. Die Problematik liegt weiterhin darin, daß in der neuen didaktischen Theorie ein Lernziel völlig indifferent gegenüber den Lerninhalten sein kann, die als Mittel zur Erreichung dieses Zieles eingesetzt werden. Aus diesem Grunde verpflichten die neuesten Richtlinien den Pädagogen nur auf die „operationalisierten" Lernziele. Lerninhalte oder „Stoffe" werden dabei weitgehend vernachlässigt. Dies bedeutet, daß die obersten Lernziele in der Regel von der Gesellschaftspolitik her bestimmt sind, was auch an den politischen Begriffen wie „Mündigkeit", „Emanzipation" und „Solidarität" abzulesen ist. In diesem Zusammenhang sind alle die Disziplinen aktuell, die unmittelbar und mittelbar die Gesellschaft zu ihrem Gegenstand haben oder machen können, um die oben genannten gesellschaftlichen Lernziele durch eine anpassend-affirmative oder eine kritisch-negative Haltung zu erreichen.

Hier liegt im Rahmen der pädagogischen Theorie ein Grund für das gegenwärtige Überwiegen von sog. „gesellschaftlichen" Inhalten wie Werbung, Massenmedien, Design im Fach Kunst- und Designpädagogik gegenüber Inhalten der Kunst. Mit den neuen Inhalten scheint sich die geforderte „gesellschaftliche Relevanz" eindeutiger oder auch eindimensionaler nachweisen zu lassen. Harald Weinrich behauptet in einem leicht ironischen, aber sehr ernst zu nehmenden Vergleich, daß der gesellschaftliche Relevanzbeweis in unserer Welt ungefähr die gleiche Bedeutung zu haben scheint wie der Gottesbeweis für die scholastischen Philosophen des Mittelalters.[532] So läßt sich einsichtig erklären, daß mit Hilfe des von Linguisten und Informationstheoretikern entwickelten Kommunikationsbegriffes der ehemalige Kunstunterricht sehr schnell in ein Curriculum der „Visuellen Kommunikation" verwandelt und an die obersten gesellschaftlichen Lernziele angebunden werden kann.

Der Musikunterricht wurde in Analogie zur „akustischen Kommunikation." – Demgegenüber sehen sich Literatur-Didaktiker oder Kunst-Didaktiker in einem neuen Rechtfertigungszwang unter der Frage: Wo bleibt die „gesellschaftliche Relevanz? " Vorab kann sofort zugegeben werden, daß gesellschaftlicher und privater Nutzen sich der Eindeutigkeit einer Berechnung entziehen, da es nichts zu deduzieren gibt. Der Begründung dieses Sachverhaltes dient der vorliegende Text, der – gegenüber der Deduktionsmethode – den Ansatz der Kritischen Theorie bevorzugt, in deren Rahmen Kunst als eine Wertkategorie nachgewiesen werden kann – jedoch ohne Berechnung.

Wenn zu den dargestellten Charakteristika der Kunst ihre Mehrdeutigkeit und ihr Doppelcharakter gehören, so bieten sie gleichzeitig die Nichtübereinkunft mit einer Curriculum-Theorie zweckrationaler Lernziele, die nur literarische und künstlerische Texte verwenden können, die sich auf die abstrakte Formel e i n e s Lernziels bringen lassen. Kunst widersetzt sich kraft ihrer Eigenart diesem geforderten Ansatz, denn die Form ihrer Rezeption ist nicht bis ins letzte festzulegen.

Sollte die Darlegung des Kunstwertes als Inhalt der Kunstpädagogik überzeugt haben, bleibt die Frage einer diesem Inhalt angemessenen Curriculum-Theorie noch offen, sei es nun ein „offenes Curriculum", das auf ein unbekanntes Lernziel zu orientieren wäre oder aber auf ein negatives Lernziel, das laut H. Weinrich etwa lauten könnte: „Irritation der (gesellschaftlichen) Begriffe durch sinnliche Anschauung."[533] Damit würde die Negation der Kritischen Theorie auf dem Gebiete der Kunst und Literatur mit der Möglichkeit der innovierenden Kraft eingesetzt, ohne diese zu operationalisieren.

4.5. Ästhetische Erziehung als Sinntheorie

Die aus dem zuvor Dargelegten Konsequenzen sind folgende:

1. Ästhetische Erziehung, die sich mit dem Gegenstand Kunst befaßt, besitzt die Möglichkeit, gegen die Sinnlosigkeit menschlichen Daseins anzugehen, die mit der Herrschaft der instrumentellen Vernunft vorgegeben ist.

Zu unterscheiden ist dabei, was und welche Art von Kunst im Gegenstandsbereich gemeint ist. Eine Erarbeitung von Kriterien zwischen Kunst- und Nichtkunst aufgrund des Formbegriffs ist dazu notwendig.

Als integrierender Bestandteil gehören die Methoden des Vorgehens bei der Produktion mit zur Formanalyse, ebenso die Intention des Künstlers. Das Lernziel besteht darin, den Mut zu qualitativen Beurteilungen gegenüber den überwiegend quantitativen zu fördern.

Negative, der innovierenden Kraft von Kunst entgegenstehende Methoden wie „technisches" Sehen in Produktion wie Rezeption und „kausales Denken", die als Charakteristika unserer Zeit auch in die Kunst eingezogen sind, müssen berücksichtigt werden. Seh- und Denkweisen lassen keine Wahl oder Freiheit mehr zu, sondern der Nutzwert ist bestimmend, während der Deutungswert gleich Null wird. Die Folge ist: Das Kunstwerk wird zur Ware,[534] d. h. es wird an das Vorhandene angepaßt ohne Innovationswert auf Zukunft hin.

2. Ästhetische Erziehung ist von besonderer gesellschaftlicher, nicht bestimmter politisch-ideologischer Wirksamkeit, durch die dem Gegenstand ‚Kunst' eigene Ambivalenz oder Mehrdeutigkeit.

Anthropologische Deutungswerte als Inhalt der ästhetischen Erziehung als Sinntheorie erfordern ein andersartiges pädagogisches Vorgehen als rationale Werte, die eindeutig auf ein Ziel hin operationalisierbar sind.

Das ambivalente Bild, dem oft – aus der Sicht der instrumentellen Vernunft – seine nicht e i n -deutige Bestimmbarkeit als Mangel vorgeworfen wird, bietet andererseits eine Freiheit, die Wahl gewährleistet. Die lange Zeit vorgezogene einseitige Kultivierung des Praktikablen und Nützlichen zerstört den Menschen, weil eine solche Denk- und Erkenntnisweise, absolut gesetzt, die Freiheit liquidiert. Eine Gesellschaft, die den Pluralismus widersprechender Meinungen ohne Wertsetzungen toleriert und dem Menschen die Sinndeutung der Welt durch ein Überangebot an Konsumgütern ersparen will, wird unerträglich. Pädagogisch bedeutet diese Forderung vom Lehrenden sein eigenes Wertsystem begründet darzulegen und den Lernenden zu bestärken, Mehrdeutigkeit und Offenheit auszuhalten, um in eigener Verantwortung sich bewußt zu Entscheidungen bekennen zu können.

3. In den gegenwärtigen Neuordnungen und Reformvorschlägen der Erziehungsbereiche taucht eine so verstandene ästhetische Erziehung als Sinntheorie (noch) nicht auf. Diese Darlegungen sollten zu ihrer notwendigen Begründung und konkreten Forderung in der Lehrpraxis dienen.

Wie anhand der Eigenart der gegenwärtigen Curriculumtheorie gezeigt werden konnte, sind Hochschulrahmengesetz, Strukturpläne für das Bildungswesen, Richtlinien und Empfehlungen, Studienordnungen und Fachdidaktiken in ihren Funktionsträgern noch weithin der Meinung „die Künste spielten weiter ihr l'art pour l'art, ihr Schattenleben in der Abstraktion, sie seien im Zeitalter der Wissenschaften zur Bedeutungslosigkeit verurteilt,"[535] weil ohne sog. gesellschaftliche Relevanz.

Im eigenen Selbstverständnis der Kunstpädagogik aber wird immer noch eine späte Rechtfertigung der ihr im Zuge der musischen Bildung abgesprochenen Wissenschaftlichkeit versucht, so daß hier mit gebührender Verspätung ein Trend zur Verwissenschaftlichung versucht wird, den es vielmehr als Gefahr zu bannen gilt. Ein Mißverständnis liegt u. a. darin, daß die Existenzberechtigung einer w i s s e n s c h a f t l i c h e n Didaktik unbedingt mit den, dem Gegenstand Kunst nicht angemessenen Methoden der instrumentellen Vernunft, d. h. der Quantifizierbarkeit in höchster Verfeinerung, versucht wird. Es gab und gibt für die Kunst eigene wissenschaftliche Methoden, wie in den Ansätzen der Kritischen Theorie gezeigt werden konnte.

Ästhetische Erziehung darf nicht einseitig funktionelles Denken übernehmen, sondern muß das Einüben des Schöpferischen als seine spezifische Aufgabe ansehen. „Die Künste müßten den Wissenschaften zu der Einsicht verhelfen, daß nicht so sehr die Resultate, die Statistiken, die Formeln vermittelt werden sollten, vielmehr die schöpferischen Prozesse, die zu ihrer Auffindung führten. Die Kunst hat der Wissenschaft vorexerziert, daß das Anbieten von fertigen Resultaten, von Theoremen antihuman ist, daß es schöpferische Regungen erstickt."[536] Die marxistischen Theoretiker wie Kagan haben eigene Methoden der ästhetischen Erziehung im Unterschied zu denen der übrigen Wissenschaften sehr viel besser und weiter entwickelt als dies bei uns geschieht.

Als weiteres gesellschaftliches Merkmal, das Kunst und ästhetische Erziehung herausfordert, ist anzufügen, daß der Spezialisierungsprozeß in den Wissenschaften die Kommunikation der Menschen von Tag zu Tag mehr erschwert, auf einigen Gebieten bereits gar nicht mehr möglich macht. Die gesellschaftliche Aufgabe der Kunst läge darin, für die Menschen der Zukunft neue geistige Kommunikationsmöglichkeiten zu schaffen, um der lebensbedrohenden Vereinzelung und Isolierung abzuhelfen: Kunst als Hilfe zur Solidarisierung. Die Kooperation mit den Soziologen hätte an dieser Stelle anzusetzen. – Nimmt man die weiteren Mangelerscheinungen unserer Gesellschaft, die Menschsein, Humanität verhindern, auf, so zeigt sich, daß die Anschauung des Menschen durch die nur noch in abstrakten Zahlenverhältnissen sich ausdrückende Wissenschaft mit Hilfe der geistig-sinnlichen Erscheinungsform der Künste neu gebildet werden muß. Das „optische Zeitalter"[537] – als eine Überflutung von Bildern – gibt keine Antwort, denn es geht darum, ein neu entstehendes Weltbild zu erkennen, zu vermitteln, Werte und Sinn zu suchen und zu begründen und nicht den Menschen durch Quantitäten zu töten.

Anmerkungen:

1. H. von Hentig, Lernziele im ästhetischen Bereich, in: Kunst und Unterricht 11, 1971, Beilage.
2. Paul Ricoeur, Prévision économique, in: Ésprit, Februar 1966, S. 188
3. Georg Lukaćs hat unter diesem Terminus „Über die Besonderheit als Kategorie der Ästhetik" im Jahre 1950 ein Buch herausgegeben, in dem er „Das Besondere als zentrale Kategorie der Ästhetik" – vgl. S. 205–232 – herausstellt und im folgenden dann konkretisiert, vgl. S. 233–388
4. Vgl. einerseits Hans Sedlmayr, „Verlust der Mitte", andererseits: documenta V in Kassel 1972: „Kunst ist überflüssig."
5. Friedrich Schiller, Über die ästhetische Erziehung des Menschen, Stuttgart 1965, S. 16. – Die gesamten 27 Briefe, die Schiller im Jahre 1795 verfaßt hat, befassen sich mit der Möglichkeit eines Ausgleichs von Vernunft und Sinnlichkeit. An anderer Stelle wird ausführlicher darauf einzugehen sein.
6. Friedrich Schiller, a.a.O., S. 31
7. Georg Scherer, Gegen das Monopol instrumenteller Vernunft, in: Herderkorrespondenz Heft 4, April 1972, S. 189
8. Georg Scherer befaßt sich in dem in Anm. 7 genannten Aufsatz mit der immer mehr zunehmenden instrumentalistischen Bildung und möglichen Alternativen, wobei er in der ästhetischen Erziehung den Ansatz einer dieser Alternativen sieht.
9. Georg Scherer, a.a.O., S. 190
10. Sein für die Analyse der gesellschaftlichen Situation wichtigstes Werk ist „Der eindimensionale Mensch, Studien zur Ideologie der fortgeschrittenen Industriegesellschaft", Neuwied/Berlin 1970, erschienen 1964. Aber auch in seinem früheren Werk „Triebstruktur und Gesellschaft", Frankfurt 1970, erschienen 1955, befaßt er sich mit „der Herrschaft des Realitätsprinzips", vgl. S. 17–26 und zu möglichen Gegenprinzipien: vgl. „Jenseits der Realität", S. 129–233, insbesondere „Phantasie und Utopie" sowie die „ästhetische Dimension."
11. Herbert Marcuse, Die neue Sensibilität, in: Versuch über die Befreiung, Frankfurt 1969, S. 43–76 und Herbert Marcuse, Kunst und Revolution, in: Konterrevolution und Revolte, Frankfurt 1973, S. 95–154
12. Georg Scherer, a.a.O., S. 190
13. Georg Scherer, a.a.O., S. 191. Vgl. Strukturplan für das Bildungswesen, Bonn 1970
14. Heinz Robert Schlette, Utopisches Denken und konkrete Humanität, in: Concilium, Heft 5, Mai 1972, S. 356
15. Jean Améry, Gewalt und Gefahr der Utopie, in: Widersprüche, Stuttgart 1971, S. 96
16. H. R. Schlette, a.a.O., S. 359 – Schlette schließt sich mit dieser Argumentation Martin Buber an, der von dem „realistischen Charakter" der Utopie spricht, „soweit sie philosophisch ist". Martin Buber, Pfade in Utopia, in: Werke I, München/Heidelberg 1962, S. 844
17. H. R. Schlette, a.a.O., S. 360
18. Jean Servier, Der Traum von der großen Harmonie, Eine Geschichte der Utopie, München 1971, S. 342
19. J. Servier, a.a.O., S. 347
20. J. Servier, a.a.O., S. 346/7 – An dieser Stelle ist auch die Literaturgattung der Science-Fiction zu nennen, die zur Utopie in enger Beziehung steht, indem sie die unaufhaltsame Macht des Fortschritts darstellt. Sie ist der volkstümliche Ausdruck jenes Verlangens, vor der Gegenwart zu fliehen und die Zukunft mit dem Ideal des ‚Superman' vorzugaukeln. Die Science-Fiktion-Literatur malt eine paradiesische Zukunft aufgrund einer grenzenlos optimistisch eingeschätzten Entwicklung der Wissenschaft.

21. J. Servier, a.a.O., S. 347
22. J. Servier, a.a.O., S. 347 – Servier stützt sich hier auf S. Freud, Die Zukunft einer Illusion, Fischer Bücherei Nr. 6054, S. 111
23. Herbert Malecki, Spielräume, Frankfurt 1969, S. 106
24. Max Bense, Einführung in die informationstheoretische Ästhetik, rde 320, S. 8. – Max Bense begreift „Konstatierungsästhetik" als materiale Verwirklichung der Ästhetik, d. h. als Objektivation von Kriterien, welche sich konkret am Objekt konstatieren lassen.
25. Max Bense, a.a.O., S. 7
26. Max Bense, a.a.O.: „Man hat daher nicht nur von ‚mathematischer' sondern auch von ‚technologischer' Ästhetik gesprochen. Angemessener wäre die Bezeichnung ‚wissenschaftliche Ästhetik', um zu sagen, daß hier die Theoriebildung dem Korrektiv des Experiments oder der Erfahrung ausgesetzt werden kann ... So ist diese Ästhetik als eine o b j e k t i v e und m a t e r i a l e Ästhetik gedacht, die nicht mit spekulativen sondern mit rationalen Mitteln arbeitet." (S. 7/8) – Auf den sich von Bense wiederum abgrenzenden Ansatz einer kommunikationstheoretischen Ästhetiktheorie, wie sie Siegfried J. Schmidt vertritt, kann hier nicht näher eingegangen werden als einzig mit dem Hinweis, daß ihre Ansätze umfassender und ihre Methoden differenzierter sind als bei der auch von Schmidt kritisierten Theorie Benses. Vgl. u.a. Siegfr. J. Schmidt, Der philosophische Begriff des Schönen und des Häßlichen in Adornos ‚Ästhetischer Theorie'. in: Zeitwende 43, 1972, Heft 2, S. 94–104
27. Moissej Kagan geht es in seinen in Kapitel 3 noch ausführlich einzubringenden Überlegungen gerade darum, die qualitative Andersartigkeit wissenschaftlicher und künstlerischer Wahrheit nachzuweisen, wobei die wissenschaftliche Wahrheit mit ihrem Kriterium der Meßbarkeit in der Übereinstimmung nur den Anspruch der Wahrhaftigkeit für sich stellen kann.
28. Max Bense, a.a.O., S. 8
29. Jürgen Habermas, Erkenntnis und Interesse, Frankfurt 1968, S. 9
30. Hans Giffhorn, Kritik der Kunstpädagogik, Köln 1971, S. 40
31. Hans Giffhorn, a.a.O., S. 40; vgl. Max Bense, Aesthetica, Baden-Baden 1965, S. 33 f und 321 ff; vgl. Hans Ronge, (Hrsg.) Kunst und Kybernetik, Köln 1968, S. 193 ff.
32. Hans Ronge hat in „Kunst und Kybernetik" den Erfahrungsbericht über drei aus Anlaß der Auseinandersetzung mit der Informationsästhetik stattgefundenen Kunsterziehertagungen in Recklinghausen in den Jahren 1965–1967 zusammengefaßt, bekannt unter dem Namen ‚Ronge-Kreis'.
33. Hans Ronge, a.a.O., S. 229
34. Walter Benjamin, Das Kunstwerk im Zeitalter seiner technischen Reproduzierbarkeit, Frankfurt 1969[3], S. 20. – „Der einzigartige Wert des e c h t e n Kunstwerks hat seine Fundierung im Ritual, in dem es seinen originären und ersten Gebrauchswert hatte." (S. 20) ... „die technische Reproduzierbarkeit des Kunstwerks emanzipiert dieses zum ersten Mal in der Weltgeschichte von seinem parasitären Dasein am Ritual." (S. 21) ... „An die Stelle ihrer Fundierung aufs Ritual tritt ihre Fundierung auf eine andere Praxis: nämlich ihre Fundierung auf die Politik." (S. 21)
35. Herbert Malecki, a.a.O., S. 87. – Walter Benjamin hatte bereits aufgezeigt, wie nach der Lösung der Kunst vom Ritual die Kunst in dieser Krise mit einer neuen „Theologie der Kunst" reagierte, in jenem Falle der Lehre vom l'art pour l'art. „Aus ihr ist dann gerade eine negative Theologie in der Gestalt der Idee einer ‚reinen' Kunst hervorgegangen, die nicht nur jede soziale Funktion, sondern auch jede Bestimmung durch einen gegenständlichen Vorwurf ablehnt." a.a.O., S. 20
36. Max Bense, a.a.O., S. 7 „Hegel, Logik I".

37. Vgl. Günter K. Lehmann, Zu einigen informationstheoretischen Aspekten in der Ästhetik, in: Deutsche Zeitschrift für Philosophie 13, 1965, Heft 10/11, S. 1227–1244
38. Max Bense, a.a.O., S. 66–70
39. Max Bense, a.a.O., S. 69
40. Siegfried J. Schmidt, Ästhetizität, München 1971, S. 55
41. Siegfried J. Schmidt, a.a.O., S. 56
42. „Musische Erziehung", in: Lexikon der Pädagogik, Freiburg 1960, 3. Bd. Sp. 557–561, Verf. F. Pöggeler. – „Musisch-ästhetische Bildung", in: Fischer-Lexikon Pädagogik, Frankfurt, 1964, S. 197–204 – „Ästhetische Erziehung", in: Lexikon der Pädagogik, Freiburg 1970, Sp. 114. – „Ästhetische Erziehung", in: Kulturpolitisches Wörterbuch, Dietz-Verlag, Berlin 1970, S. 135/6 – Hans Giffhorn, Kritik der Kunstpädagogik, Zur gesellschaftlichen Funktion eines Schulfachs, Köln 1972
43. H. K. Ehmer (Hrsg.), Visuelle Kommunikation, Beiträge zur Kritik der Bewußtseinsindustrie, Köln 1971, S. 8
44. Hans Giffhorn, a.a.O., S. 15
45. Hans Giffhorn, a.a.O., S. 15, zitiert sind Aussagen von Gunter Otto, Wilhelm Ebert und aus verschiedenen Kolloquien.
46. Hans Giffhorn, a.a.O., S.,16. Forderung der Adhoc-Gruppe IKAe und AfE Frankfurt, Visuelle Kommunikation – zur gesellschaftlichen Begründung eines neuen Unterrichtsfachs, in: Ästhetik und Kommunikation 1/2, 1970, S. 20
47. Hans Giffhorn, a.a.O., S. 16, Argumentation der Adhoc-Gruppe Frankfurt, a.a.O., S. 16
48. in: Lexikon der Pädagogik, Freiburg 1960, Sp. 557
49. H. K. Ehmer, a.a.O., S. 7. Die mangelnde oder gar nicht unternommene Begründung des Wertes der Kunst, ihre Selbstverständlichkeit wurde ihr jetzt zum Verhängnis, indem man sie fast kommentarlos zugunsten einer Visuellen Kommunikation streichen oder unterordnen konnte.
50. Friedrich Schiller, Über die ästhetische Erziehung des Menschen, Stuttgart 1965
51. Hartmut von Hentig und in seiner Nachfolge Diethart Kerbs beziehen sich in ihren Forderungen des Zusammenhangs der ästhetischen Erziehung als politischer auf Schillers Briefe von 1795.
52. in: Kulturpolitisches Wörterbuch, Berlin 1970. S. 135/6
53. Vgl. C. Schwens, Kunstgeschichte und Kunsttheorie im Rahmen pädagogischer Bildung, in: Zeitschrift für Kunstpädagogik Heft 4, 1972, S. 181–187
54. H. K. Ehmer, a.a.O., S. 8
55. Heino R. Möller, Kunstunterricht und Visuelle Kommunikation, Begründung eines neuen Unterrichtsfaches, in: H. K. Ehmer, a.a.O., S. 363/4. Ein Umspringen von quantitative in qualitative Dimensionen wird hier wie selbstverständlich vorgenommen.
56. H. K. Ehmer, a.a.O., S. 8
57. Vgl. Anm. 56
58. Dazu gehören die im Literaturverzeichnis genannten Bücher und Aufsätze von Hans Giffhorn, Gunter Otto, Hermann K. Ehmer, Heino R. Möller, Kurt Staguhn, Diethart Kerbs, Fritz Straßner, Hartmut von Hentig und Wolfgang Roscher, auf deren Aussagen zur ‚ästhetischen Erziehung' im dritten Teil der Arbeit eingehender Bezug genommen wird. – Untersucht man den Text der neuen „Richtlinien Kunst/Design" für die Hauptschule (1973) so kann man 82mal das Adjektiv ‚ästhetisch' zählen, wo es bei gleicher Textlänge in den Richtlinien von 1968 3mal auftauchte.
59. Die Zitate finden sich in fast allen der genannten Publikationen, wenn auch in unterschiedlicher Häufigkeit und Verteilung. Im Sommersemester 1972 wurde in einem von mir veranstalteten Seminar zum Thema „Ästhetische Erziehung" an

der Pädagogischen Hochschule Ruhr, Abteilung Essen ein Fragebogen entwickelt, mit dem diese Publikationen auf ihre Aussagen über ‚ästhetische Erziehung' untersucht wurden.

60. Vgl. Abschnitt 1.2.3: Informationsästhetik
61. Eberhard Bartke, Über den Grundstreit der modernen Ästhetik, in: Kunst und Literatur 9, 1961, Heft 11, S. 1129 und 1132 und vgl. M. Kagan, Kap. 3 dieser Arbeit
62. Herbert Marcuse, Triebstruktur und Gesellschaft, (TG) Frankfurt 1970, S. 143
63. TG, S. 171
64. TG, S. 171 und Kap. „Phantasie und Utopie", S. 140–157
65. TG, S. 172 und „Die neue Sensibilität" in: Herbert Marcuse, Versuch über die Befreiung, Frankfurt 1969, S. 43–76
66. I. Kant, Kritik der Urteilskraft, Sämtl. Werke V, Leipzig 1867
67. TG, S. 172/3. Kant gibt in der Einleitung zur „Kritik der Urteilskraft" diese Ableitung der ästhetischen Funktion, vgl. dort Anm. 5, S. 182 ff.
68. TG, S. 173
69. TG, S. 173
70. TG, S. 175 vgl. dort auch Anmerkung 3 auf S. 175
71. Bei der Zuordnung von ästhetischer Wahrnehmung und Lust müßte gefragt werden, ob nicht ebenso selbstverständlich die Zuordnung von ästhetischer Wahrnehmung und Unlust einzubringen wäre.
72. TG, S. 175/6
73. Vgl. Kap. 2.2, Die neue Sensibilität auf dem Wege zur neuen Gesellschaft. – In dem soeben erschienenen Buch: Marcuse, „Konterrevolution und Revolte", Frankfurt 1973, führt der Autor im Kapitel „Kunst und Revolution" (S. 95–148) die Rolle der Kunst in der Revolution und damit bei der Neubildung der Gesellschaft intensiv aus.
74. TG, S. 191
75. H. Marcuse, Der eindimensionale Mensch, (EM) Neuwied/Berlin 1970, S. 139 ff: Das eindimensionale Denken.
76. TG, S. 171 zum Problem: Verstand und Sinnlichkeit.
77. H. Marcuse, Versuch über die Befreiung, Frankfurt 1969, S. 43–76: Die neue Sensibilität.
78. Versuch über die Befreiung (VB), S. 41
79. VB, S. 43
80. VB, S. 40
81. VB, S. 10/11
82. VB, S. 33/34
83. VB, S. 21–41, I. Eine ‚biologische Grundlage des Sozialismus', bes. S. 34
84. Das Elend der kritischen Theorie, Freiburg i. Br. 1970, S. 78
85. a.a.O., S. 78
86. VB, S. 43
87. Wenn Menschen sie ausführen, „die physiologisch und psychologisch fähig sind, die Dinge und sich selbst außerhalb des Zusammenhangs von Gewalt und Ausbeutung zu erfahren." VB, S. 45
88. VB, S. 45/6
89. VB, S. 43
90. Die von Marcuse selbst gegebene Definition dessen, was ästhetisch sein kann, führt nicht weiter, denn es heißt: „Der Begriff ‚ästhetisch' kann in seinen beiden Bedeutungen von ‚die Sinne betreffend' und die ‚Kunst betreffend' dazu dienen, die Qualität eines schöpferischen Prozesses in einer Welt der Freiheit zu kennzeichnen." in: VB, S. 44
91. VB, S. 48
92. VB, S. 49

93. VB, S. 68
94. VB, S. 50/51
95. VB, S. 60/61. Das „psychodelische" Suchen mit Hilfe des Rausches und des „trip" in der jungen Generation deutet Marcuse als Bewußtsein von der Notwendigkeit einer solchen Revolution der Wahrnehmungsweise, die jedoch das Ich nur künstlich und kurzfristig auflöst und so als eine „verzerrte Form" der Befreiung gedeutet werden muß. Hinzu kommt, daß der Rausch nicht nur „zeitweilig von Vernunft und Rationalität des etablierten Systems entbindet, sondern auch von jener anderen Rationalität, die das etablierte System verändern soll;" VB, S. 61/62
96. VB, S. 61
97. EM, S. 15/16, 23, 25–31, 183
98. EM, S. 29
99. EM, S. 31
100. EM, S. 117, Eine später folgende Erörterung wird gerade diesen Gedanken aufnehmen müssen für die Ansätze einer möglichen pädagogisch-didaktischen Umsetzung im Feld der Praxis.
101. Herbert Marcuse, Kultur und Gesellschaft I (KG), Frankfurt/M. 1965, S. 126
102. EM, S. 117
103. Vgl. dazu Th. W. Adorno, Ästhetische Theorie, (ÄT) Frankfurt 1970 und Kap. 2.4 Kunst als Ansatz der Zweidimensionalität.
104. KG II, S. 163
105. EM, S. 121
106. EM, S. 118
107. Die klassische Philosophie hat ihren Ursprung in der Dialektik, in der Spannung von dem, was wirklich ist, und dem, was wirklich zu sein scheint. Vgl. dazu: EM, S. 139–149. – Wenn aber das, was wirklich ist, vernünftig ist, die Welt der Erscheinung aber gerade als antagonistische Welt, in der Menschen und Dinge nicht zu dem werden, was sie wirklich sind, unvernünftig ist, muß die Welt begriffen und umgestürzt und so selbst erst wirklich werden.
108. Vgl. Kap. 2.4 „Kunst", hier wird die Einschätzung und Wertung von Kunst im Gesellschaftssystem Marcuses angefügt, zu der das Verständnis der Kategorie der Erinnerung und ihrer Anwendung notwendig ist.
109. VB, S. 65
110. VB, S. 66
111. TG, S. 171
112. Das gesamte Werk Marcuses „Triebstruktur und Gesellschaft" gibt Auskunft über die spezifische Freud-Rezeption bei Marcuse. Nur ein Aspekt sei hier erwähnt: Die Aufarbeitung der Psychoanalyse unter dem Aspekt der Erinnerung erscheint nur konsequent. Wenn Kritiker glauben, Freud liefere Marcuse den Ersatz „für die ausfallende ökonomische Motivation und Begründung der Revolution . . .", so ist dies als Motiv der Freud-Rezeption Marcuses unzulänglich. Vgl. G. Rohrmoser, Das Elend der kritischen Theorie, Freiburg 1970, S. 70
113. Vgl. TG, S. 24, 36
114. Vgl. TG, S. 38, 76
115. Auch diese Erkenntnis Marcuses muß den Ausgangspunkt weiterer Überlegungen für einen Praxisbezug im Feld der ästhetischen Erziehung abgeben.
116. Vgl. TG, S. 230
117. Bei der Untersuchung der Aporien müßte auch die bereits erwähnte Freud-Rezeption Marcuses vorgenommen werden, doch da sie nicht direkt das Thema betrifft, kann sie an dieser Stelle übergangen werden.
118. EM, S. 235
119. VB, S. 127

120. VB, S. 127
121. Vgl. Herbert Marcuse, Psychoanalyse und Politik (PP), Frankfurt 1968, S.,77/78
122. Zit.: Lothar Zahn, Herbert Marcuses Apotheose der Negation, in: Philosophische Rundschau 16, 1969, S. 165–184, Zitat S. 180; ebenso Bernhard Willms, Planungsideologie und revolutionäre Utopie, Die zweifache Flucht in die Zukunft, Stuttgart 1969, S. 59
123. VB, S. 11; vgl. auch PP, S. 69 und S. 172
124. PP, S. 73
125. PP, S. 69
126. TG, S. 171
127. Hier wäre jeweils konkret die Frage zu beantworten, wo die Grenze der Kunst gemäß dem Ansprechen der Dimensionen zu ziehen wäre.
128. EM, S. 250
129. Vgl. EM, S. 249–251
130. EM, S. 30
131. EM, S. 30
132. EM, S. 249/250
133. Kunst im Zusammenhang der bildenden Kunst.
134. KG II, S. 155
135. KG II, S. 167; vgl. Th. W. Adorno, ÄT, S. 15/16 und O. K. Werckmeister, Das Kunstwerk als Negation, in: Ende der Ästhetik, S. 7–32
136. TG, S. 143/144; vgl. KR, S. 97, 106, 110, 113/4, vgl. Th. W. Adorno, Die gegängelte Musik, in: Der Monat, 5. Jg. S. 182
137. Th. W. Adorno, Ohne Leitbild, S. 186 ff.
138. Th. W. Adorno, Ohne Leitbild, S. 186/187
139. TG, S. 144
140. Vgl. O. K. Werckmeister, Das Kunstwerk als Negation, Zur geschichtlichen Bestimmung der Kunsttheorie Theodor W. Adornos, in: Ende der Ästhetik, Frankfurt 1971, S. 7 ff.
141. VB, S. 54
142. Die Darlegungen Werckmeisters sollen nicht im einzelnen widerlegt werden, doch der Begriff „utopische Erfüllung" ist eine contradictio in adjecto, da Erfüllung mit Utopie unvereinbar ist. Vgl. Kap. 2.5 Kunst – Utopie – Wirklichkeit
143. O. K. Werckmeister, a.a.O., S. 28
144. ÄT, S. 55
145. ÄT, S. 55/56
146. ÄT, S. 56
147. Vgl. auch: Thomas Morus, Utopia, 1516 erschienen, ins Deutsche übersetzt und eingeleitet von H. M. Endres, München 1960. – Das Wort Utopie wurde zuerst von Thomas Morus, dem englischen Lordkanzler Heinrichs VIII. als Titel seiner Schrift verwandt, die sich mit einem fantasievollen Gesellschaftsentwurf befaßte. Thomas Morus verlagerte den Ort einer von ihm entworfenen freien, gerechten und geordneten Gesellschaft auf eine Insel „Utopia", was soviel heißt in der Übersetzung wie „Nirgend-Land", „Nirgend-Heim". Mit diesem Entwurf und der Verlagerung des Vorstellungsbildes in ein nicht existierendes Land sind zwei Grundelemente dessen beschrieben, was für den Begriff „Utopie" bis heute kennzeichnend ist.
148. O. K. Werckmeister, a.a.O., S. 29 und vgl. ÄT, S. 56, 373, 474, 479
149. O. K. Werckmeister, a.a.O., S. 29 und vgl. ÄT, S. 200, 265
150. ÄT, S. 16
151. ÄT, S. 16. Weitere Aussagen zu der gleichen Feststellung: „Kunstwerke sind Nachbilder des empirisch Lebendigen, soweit sie diesem zukommen lassen, was ihnen draußen verweigert wird, und dadurch von dem befreien, wozu ihre dinghaft-auswendige Erfahrung sie zurichtet." (ÄT, S. 14)

„Trotzdem ist die geistesgeschichtliche Trivialität unbestreitbar, daß die Entwicklung der künstlerischen Verfahrensweisen, wie sie meist unter dem Begriff des Stils zusammengefaßt wird, der gesellschaftlichen korrespondiert. Noch das sublimste Kunstwerk bezieht bestimmte Stellung zur empirischen Realität . . ." (ÄT, S. 15) – „Die ungelösten Antagonismen der Realität kehren wieder in den Kunstwerken als die immanenten Probleme ihrer Form." (ÄT, S. 16) Eine der negativen Abgrenzungen, wo ein Werk nicht mehr den Anspruch auf Kunst erheben kann, lautet etwa: „Der Idee eines konservativen Kunstwerks haftet Widersinn an." (ÄT, S. 264 – vgl. S. 265 ff)

152. ÄT, S. 16
153. ÄT, S. 15
154. ÄT, S. 15
155. ÄT, S. 19. Der Deduktionsprozeß vollzieht sich in der Methode der kritischen Theorie, die im einzelnen hier nicht dargelegt werden kann. Vgl. Marcuse, KG I, S. 102–127, Philosophie und Kritische Theorie.
156. ÄT, S. 193
157. Das Problem der Form ist ein zentraler Begriff in der Kantschen Philosophie und von daher auch bei Marcuse, da er die Grundproblematik Kant's in seinen Schriften aufnimmt und weiterführt.
158. VB, S. 69 und VB, S. 65
159. VB, S. 66
160. VB, S. 65
161. VB, S. 66, u. a. „Die tilgende, versöhnende Kraft der Kunst haftet selbst den radikalsten Erscheinungen der nicht-illusionären und der Anti-Kunst an. Sie sind immer noch Oeuvres: Gemälde, Skulpturen, Kompositionen, Gedichte und haben als solche ihre eigene Form und mit ihr eine eigene Ordnung: ihren eigenen Rahmen (obwohl er unsichtbar sein mag), ihren eigenen Raum, ihren eigenen Anfang und ihr eigenes Ende." (VB, S. 70)
162. VB, S. 70
163. EM, S. 139
164. EM, S. 139
165. VB, S. 63
166. Vgl. Anm. 107, Kap. 2.3 Erinnerung.
167. EM, S. 139: „In der Gleichung Vernunft = Wahrheit = Wirklichkeit, welche die subjektive und objektive Welt zu einer antagonistischen Einheit verbindet, ist die Vernunft die umstürzende Macht, die ‚Macht des Negativen', die als theoretische und praktische Vernunft die Wahrheit für die Menschen und die Dinge darlegt – das heißt, die Bedingungen, unter denen die Menschen und die Dinge zu dem werden, was sie wirklich sind. Der Versuch zu zeigen, daß diese Wahrheit von Theorie und Praxis keine subjektive, sondern eine objektive Beschaffenheit ist, war das ursprüngliche Interesse des abendländischen Denkens und der Ursprung seiner Logik – Logik nicht im Sinne einer Sonderdisziplin der Philosophie, sondern als die Denkweise, die geeignet war, das Wirkliche als vernünftig zu begreifen."
168. EM, S. 139
169. EM, S. 148
170. EM, S. 148/149
171. VB, S. 61
172. Vgl. VB, S. 70
173. VB, S. 70/71
174. „Jenseits des Bereichs der Notwendigkeit erhebt sich die Vision eines Reiches der Freiheit." TG, S. 193
175. „Freiheit ist nicht innerhalb sondern außerhalb des ‚Kampfes ums Dasein'. Besitz und Beschaffung des Lebensnotwendigen sind Vorbedingungen, nicht Inhalt einer freien Gesellschaft." TG, S. 193

176. TG, S. 193
177. KG I, S. 113; Auch „wirkliche Freiheit" genannt, in: KG I, S. 123 im Unterschied zu „abstrakter Freiheit", (in: KG I, S. 118)
178. TG, S. 149: „Die „Große Weigerung' ist der Protest gegen jede unnötige Unterdrückung, der Kampf um die höchste Form der Freiheit ‚ohne Angst zu leben'." Marcuse bezieht sich mit dieser Aussage auf Th. W. Adorno, Versuch über Wagner, Berlin–Frankfurt 1952, S. 198.
179. TG, S. 152. Da in diesem Zusammenhang eine sehr konkrete Abgrenzung im Text vorgenommen ist, soll er zur Information hier angeführt werden: „Das Argument, daß die Vorbedingung der Freiheit ein immer höherer Lebensstandard sei, dient allzuleicht einer Rechtfertigung der Unterdrückung. Die Definition des Lebensstandards im Sinne von Autos, Fernsehapparaten und Traktoren ist die Definition des Leistungsprinzips an sich. Jenseits dieses Prinzips würde das Lebensniveau mit anderen Kriterien bemessen; dort würde es sich um andere Dinge handeln: um die weltweite Befriedigung menschlicher Grundbedürfnisse . . ." S. 152.
180. KG I, S. 113
181. KG I, S. 103
182. TG, S. 189
183. TG, S. 186
184. KG I, S. 121
185. Vgl. TG, S. 171–194. In diesem gesamten Kapitel XI „Die ästhetische Dimension" arbeitet Marcuse in enger Anlehnung an Kant, „Kritik der Urteilskraft"; Hegel, „Vorlesungen über die Ästhetik", und insbesondere Schiller, „Briefe über die ästhetische Erziehung des Menschen". Die in den folgenden Zitaten mit ‚. . .' gekennzeichneten Begriffe oder Aussagen geben – wenn nicht anders vermerkt, eine Übernahme dieser Aussagen von Marcuse aus Schillers Briefen über die ästhetische Erziehung des Menschen wieder. Die genauen Seitenzahlen sind bei Marcuse, TG, in den Fußnoten vermerkt.
186. „Er (Schiller) befaßte sich nicht weiter mit den katastrophalen Veränderungen in der sozialen Struktur, die dieser ‚Sprung' auslösen müßte: sie lagen außerhalb der Grenzen der idealistischen Philosophie." TG, S. 191
187. Der Kennzeichnung dieser „unmenschlichen Daseinsbedingungen" hat Marcuse sein Hauptwerk „der eindimensionale Mensch" gewidmet, indem er in analytischer Form die beiden Hauptkennzeichen ‚Eindimensionalität' und die daraus folgende ‚Entfremdung' nachzuweisen versucht.
188. TG, S. 186
189. Die genaueren Ausführungen dazu in bezug auf die Phantasie und die Kunst folgen am Schluß dieses Kapitels.
190. TG, S. 186
191. KG I, S. 114 – An anderen Stellen erfolgen ebenfalls Absetzungen der kritischen Theorie gegenüber der idealistischen Philosophie mit der gleichen Intention, z. B.: „Denn anders als in den philosophischen Systemen ist die menschliche Freiheit hier kein Phantom und keine unverpflichtende Innerlichkeit, welche in der äußeren Welt alles beim alten läßt, sondern eine reale Möglichkeit, eine gesellschaftliche Beziehung, von deren Verwirklichung das Schicksal der Menschheit abhängt." KG I, S. 111 – „Nun (in der kritischen Theorie, Anm. d. Verf.) ist aber eine gesellschaftliche Situation erreicht worden, in der die Verwirklichung der Vernunft nicht mehr auf das reine Denken und Wollen beschränkt zu werden braucht. Wenn Vernunft die Gestaltung des Lebens nach der freien Entscheidung der erkennenden Menschen meint, so weist die Forderung der Vernunft nunmehr auf die Schaffung einer gesellschaftlichen Organisation, in der die Individuen nach ihren Bedürfnissen gemeinsam ihr Leben regeln." KG I, S. 109 – „Sie (die kritische Theorie, Anm. d. Verf.) stellt nur das heraus, was von jeher allen ihren Kategorien zugrunde lag: den Anspruch, daß durch die Aufhebung der bisherigen

materiellen Daseinsverhältnisse das Ganze der menschlichen Verhältnisse befreit werde. Wenn die kritische Theorie, inmitten der heutigen Verzweiflung, darauf hinweist, daß es in der von ihr gemeinten Gestalt der Wirklichkeit um die Freiheit und das Glück der Individuen geht, so folgt sie nur dem Anspruch ihrer ökonomischen Begriffe." KG I, S. 113

192. TG, S. 186
193. TG, S. 187
194. TG, S. 140
195. TG, S. 148: „Die Formen der Freiheit und des Glücks, die sie aufruft, erheben den Anspruch, historische Wirklichkeit zu werden. Die kritische Funktion der Phantasie liegt in ihrer Weigerung, die vom Realitätsprinzip verhängten Beschränkungen des Glücks und der Freiheit als endgültig hinzunehmen, in ihrer Weigerung, zu vergessen, was sein könnte."
196. KG I, S. 122 „... bezeichnet die Einbildungskraft einen hohen Grad der Unabhängigkeit vom Gegebenen, der Freiheit inmitten einer Welt der Unfreiheit. Im Hinausgehen über das Vorhandene kann sie die Zukunft vorwegnehmen."
197. KG I, S. 123
198. „C. G. Jung bestand ‚auf der erkennenden Kraft der Phantasie' ". TG, S. 147
199. TG, S. 143 „hinter der ästhetischen Form steht die verdrängte Harmonie von Sinnlichkeit und Vernunft – der ewige Protest gegen die Organisation des Lebens durch die Logik der Herrschaft, die Kritik am Leistungsprinzip."
200. Marcuse legt den Schwerpunkt in erster Linie auf die Werke der surrealistischen Kunst. „Die Kunst überlebt nur dort, wo sie sich selbst aufhebt, wo sie ihre Substanz rettet, indem sie ihre traditionelle Form verleugnet und damit auf die Versöhnung verzichtet: wo sie surrealistisch und atonal wird. (Bezug Marcuses auf Adorno, Philosophie der neuen Musik.) Andernfalls teilt die Kunst das Schicksal aller echten menschlichen Kommunikation: sie stirbt ab." TG, S. 145
201. Diese Aussage könnte das theoretische Fundament für die gegenwärtigen Bestrebungen im Fach der Kunsterziehung beinhalten, ästhetische Erziehung als politische Erziehung aufzufassen und durchzuführen, z. B. bei Kerbs, Giffhorn, Möller u. a.
202. TG, S. 143/144
203. Antworten auf Herbert Marcuse, hrsg. von Jürgen Habermas, es 263, S. 11
204. a.a.O., S. 12
205. a.a.O., S. 12
206. O. K. Werckmeister, Das gelbe Unterseeboot und der eindimensionale Mensch, in: Ende der Ästhetik, Frankfurt 1971, S. 106, vgl. auch S. 104/105
207. Alfred Schmidt, Existential-Ontologie und historischer Materialismus bei Herbert Marcuse, in: Antworten auf Herbert Marcuse, S. 41
208. Alfred Schmidt, a.a.O., S. 41, aus Marcuses Schrift „Beiträge zu einer Phänomenologie des Historischen Materialismus", erschienen 1928.
209. Als Theoretiker der Kritik Marcuses sind die in dem von Jürgen Habermas herausgegebenen Band „Antworten auf Herbert Marcuse" verzeichneten Autoren wie Alfred Schmidt und Wolfgang Fritz Haug zu nennen sowie O. K. Werckmeister als Vertreter einer westlich-marxistischen Kritik, während die Autoren in der von Manfred Buhr herausgegebenen Reihe „Zur Kritik der bürgerlichen Ideologie" wie Gertraud Korf, Wilhelm Raimund Beyer und N. Motroschilowa / J. Samoschkin den Standpunkt der östlich-marxistischen Marcuse-Kritik vertreten. – Als einer der meist genannten Kritiker Marcuses „von rechts" sei Günter Rohrmoser (s. Literaturverzeichnis) mit seinen verschiedenen Schriften genannt. – Zu den Kritikern der Praxis können alle die gerechnet werden, die, mit dem theoretischen Konzept Marcuses ausgerüstet, unsere Gesellschaft umfunktionieren, verändern oder neugestalten wollten, aber aufgrund der mangelnden Konkretisierbarkeit der Theorie gescheitert sind.

210. Wolfgang Fritz Haug, Das Ganze und das ganz Andere, Zur Kritik der reinen revolutionären Transzendenz, in: Antworten auf Herbert Marcuse, S. 61/62
211. Wolfgang Fritz Haug, a.a.O., S. 62
212. Herbert Marcuse, KG I, S. 121
213. in: Alfred Schmidt, a.a.O., S. 24
214. Vgl. Wolfgang Fritz Haug, a.a.O., S. 53
215. Gertraud Korf, Ausbruch aus dem ‚Gehäuse der Hörigkeit'? , Berlin 1971, S. 18
216. Wolfgang Fritz Haug, a.a.O., S. 66
217. Wolfgang Fritz Haug, a.a.O., S. 60
218. Vgl. Wolfgang Fritz Haug, a.a.O., S. 58: „Der Bruch mit dem Marxismus manifestiert sich vor allem anderen in der Ablösung des Interesses von den Produktionsverhältnissen und in seiner Hinwendung zu den Produktionsmitteln, insbesondere zu den technologisch fortgeschrittendsten Entwicklungen. Marcuse prägt hierbei den problematischen Begriff von der ‚kapitalistischen Technologie', die auch in den Sozialismus übernommen worden sei."
219. Vgl. Wolfgang Fritz Haug, a.a.O., S. 53: „. . . es manifestiert sich in der Achtlosigkeit, mit der das zur ‚kontingenten Faktizität' abgekanzelte soziologische Material behandelt wird, und in der theoretischen Geschlossenheit ein entschlossener Vorrang der Idee vor der Erfahrung, der Darstellung vor der Realität. Die Deduktion der kritischen Norm aus der Analyse der Gesellschaft ist nur scheinbar. Die scheinbar deduzierte Haltung ist vielmehr ebensosehr bereits konstitutiv für die scheinbar vorgängige Sozialtheorie."
220. O. K. Werckmeister, Ende der Ästhetik, S. 108. Der Autor kaschiert seine Aussage mit einem anonymen Subjekt „die Gesellschaft", um entweder selbst nicht konkret Stellung beziehen zu müssen, oder aber um mit einer Suggestionstechnik der Aussage mehr Gewicht beizumessen. Es heißt im Zusammenhang: „Kunst (bezogen auf die Theorie H. Marcuses, Anm. des Verf.) zeigt einerseits die Dinge ohne die ideologische Verzerrung, in der sie innerhalb ihrer gesellschaftlichen Funktionszusammenhänge erscheinen und veranschaulicht andererseits mögliche Erfüllungen von Wünschen nach einem befriedigten Leben, das die Gesellschaft versagt. Damit wird sie positiv wie negativ zur antagonistischen Aussage über eine mögliche Befreiung. Die Gesellschaft diffamiert solche Aussagen in anderen Bereichen, einschließlich der Philosophie, als irreal, utopisch und subversiv; nur in der Kunst läßt sie sie zu und akklamiert ihnen sogar. Das ist begründet in der sozialen Funktion der ästhetischen Distanz." (S. 108)
221. O. K. Werckmeister, a.a.O., S. 104
222. O. K. Werckmeister, a.a.O., S. 109, zit. nach: Martin Warnke, Das Kunstwerk zwischen Wissenschaft und Weltanschauung, Gütersloh 1970, S. 8 Vorbemerkung.
223. Wolfgang Fritz Haug, a.a.O., S. 68
224. Wolfgang Fritz Haug, a.a.O., S. 69. „Denn wenn die Kritik ihre Form, historische Arbeit zu sein, abstreift und sich gehen läßt in abstrakt-totale Negation, bleibt sie innerhalb der Unfreiheit stehen. Dort trifft sie sich mit der negativen Kunst, von der Marcuse sich das ganz Andere verspricht, weil sie das Ganze unmittelbar modo negativo bietet . . . Das Ästhetische ist so wenig wie das Erotische etwas per se der ‚zweiten Dimension' Zugehöriges. Es bedarf immer noch der Übersetzung in rationale Worte." (S. 69)
225. Vgl. Gertraud Korf, Ausbruch aus dem Gehäuse der Hörigkeit? , S. 35, vgl. auch Kap. „Haltung zum Sozialismus", S. 35–48, und Herbert Marcuse, EM, S. 62
226. Gertraud Korf, a.a.O., S. 43
227. Gertraud Korf, a.a.O., S. 43/44
228. O. K. Werckmeister, a.a.O. S. 94 und S. 96
229. O. K. Werckmeister, a.a.O. S. 110/111
230. O. K. Werckmeister, a.a.O. S. 119
231. Vgl. Herbert Marcuse, Die neue Sensibilität, in: Versuch über die Befreiung, S. 43–76, bes. S. 71

232. Günter Rohrmoser, Das Elend der kritischen Theorie S. 79
233. Günter Rohrmoser, a.a.O. S. 79
234. Vgl. Walter Benjamin, Das Kunstwerk im Zeitalter seiner technischen Reproduzierbarkeit, Frankfurt 1963, S. 48–51.
235. Vgl. Walter Benjamin, a.a.O. S. 48: „Die Massen haben ein Recht auf Veränderung der Eigentumsverhältnisse; der Faschismus sucht ihnen einen Ausdruck in deren Konservierung zu geben. Der Faschismus läuft folgerecht auf eine Ästhetisierung des politischen Lebens hinaus." Ausschnitte aus Marinettis futuristischem Manifest zum äthiopischen Kolonialkrieg scheinen diese Tendenz in anderer Weise belegen zu können. Vgl. a.a.O. S. 49/50
236. Vgl. Walter Benjamin, a.a.O. S. 51: „ ‚Fiat ars – pereat mundus', sagt der Faschismus und erwartet die künstlerische Befriedigung der von der Technik veränderten Sinneswahrnehmung, wie Marinetti bekennt, vom Kriege. Das ist offenbar die Vollendung des l'art pour l'art. Die Menschheit, die einst bei Homer ein Schauobjekt für die Olympischen Götter war, ist es nun für sich selbst geworden. Ihre Selbstentfremdung hat jenen Grad erreicht, der sie ihre eigene Vernichtung als ästhetischen Genuß ersten Ranges erleben läßt. So steht es um die Ästhetisierung der Politik, welche der Faschismus betreibt. Der Kommunismus antwortet ihm mit der Politisierung der Kunst."
237. Günter Rohrmoser, Sind Bloch und Marcuse noch Marxisten? in: test 10. Jg., 1969/1, S. 25
238. Karl Heinz Bohrer, Was heißt hier: ‚Verantwortlichkeit der Intellektuellen? ", in: FAZ, 29. 9. 1972, Literaturblatt.
239. Alexander Solschenizyn, Nobelpreisrede 1970, in Auszügen veröffentlicht in: Die Zeit vom 1. 9. 1972, S. 23.
240. Vorlesungen zur marxistisch-leninistischen Ästhetik, Dietz-Verlag, Berlin, 2. Aufl. 1971, 692 Seiten, Übersetzung aus dem Russischen. Der Autor, M. Kagan, ist Professor an der Universität Leningrad, wo er vor Studenten der historischen und philosophischen Fakultät in den Jahren 1963–1965 die o. gen. Vorlesungen gehalten hat, die im Ergebnis eine systematische Darstellung der marxistisch-leninistischen Ästhetik ergeben.
241. Kagan, a.a.O., S. 19
242. Grundlagen der marxistisch-leninistischen Ästhetik, Dietz-Verlag, Berlin, 1961, 726 Seiten, Übersetzung aus dem russischen, Moskau 1961. – Ein Autorenkollektiv von zwanzig Wissenschaftlern hat in diesem grundlegenden Werk die Probleme der Ästhetik im Rahmen der marxistisch-leninistischen Theorie systematisch dargelegt. Vor Drucklegung wurde das Manuskript in den verschiedenen Gremien der Sowjetunion, von Kunsthochschulen bis zur Akademie der Wissenschaften mit weiten Kreisen Sachverständiger diskutiert. – Kagan bezieht sich in seinen Ausführungen auf diese Grundlagen (S. 13), so daß dieses ausführliche Werk zum besseren Verständnis Kagans mit herangezogen wurde.
243. Kagan, a.a.O., S. 13
244. Grundlagen, a.a.O., S. 14
245. Vgl. Grundlagen, a.a.O., S. 215 ff
246. Grundlagen, a.a.O., S. 216
247. Grundlagen, a.a.O., S. 216
248. Grundlagen, a.a.O., S. 216
249. Grundlagen, a.a.O., S. 216/7
250. In „Bewußtsein" sind Praxis und Erkenntnis in dem soeben dargelegten dialektischen Verhältnis inbegriffen.
251. Grundlagen, a.a.O., S. 219, vgl. Marcuses Anliegen, daß die neue Erkenntnis sich aus Vernunft u n d Sinnlichkeit herleite. – Als Beispiel für diese These der Verbindung von sinnlicher Wahrnehmung und Vernunft wird in der marxistisch-leninistischen Literatur angeführt, daß das logische Moment des Vergleichs und

der Assoziation bereits häufig bei der ersten ästhetischen Wahrnehmung vorhanden ist.

252. Grundlagen, a.a.O., S. 219. „Nur durch das ‚Tor' der Sinne kann ein Gegenstand, der über bestimmte ästhetische Eigenschaften verfügt, auf uns wirken." S. 220
253. Grundlagen, a.a.O., S. 221
254. Grundlagen, a.a.O., S. 222
255. Grundlagen, a.a.O., S. 223
256. Grundlagen, a.a.O., S. 223/4, hier zu verstehen als Sachgesetzlichkeit. Als Beispiel wird angegeben: Aus Zinn kann man keine Klinge schmieden.
257. Vgl. Grundlagen, a.a.O., S. 224/5. Hier liegt im Selbstverständnis der marxistisch-leninistischen Theorie ein Grund für die alle Lebensgebiete umgreifende Aufgabe der ästhetischen Erziehung als besondere Antriebskraft zum Aufbau des Sozialismus.
258. Grundlagen, a.a.O., S. 230
259. Kagan, a.a.O., S. 248
260. Thesen nach M. Kagan, a.a.O., vgl. zu den Thesen 1–10, insbesondere S. 248–272
261. Bei dem Begriff „Widerspiegelung der Wirklichkeit und deren Umgestaltung" sind zum umfassenden Verständnis die in Kapitel 3.1 „Die ästhetische Aneignung der Wirklichkeit in der marxistisch-leninistischen Theorie" gegebenen Erläuterungen notwendig.
262. Kagan, a.a.O., S. 248. Welche Veränderung der Inhalt dieser Thesen in der konkreten Umsetzung erfährt, soll hier zunächst nicht behandelt werden. Dazu vgl. Kap. 3.4: Kritik an der Ästhetik der marxistisch-leninistischen Theorie.
263. Kagan, a.a.O., S. 248
264. Kagan, a.a.O., S. 249
265. „Nicht nur der im Leben vorgefundene Stoff, sondern auch das Vermögen des Künstlers, diesen Stoff als bedeutende und allgemein interessierende Erscheinung zu zeigen (= praktische Tätigkeit), bedingen das Künstlerische." Grundlagen, a.a.O., S. 249. Zur Charakterisierung des „praktischen" Charakters des künstlerischen Schaffens gibt Kagan eine Differenzierung an: „Im Bereich der architektonischen und angewandten Künste v e r s c h m i l z t das künstlerische Schaffen mit der m a t e r i e l l e n P r a x i s, bei solchen Künsten wie Literatur, Theater oder Malerei erweisen sich die bildhafte Widerspiegelung und Erkenntnis der Wirklichkeit als p r a k t i s c h e s E r s c h a f f e n v o r b e s t e l l t e r E r s c h e i n u n g e n. Der Schriftsteller und der Schauspieler, der Maler und der Bildhauer schaffen ‚bildhafte Modelle der Realität' ". Kagan, a.a.O., S. 249.
266. Kagan, a.a.O., S. 249
267. Kagan, a.a.O., S. 249
268. Kagan a.a.O., S. 250: „Deshalb ist in der Wissenschaft das Modell nur ein Hilfsmittel, und dort, wo es möglich ist, verzichtet man darauf. In der Kunst dagegen sind die bildhaften Modelle die eigentliche künstlerische Substanz, ohne die sie überhaupt nicht als Kunst existieren kann, während die nicht-bildhaften Erläuterungen des Autors einen Hilfscharakter tragen. In diesem Sinne eben ist die Kunst praktische Tätigkeit, s c h ö p f e r i s c h e s Schaffen."
269. Kagan, a.a.O., S. 250. Wenn dagegen der Begriff des „schöpferischen Schaffens" auf die Tätigkeit des Wissenschaftlers angewandt wird, trifft Kagan die folgende Unterscheidung: „Das wissenschaftliche ‚schöpferische Schaffen' ist E n t d e c k u n g neuer Gesetze der realen Welt, e r s c h a f f e n wird das Neue nicht im Bereich der Wissenschaft, sondern in dem der Praxis. Wie eng auch Theorie und Praxis miteinander verbunden sind, sie bleiben doch unterschiedlich in den Methoden der Aneignung der Wirklichkeit." (S. 250)
270. Kagan, a.a.O., S. 253
271. Kagan, a.a.O., S. 253. – Kagan beschreibt dieses Tun unter dem Terminus „Sammelmethode" in Abhebung zur „porträtierenden Methode" der Wirklich-

keit: „Die ‚Sammelmethode' der künstlerischen Widerspiegelung des Lebens ist gerade deshalb notwendig, weil die Wirklichkeit, die der Künstler sieht, nur selten den Grad an Charakteristischem, Typischem oder ästhetisch Ausdrucksvollem besitzt, der es erlauben würde, sie zu porträtieren ..." Er „ist deshalb genötigt, aus einzelnen Elementen verschiedener Lebenserscheinungen die gewünschte Gestalt zu konstruieren" (S. 254/5)

272. Kagan, a.a.O., S. 257

273. Kagan, a.a.O., S. 257. Die Beispiele für derartige Thesen werden interessanterweise meistens aus der Zeit vor der russischen Revolution aus dem sog. ‚abendländischen Kulturgut' genommen.
Außerdem ist der in der o. gen. Aussage vorkommende Terminus „notwendig" zu beachten, denn an dieser Stelle setzt in der Bestimmung des Notwendigen später die Funktion des Kommunismus, der Ideologie, der Parteilichkeit, ein.

274. Der folgende kurze Abschnitt mag einen Einblick geben, wie gerade diese Frage nach dem Gegenstand der Kunst zum Angelpunkt ganzer Theorien und Systeme werden kann – und das nicht nur in der marxistisch-leninistischen Theorie. An dieser Stelle kann bereits ein Hinweis auf die unterschiedlichen gegenwärtigen – leider noch nicht so weit theoretisch durchdachten – Kontroversmeinungen auf dem Gebiet der Kunstpädagogik hingewiesen werden. Vgl. Kap. 4.1 ff.
Kagan, a.a.O., S. 258: „Die Frage nach dem Gegenstand der Kunst ist in den letzten Jahren in der sowjetischen Literatur lebhaft diskutiert worden. Nach Meinung von G. Nedoschiwin, B. Kublanow und A. Dremow besitzt die Kunst keinen spezifischen Gegenstand der Erkenntnis: Die Kunst erkenne ebenso wie die Wissenschaft die g e s a m t e objektive Welt, die g a n z e Wirklichkeit, und der Unterschied bestehe in der M e t h o d e der Erkenntnis. Andere Wissenschaftler wiederum behaupten, daß die künstlerische Aneignung der Welt einen b e s o n d e r e n G e g e n s t a n d, daß die Kunst ihren eigenen ‚Kompetenzbereich' besitze, durch den sie sich von der Wissenschaft unterscheide. – Nach A. Burow ist der spezifische Gegenstand der Kunst ‚der Mensch', nach A. Wanslow und L. Stolowitsch ‚die ästhetischen Eigenschaften der Wirklichkeit', nach G. Abramowitsch ‚die Welt in ihrem Verhältnis zum Menschen', nach N. Tschawtschawadse das ‚Verhältnis zwischen Objekt und Subjekt.'

275. Kagan, a.a.O., S. 13

276. Grundlagen, a.a.O., S. 227

277. Kagan, a.a.O., S. 263

278. Kagan, a.a.O., S. 263. In der Erläuterung zur „geistigen Welt des Künstlers" gibt Kagan „Literatur und dramatische Kunst, Malerei und Plastik" an, in der „Widerspiegelung durch die objektive Realität" „Musik, Tanz, Architektur". „Es ist bezeichnend, daß in der Geschichte des ästhetischen Denkens die erste Reihe der Künste häufig als „objektive" oder „darstellende" und die zweite als „subjektive" oder „aussagende" bezeichnet werden. Derartige Definitionen sind metaphysisch, da sich in allen Kunstarten der u n t r e n n b a r e Z u s a m m e n h a n g von Objekt und Subjekt reproduziert und man ... Aussage und Darstellung nicht gegenüberstellen kann." (S. 263)

279. Zwei grundlegende Auffassungen über das Wesen des Ästhetischen sind hier zu nennen, von denen sich Kagan distanziert:
1. Naturkonzeption: Vertreter dieser Richtung haben die Auffassung von der rein materiellen Natur des Schönen. Dieser Standpunkt wurde zeitweilig für den marxistischen Materialismus als der einzig gültige erklärt (vgl. Kagan, a.a.O., S. 33–36). Die Vertreter dieser Konzeption des Schönen als natürlicher Eigenschaft der Dinge und Erscheinungen geraten dann in Widersprüche, wenn sie ihre Auffassung auf die Gesellschaft ausdehnen. – Vgl. Bartke, Über den Grundstreit der modernen Ästhetik, S. 1132 ff.
2. Gesellschaftskonzeption: Die Vertreter dieser Richtung hatten die Fehler der

Naturkonzeption erkannt, sie gehen vom Lebensprozeß der Gesellschaft aus, wo sie die Kraft zu entdecken glauben, die zusammen mit der Kraft der Natur die Dinge ästhetisch bedeutungsvoll macht. Die ästhetischen Eigenschaften wurden als Vereinigung von Naturhaftem und Sozialem definiert. (Vgl. Kagan, a.a.O., S. 37) Diese Konzeption gründet sich auf die marxistische These von der Rolle der Praxis, bes. von der Produktionstätigkeit des Menschen als der materiellen Grundlage jeglicher Beziehungen zwischen dem gesellschaftlichen Menschen und der Natur und den Menschen untereinander. Durch die Praxis setzt der Mensch alle Erscheinungsformen der Umwelt zu sich in Beziehung. – Gegen diese Konzeption wird der Vorwurf des Subjektivismus erhoben, daß das Ästhetische nur als das vom Menschen und der Gesellschaft hervorgebrachte existiere, womit eine objektive Existenz des Naturschönen geleugnet wird. Vgl. Bartke, a.a.O., S. 1135 ff.

Diese Frage konnte deshalb zu einem Grundstreit unter den marxistischen Ästhetikern werden, weil ihre Klärung eine prinzipielle Bedeutung für das Realismus-Problem in der Kunst hat, für den sozialistischen Realismus, seine Methode, seine Erscheinungsformen, seine neue historische und ästhetische Qualität gegenüber früheren Formen des Realismus.

280. Kagan, a.a.O., S. 40 und vgl. a.a.O., S. 4
281. Kagan, a.a.O., S. 41
282. Kagan, a.a.O., S. 265
283. Kagan, a.a.O., S. 266
284. Kagan, a.a.O., S. 268
285. Kagan, a.a.O., S. 270
286. Kagan, a.a.O., S. 270/1
287. Kagan, a.a.O., S. 271
288. Vgl. Kagan, a.a.O., S. 44
289. Kagan, a.a.O., S. 44/5
290. Kagan, a.a.O., S. 374
291. Vgl. Siegfried J. Schmidt, Ästhetische Prozesse, Beiträge zu einer Theorie der nicht-mimetischen Kunst und Literatur, Köln/Berlin 1971; ders., ästhetizität, philosophische beiträge zu einer theorie des ästhetischen, München 1971; Vgl. Rezensionen: Christa Schwens, in: Zeitschrift für Kunstpädagogik Heft 4 und 5, 1972, S. 239/240 und S. 297
292. Kagan, a.a.O., S. 373
293. Kagan, a.a.O., S. 374: Wird die hedonistische Funktion isoliert, so hat sie keinen gesellschaftlichen Wert, allein in der Kombination mit den anderen Funktionen erkennt ihr die marxistisch-leninistische Theorie einen – dann sogar sehr wichtigen – Stellenwert zu.
294. Kagan, a.a.O., S. 373. Vgl. dazu: Georg Lukaćs, der diese Fragestellung in der Zuordnung Künstler und Auftraggeber in seinem Aufsatz „Freie oder gelenkte Kunst?" in: Marxismus und Stalinismus, rde 327/328, S. 110–134, verhandelt mit der Grundthese: „Die frühere, gebundenere, weniger bewußt-souveräne und freie Kunst verhielt sich in ihrer Gesellschaftskritik viel freier zu ihrer Zeit als die heutige. Eine abstrakte, negative und formale Freiheit ist nur möglich um den Preis einer konkreten Freiheit; um der subjektiven Freiheit willen gab die moderne Kunst die Eroberung der objektiven Wirklichkeit auf." (S. 124) „Der moderne Künstler zahlte für seine neue Freiheit den höchsten Preis: Er verzichtete auf die wahre Freiheit der wirklichen Kunst; er verzichtete darauf, der wahren Welt des Menschen den tiefsten und umfassendsten Ausdruck unter allen Ausdrucksmöglichkeiten zu schaffen." (S. 126)
295. Kagan, a.a.O., S. 375. Dieser Ansatz ist für die Begründung und Anwendung der Semiotik in der marxistisch-leninistischen Ästhetik von besonderer Bedeutung.
296. Kagan, a.a.O., S. 377

297. Kagan, a.a.O., S. 377/297. Vgl. Grundlagen a.a.O., S. 259–274: „Die Funktionen der Kunst".
298. Kagan, a.a.O., S. 377
299. Kagan, a.a.O., S. 377
300. Der Aufweis, daß diese Behauptung falsch ist, steht in diesem Zusammenhang nicht an, da eine umfangreiche sprachphilosophische Darlegung erfolgen müßte.
301. Quantitative Messungen, auf denen die Informationsästhetik aufbaut, würden nach Kagan im Bereich der Sprache anzuwenden sein, nicht aber im Bereich der Kunst, eine methodisch gleiche Behandlung der Zeichenkomplexe Sprache und der Zeichenkomplexe Kunst ist in dieser Theorie nicht möglich. Vgl. S. Schmidt, ästhetizität, S. 71.
302. Kagan, a.a.O., S. 378
303. Kagan, a.a.O., S. 378. Der „ästhetische Genuß" wird nur dann als der bürgerlichen Ästhetik angehörend abgelehnt, wenn er als *alleinige* Funktion der Kunst auftritt.
304. Kagan, a.a.O., S. 379. Die Subjekt-Objektbeziehung als Charakteristikum der hedonistischen Funktion ist auch hier – wie beim Gegenstand der ästhetischen Erkenntnis – durchgehalten.
305. Wenn auch von „künstlerischer Sprache" die Rede ist, muß doch vor dem Mißverständnis gewarnt werden, diese mit der Verbal-Sprache gemeinhin gleichzusetzen oder an sie dieselben Decodierungs- und Dechiffrierungsmethoden anzulegen. Vgl. S. Schmidt, ästhetizität, S. 71: „Oberbegriff TEXT".
306. Kagan, a.a.O., S. 380
307. Kagan, a.a.O., S. 380, und vgl. dazu Hans Sedlmayr, Kunstwerk und Kunstgeschichte, S. 5 ff „Der ‚Text' des Kunstwerks".
308. Kagan, a.a.O., S. 380. Der gesellschaftliche Nutzen der hedonistischen Funktion wird mit einem Sprung eingebracht, wobei das Transferproblem und die Zielfrage nicht berührt werden. In der negativen Abgrenzung heißt es einfach: „Ein Kunstwerk, das keine Freude und keinen Genuß vermittelt, erzielt keine emotionale Beteiligung und ist somit wirkungslos." (S. 381)
309. Kagan, a.a.O., S. 381. Eine weitere Darlegung dieses Punktes ist zwecklos, da sie an die herrschende Ideologie der UdSSR gebunden ist.
310. Kagan, a.a.O., S. 386
311. Solange die Frage des „Wie" und „Wozu" nicht mit dargelegt ist, läßt die Interpretation dieser Stelle alles offen, so daß mit dem gleichen Text z. B. das Anliegen A. Solschenizyns und seiner Gegner zu belegen wäre. Solschenizyn hat in seiner Nobelpreisrede (1972 in Auszügen veröffentlicht in: Die Zeit, 1. 9. 1972, S. 23) u. a. gesagt: „Was manche Nationen schon erfahren, bedacht und verworfen haben, wird plötzlich von anderen als die letzte Wahrheit entdeckt. Und abermals ist hier der einzige Ersatz für eine Erfahrung, die wir nie durchlebt haben, die Kunst, die Literatur." Die Forderung und Verwirklichung einer derartigen Erweiterung der Lebenserfahrung – obwohl verbal stimmig, doch nicht in Übereinstimmung mit der Theorie – wurde ihm zum Verhängnis.
312. Kagan, a.a.O., S. 382
313. Kagan, a.a.O., S. 383/4. Diese Aussage steht im Widerspruch zu der in Kapitel 3.2, daß bei der Aneignung der Wirklichkeit durch die Kunst sowohl Verstand wie Gefühl beansprucht werden.
314. Kagan, a.a.O., S. 384
315. Vgl. Walter Benjamin, Das Kunstwerk im Zeitalter seiner technischen Reproduzierbarkeit, S. 63: dargelegt wird der Einsatz der Kunst zur Erreichung faschistischer Ziele.
316. Kagan, a.a.O., S. 385
317. Kagan, a.a.O., S. 387. Aufschlußreich für die daraus folgende Stellung des Künstlers und seiner Freiheit ist der hieran anschließende Text: „Ob der Künstler dies versteht oder nicht, ob er will oder nicht, als Träger gesellschaftlicher Ideen,

als Vertreter gesellschaftlicher Interessen führt er die Menschen dorthin, wohin sie die Gesellschaft mit seiner Hilfe führen will . . . Die Kunst ist die Organisierung unseres Verhaltens für die Zukunft, unserer zukünftigen Zielstellung." (S. 387)

318. Die Richtung der totalen Ergriffenheit wird jedoch nicht durch die Kunst oder Ästhetik festgelegt sondern in der Theorie des Kommunismus und konkret in der Partei und ihren Beschlüssen, wie noch zu zeigen sein wird.
319. Kagan, a.a.O., S. 389. An anderer Stelle heißt es, um „Menschen zu erziehen, die ‚alles zu tun vermögen' ". (Grundlagen, a.a.O., S. 671), wobei an dieser Stelle in der Theorie noch offen bleibt, woraufhin, wozu, auf wessen Befehl, um faschistische oder kommunistische Massenbewegungen zu erreichen? – Oder: „nicht nur das Denken, sondern auch die Gefühle des Sowjetmenschen müssen kommunistisch werden. In welchem Maße unsere Künstler dies klar und deutlich erkennen, davon hängen die besonderen ethischen und ästhetischen Eigenschaften der sozialistischen Kunst und der Grad ihrer ideologisch-erzieherischen Wirksamkeit ab, also auch in bestimmtem Maße das Niveau der geistigen Entwicklung des Menschen, des Erbauers des Kommunismus." (Grundlagen, a.a.O., S. 394/5)
320. Kagan, a.a.O., S. 389. Die pädagogisch-didaktische Umsetzung dieser Intention in der ästhetischen Erziehung der Gegenwart wird im Kap. 4 weiter ausgeführt.
321. Der Ansatz ist jeweils der gleiche, ob es sich um „Das Schöne und das Häßliche" (vgl. Kagan, a.a.O., S. 57–78) handelt oder um „Das Erhabene und das Niedrige" (S. 78–103) oder das „Tragische und das Komische" (S. 104–128) oder „Die Dialektik der Beziehungen zwischen Inhalt und Form in der Kunst" (S. 325–350) etc.
322. Die Grundlagen können in einer Maxime dargelegt werden, doch zur Beurteilung brauchte man die Konfrontation mit den Werken des Sozialistischen Realismus, was Gegenstand einer eigenen Untersuchung wäre. – Theoretisch heißt es aber: Sozialistischer Realismus ist eine Einheit von 1. „Streben nach tiefer Lebenswahrheit" und 2. „nach geistiger Erfassung und Wertung der Wirklichkeit von den Höhen der sozialistischen Ideale, das Streben nach Ausdruck der progressivsten Ideen des Jahrhunderts, der Ideen des Kommunismus." (Grundlagen, a.a.O., S. 669) „Diese beiden Tendenzen (Wahrheit = Kommunismus, Anm. d. Verf.) darf man nicht einander entgegensetzen. Sie sind beide organisch und untrennbar miteinander verbunden und voneinander abhängig." (S. 669)
323. in: „Parteiorganisation und Parteiliteratur", 1905.
324. Ein vergleichender Hinweis soll an dieser Stelle auf den heute bei uns üblichen Sprachgebrauch aufmerksam machen, wenn gefordert wird „Gesellschaftsbezogenheit der Kunst" (vgl. Bedeutungswandel des Begriffes Volk = Gesellschaft) oder „keine elitäre Kunst", etc.
325. Grundlagen, a.a.O., S. 389
326. Vgl. Grundlagen, a.a.O., S. 389/390
327. Grundlagen, a.a.O., S. 390
328. Rede N. S. Chruschtschows „Für eine enge Verbindung der Kunst und Literatur mit dem Leben des Volkes", vgl. Grundlagen, a.a.O., S. 393 und 678.
329. Grundlagen, a.a.O., S. 694 und vgl. S. 693.
330. Grundlagen, a.a.O., S. 394
331. Grundlagen, a.a.O., S. 682, vgl. das ganze Kapitel: „Über den kommunistischen Ideengehalt der Kunst des Sozialistischen Realismus." (S. 669–683)
332. Kagan, a.a.O., S. 374
333. „Seit sich der Sozialismus von der Utopie zur Wissenschaft entwickelt hat, ist aus der Hoffnung eine wissenschaftlich beweisbare Gewißheit geworden, eine praktische revolutionäre Entwicklung, die heute in der Gestalt der sozialistischen Staatengemeinschaft die Hauptentwicklungsrichtung in unserer Epoche bestimmt." in: W. Jopke, Grundlagen der Erkenntnis- und Gesellschaftstheorie Adornos und Horkheimers, S. 53

334. Vor allem: Wilhelm Girnus, Von der unbefleckten Empfängnis des Ästhetischen, Berlin 1972, sowie Artikel „Ästhetik" und „Kunsttheorie" in: Philosophisches Wörterbuch, hrsg. von Manfred Buhr, G. Klaus, Leipzig 1969, S. 115 ff und S. 630 ff.
335. Das allen Heften dieser Reihe in gleichlautender Formulierung mitgegebene Vorwort spricht die Grundhaltung deutlich aus: „Anliegen der Reihe ‚Zur Kritik der bürgerlichen Ideologie' ist es deshalb, die verschiedenen Erscheinungsformen der bürgerlichen und revisionistischen Ideologie der kritischen, d. h. der marxistisch-leninistischen Analyse zu unterziehen und in diesem Prozeß die prinzipiellen Positionen des Marxismus–Leninismus zu festigen", u. a. in: W. Girnus, a.a.O., S. 5.
336. Vgl. W. Girnus, a.a.O., S. 25
337. W. Girnus, a.a.O., S. 73
338. M. Lifschitz, geb. 1905, studierte in Moskau marxistische Philosophie mit dem Blick auf pädagogische Arbeit. Seine Arbeiten befaßten sich mit dem literarischen Nachlaß Hegels und dem Verhältnis von Marx, Engels und Lenin zur Kunst. Er arbeitet heute am Institut für Philosophie bei der Akademie der Wissenschaften in Moskau.
339. Vgl. M. Lifschitz, Karl Marx und die Ästhetik, Dresden 1967, S. 47.
340. M. Lifschitz, a.a.O., S. 47
341. M. Lifschitz, a.a.O., S. 91
342. Geb. 1875 in Poltawa bei Kiew; zuerst wurde Lunatscharski als bolschewistischer Revolutionär aktiv, dann stand er als Propagandist und Publizist in enger Zusammenarbeit mit Lenin. Daneben war er Kunstkritiker, Dramatiker und Verfasser philosophischer Abhandlungen in Erkenntnistheorie, Ästhetik und Religionsgeschichte. Nach der Oktoberrevolution war er Volkskommissar für das Bildungswesen und dadurch maßgebend beim Aufbau des sowjetischen Erziehungswesens; †1933.
343. Anatoli Lunatscharski, Die Revolution und die Kunst, Dresden 1962, S. 246.
344. Anatoli Lunatscharski, a.a.O., S. 27. – Oder: „Andererseits konnte die Revolution auf die Kunst nicht nur Einfluß nehmen, sondern sie b r a u c h t e die Kunst auch. Kunst ist eine wuchtige Waffe der Agitation, und die Revolution war bestrebt, die Kunst zu Agitationszwecken sich anzupassen." S. 29
345. Vgl. Walter Benjamin, Das Kunstwerk im Zeitalter seiner technischen Reproduzierbarkeit, Frankfurt 1969, S. 20/21, S. 48–51.
346. Vgl. Anatoli Lunatscharski, a.a.O., S. 29
347. Vgl. Georg Lukaćs, Freie oder gelenkte Kunst? , in: Marxismus und Stalinismus, rde. 327/8, Reinbek b. Hamburg 1970, S. 110 ff.
348. Georg Lukaćs, a.a.O., S. 123
349. Georg Lukaćs, a.a.O., S. 134
350. Vgl. Georg Lukaćs, a.a.O., S. 123/4
351. Vgl. Max Horkheimer, Zur Kritik der instrumentellen Vernunft, Frankfurt 1967, S. 15–18
352. Max Horkheimer, a.a.O., S. 15/17
353. Ernst Fischer, Koexistenz und Ideologie, in: Kunst und Koexistenz, Reinbek b. Hamburg 1966, S. 58.
354. Ernst Fischer, a.a.O., S. 60, argumentiert hier gegen Andrej Shdanow, Über Kunst und Wissenschaft, Berlin (Dietz-Verlag), 1951, S. 34.
355. Ernst Fischer, a.a.O., S. 60.
356. Ernst Fischer, a.a.O., S. 181/182.
357. Ernst Fischer, a.a.O., S. 182
358. Ernst Fischer, a.a.O., S. 182
359. Ernst Fischer, a.a.O., S. 184, „Die Künstler werden also desto mehr zum Ansehen ihres Staates beitragen, je weniger der Apparat sie, teils durch ‚Anleitung', teils durch Verfolgung, daran hindert."

360. Ernst Fischer, a.a.O., S. 184
361. Ernst Fischer, a.a.O., S. 185
362. Ernst Fischer, a.a.O., S. 215: „Aus den technischen Erfindungen k a n n eine Welt hervorgehen, in welcher die Maschine wahrhaft zum Diener des Menschen wird und das ‚Reich der Freiheit', der schöpferischen zwanglosen Selbstverwirklichung des Menschen sich allseits erweitert – aber auch die Selbstvernichtung des Menschengeschlechts."
363. Ernst Fischer, a.a.O., S. 216. In der gegenwärtigen weltweiten Diskussion um die ‚Grenzen des Wachstums' stellt sich diese Frage als eine gesamtgesellschaftliche und betrifft die Kunst als eine mögliche neue Qualität in besonderer Weise.
364. Ernst Fischer, a.a.O., S. 217: „Es gibt keinen deus und keine humanitas ex machina. Technik und Ökonomie sind V o r a u s s e t z u n g e n neuer Alternativen, nicht mehr. Immer sind es die Menschen, die entscheiden. Um die Entscheidung zugunsten der V e r m e n s c h l i c h u n g, nicht der V e r d i n g l i c h u n g, zu beeinflussen, ist das Zusammenwirken der großen Religionen, der Aufklärung und des Sozialismus erforderlich." Diese These Fischers wird im Schlußkapitel der Arbeit unter den möglichen Lösungen des Problems der ästhetischen Erziehung noch einmal eingehender herangezogen.
365. Der Marxismus und die Kunst, in: Marxismus im 20. Jahrhundert, rororo 1148, S. 139–165
366. Roger Garaudy, a.a.O., S. 140
367. Roger Garaudy, a.a.O., S. 141 u. a. „Der Mythos ist von Anfang an Sprache der Transzendenz in seiner bescheidensten Form, Sprache der Transzendenz des Menschen in seinem Verhältnis zur Natur." S. 141
368. Roger Garaudy, a.a.O., S. 146 „der Mythos fordert uns auf, uns auf das zu richten, was noch zu machen ist. Er ruft uns auf, nicht nur Hersteller von Objekten oder Errechner von Beziehungen zu sein, sondern Sinn zu setzen und Zukunft zu schaffen. Das Symbol fordert die Loslösung vom Sein, die Überschreitung des Seins im Sinn und in der Schöpfung." . . . „Den Mythos als Sprache der Transzendenz zu definieren, bedeutet nicht Negation der Vernunft, sondern dialektische Überschreitung in einer Vernunft, die weiß, daß sie sich selbst mit den vorläufigen Ordnungen, die sie bereits geschaffen hat, ständig selbst transzendiert."
369. Roger Garaudy, a.a.O., S. 139
370. In: F. W. Plesken, Ansätze zu einer marxistisch-leninistischen Theorie der Kunst, in: Proletariat und Kunst, Köln 1970, S. 73 bezogen auf Marx, Einleitung, MEW, Bd. XIII, S. 641.
371. Herrschaft und Versöhnung, Ästhetik und die Kulturrevolution des Westens, Freiburg 1972, Kap.: Die Klassiker des Marxismus und die geschichtliche Bestimmung der Kunst, S. 18–47
372. Günter Rohrmoser, a.a.O., S. 23
373. Vgl. die Schriftstellerprozesse in der UdSSR, den Fall ‚Solschenizyn'; die Künstler- und Schriftstellerverfolgungen in der CSSR und die sog. „Säuberungsaktionen."
374. Günter Rohrmoser, a.a.O., S. 27
375. In: Marxismus und Literatur, Bd. 1, S. 155–156, zit. nach Günter Rohrmoser, a.a.O., S. 27
376. Günter Rohrmoser, a.a.O., S. 29
377. Günter Rohrmoser, a.a.O., S. 29
378. Aufsatztitel, die diese Tendenz erkennen lassen: H. von Hentig, Über die ästhetische Erziehung im politischen Zeitalter, 1969; D. Kerbs, Ästhetische und politische Erziehung, 1968; ders., Das Ritual und das Spiel, Über eine politische Dimension der ästhetischen Erziehung, 1970.
379. Dazu: H. Giffhorn, Politische Erziehung im ästhetischen Bereich, 1969.
380. H. von Hentig, Das Leben mit der Aisthesis, 1968, S. 93/4, ders., Lernziele im

ästhetischen Bereich, 1969, ders., Über die ästhetische Erziehung im politischen Zeitalter, 1969.
381. Richtlinien, S. 354, zitiert nach: H. v. Hentig, a.a.O., S. 93
382. H. von Hentig, Ästhetische Erziehung im politischen Zeitalter, S. 357
383. H. von Hentig, Das Leben mit der Aisthesis, S. 93 – Die definitorischen Grundaussagen finden sich in allen zitierten Aufsätzen Hentigs.
384. H. von Hentig, a.a.O., S. 93/4
385. H. von Hentig, a.a.O., S. 94
386. H. von Hentig, a.a.O., S. 94
387. H. von Hentig, Ästhetische Erziehung im politischen Zeitalter, S. 358
388. H. von Hentig, a.a.O., S. 357
389. In: Kunst und Unterricht, 1968, Heft 1, S. 28–31
390. a.a.O., S. 28
391. a.a.O., S. 28
392. Zum Begriff der ästhetischen Erziehung, in: Die Deutsche Schule 1970, Heft 9, S. 562–570
393. Ästhetische und politische Erziehung, S. 29. Als Beispiel zitiert Kerbs Walter Benjamin, Das Kunstwerk im Zeitalter seiner technischen Reproduzierbarkeit, es 28, S. 63. Benjamin stellt den Kult und das Ritual im Einsatz der faschistischen Politik dar, wie die fehlende demokratische Legitimation durch ästhetische Prachtentfaltung und Faszination nachträglich in kollektiver Selbstbestätigung eingeholt werden. – Vgl. Kap. 3,4, Anm. 345
394. a.a.O., S. 30
395. a.a.O., S. 30
396. a.a.O., S. 30
397. a.a.O., S. 29
398. Diethart Kerbs, Drucken – eine pragmatische Dimension der ästhetischen Erziehung, in: Kunst und Unterricht, 1971, Heft 13, S. 22–24
399. Ästhetische und politische Erziehung, S. 29
400. a.a.O., S. 30
401. a.a.O., S. 31
402. Zum Begriff der ästhetischen Erziehung, S. 565
403. Ästhetische und politische Erziehung, S. 31
404. Diethart Kerbs, Kunstunterricht als Freiheitserziehung . . ., hektographierter Vortrag, gehalten in der Theodor-Heuss-Akademie der Friedrich-Naumann-Stiftung, Gummersbach 1970, S. 1
405. Diethart Kerbs, a.a.O., S. 3
406. Diethart Kerbs, a.a.O., S. 4
407. Diethart Kerbs, a.a.O., S. 5
408. Diethart Kerbs, a.a.O., S. 9
409. Diethart Kerbs, a.a.O., S. 9/10 – Diese Behauptung ohne jeden wissenschaftlichen Beweis scheint Stilmittel und Methode in dieser und manch ähnlicher Publikation zum gleichen Thema.
410. Diethart Kerbs, a.a.O., S. 11
411. Gunter Otto, Veränderung im Kunstunterricht, in: Kunst + Unterricht 1971, Heft 11, S. 42–46
412. a.a.O., S. 46
413. a.a.O., S. 42
414. a.a.O., S. 42
415. a.a.O., S. 42. Dieser Begriff wird in Übereinstimmung mit der Deutung von Hentig und Kerbs gebraucht.
416. a.a.O., S. 42
417. Vgl. a.a.O., Schema S. 43
418. a.a.O., S. 42

419. a.a.O., S. 44
420. Politische Erziehung im ästhetischen Bereich, Unterrichtsbeispiele, hrsg. von Hans Giffhorn, Velber bei Hannover 1971.
421. Hans Giffhorn, Kritik der Kunstpädagogik, Zur gesellschaftlichen Funktion eines Schulfachs, Köln 1972, S. 174 Begriffsdefinition: „Ästhetischer Bereich". Anschließend an das im Text aufgeführte Zitat folgt in der Definition: „. . .zum Andern ist damit der potentielle Zuständigkeitsbereich der Kunstpädagogik gemeint."
422. Hans Giffhorn, a.a.O., vgl. S. 174, „1 . . . Ästhetisch ist hier keinesfalls wertend gemeint, es bedeutet z. B. nicht ‚schön', sondern nur ‚visuell wahrgenommen' oder ‚visuell wahrnehmbar' (eine aus methodischen Gründen notwendige Beschränkung.)." – Diese methodische Beschränkung mag sich ein Autor, der ein bestimmtes Ziel verfolgt, setzen, wenn er nicht – wie hier Giffhorn – zwei Abschnitte weiter unter Nr. 4 die Definition gäbe: „Ästhetischer Wert: Der Wert, den wir dem Aussehen einer Sache zumessen." (S. 174)
423. Hans Giffhorn, a.a.O., S. 174, in Abhebung und Erweiterung zu Max Bense, Ästhetica, Baden-Baden 1965, S. 319 f, der nur Kunst- und Design-Objekte angibt.
424. Hans Giffhorn, a.a.O., S. 174
425. Heino R. Möller, Kunstunterricht und Visuelle Kommunikation – Sieben Arbeitsthesen zur Konzeption eines neuen Unterrichtsfaches, in: Hermann K. Ehmer, Visuelle Kommunikation, Beiträge zur Bewußtseinsindustrie, Köln 1971, S. 363–366
426. Heino R. Möller, a.a.O., S. 364
427. Hans Giffhorn, Kritik der Kunstpädagogik, Köln 1972, S. 176. Die weiteren zu diesem Zweck angegebenen Einzelausführungen lauten: „– die Beziehungen von ästhetischen Phänomenen sowie Befinden und Verhalten von Individuen und gesellschaftlichen Verhältnissen aufdeckt und verändert, – ästhetische Phänomene als Trainingsmaterialien für Qualifikationen einsetzt, und – alle darüber hinausgehenden Möglichkeiten der Kunstpädagogik zu nutzen versucht."
428. Hans Giffhorn, a.a.O., S. 176
429. Hans Giffhorn, Curriculumrevision, Kunstunterricht und politische Erziehung im ästhetischen Bereich, in: Politische Erziehung im ästhetischen Bereich, Velber bei Hannover 1971, S. 147
Vgl. dagegen Th. W. Adorno: „Ästhetische Theorie", Frankfurt 1970. Sein Anliegen ist es u. a. den fundamentalen Unterschied zwischen Kunst und Kulturindustrie darzulegen.
430. Hans Giffhorn, a.a.O., S. 148. Die Frage nach der Entscheidungsinstanz, die Marcuse mit der Erziehungsdiktatur beantwortet, bleibt hier offen. Es wird nicht gesagt, wer nach welchen Kriterien über die richtigen oder falschen Normen entscheidet, wer sagt, was der Emanzipation dient und was der Unterdrückung. Ebenso wird nicht – oder noch nicht – gesagt, zu welchem politischen Zweck der „ästhetische Genuß" als „psychische Stütze" eingesetzt werden darf, ob für die Werbung oder die Anti-Werbung, ob für den Faschismus oder den Kommunismus!
431. Hans Giffhorn, a.a.O., S. 149
432. Hans Giffhorn, a.a.O., S. 76
433. Hans Giffhorn, a.a.O., S. 80
434. Heino R. Möller, Gegen den Kunstunterricht, Versuche zur Neuorientierung, Ravensburg 1971, S. 25
435. Hans Giffhorn, Kritik der Kunstpädagogik, Köln 1972, S. 176, Definition der „Politischen Erziehung im ästhetischen Bereich", vgl. Definition S. 177, Nr. 17 „Sachbezogenes Urteil, sachgerechtes Urteil . . ."
436. Hans Giffhorn, a.a.O., S. 174, „Ästhetisch ist hier keinesfalls wertend gemeint"; S. 176 Begriff ‚Kunst': „Diese willkürliche Begrenzung des Begriffs (Kunst)

schließt selbstverständlich keinerlei Wertung ein . . ."; vgl. Nr. 14 „Metaphysische Spekulation" . . . „Die Frage der Existenz solcher Kräfte ist demnach für unsere auf die Bewältigung und Veränderung der Wirklichkeit gerichteten Handlungen ohne Bedeutung". – Als Beispiele für vorgenommene oder intendierte Wertungen können die Aufsätze der verschiedenen Autoren und des Herausgebers Giffhorn (S. 75–96) in dieser Publikation herangezogen werden.

437. Theodor W. Adorno, Ästhetische Theorie, Frankfurt 1970, vgl. S. 350 ff. – „Der Prozeß, der in den Kunstwerken sich vollzieht und in ihnen stillgestellt wird, ist als gleichen Sinnes mit dem gesellschaftlichen Prozeß zu denken, in den die Kunstwerke eingespannt sind;" S. 350. – Das macht die Verknüpfung der Kunst mit der gesellschaftlichen Realität aus. Andererseits legt Adorno dar, daß sich die Kunst aufgrund ihres besonderen Wahrheitsgehaltes von der Realität unterscheidet und trotz ihres Eingespanntseins sich in ihrem „ästhetischen Gehalt" ein „Umschlag von Ideologie in Wahrheit" vollzieht. Vgl. S. 351. – Bei allen hier genannten kunstpädagogischen Autoren der Gegenwart ist keine Erwähnung, erst recht keine Auseinandersetzung derartiger Fragen zu finden.

438. Vgl. Heino R. Möller, Gegen den Kunstunterricht, Ravensburg 1971. Der Titel des Buches gibt die Intention wieder: „Gegen Kunst" – Abschaffung des Kunstunterrichts zugunsten eines Unterrichts der Visuellen Kommunikation. Die von Möller angeführten Interpretationsbeispiele der Kunstwerke bedienen sich alle einer inadäquaten, hier im Einzelnen nicht darzulegenden Methode, die aufgrund ihrer Vor-entscheidung dazu vorgenommen wird, die Ineffizienz von Kunst in bezug auf die gesellschaftliche Relevanz zu beweisen.

439. Kritik der Kunstpädagogik, Köln 1972, S. 176, Nr. 16

440. Hans Giffhorn, a.a.O., S. 175. Unter der Begriffsdefinition „Gesellschaft" heißt es u. a.: „(Wenn ich z. B. das Wissen nur eines Menschen um nur ein Wort bereichere, so ändere ich damit auch die Gesellschaft.)". – Um wievielmehr wird also die Gesellschaft verändert, wenn die eigene begrenzte Erfahrung der Menschen um die anderer gleichzeitig und in der Vergangenheit lebender Menschen durch die Vermittlung von Kunstwerken bereichert wird?

441. Hans Giffhorn, a.a.O., S. 176, Nr. 15

442. Hans Giffhorn, a.a.O., vgl. S. 174 Nr. 4 „Ästhetischer Wert".

443. Vgl. Theodor W. Adorno, Ästhetische Theorie, Frankfurt 1970, vgl. Arnold Hauser, Sozialgeschichte der Kunst und Literatur, Sonderausgabe München 1967, ders. Methoden der Kunstbetrachtung, München 1970. – Vgl. Kagan, Kap. 3,2 „Die Besonderheit der Kunst in der ästhetischen Beziehung zur Wirklichkeit."

444. Arnold Hauser, Methoden der Kunstbetrachtung, München 1970, S. 21

445. Arnold Hauser, a.a.O., S. 23

446. Vgl. Hans Giffhorn, Politische Erziehung im ästhetischen Bereich, Velber bei Hannover 1971, S. 149: „Ästhetische Phänomene sind meist mehrdeutig und lassen verschiedene Interpretationen zu". Statt des „Umwegs über Bildinterpretationen" werden „nachprüfbare Informationen" gefordert.

447. Hans-Peter Riese, Das Trauma des dritten Weges, in: Frankfurter Allgemeine Zeitung, Nr. 276, 28.11.1972, S. 24

448. Herbert Marcuse, Die neue Sensibilität, in: Versuch über die Befreiung, Frankfurt 1969, S. 43, 44, 46, 47

449. Herbert Marcuse, a.a.O., S. 45

450. Köln 1972

451. Vgl. die Kritik von Rainer Hespe an Klaus Matthies: „Ein verdrängtes Interesse – Kommentar zu den didaktischen Überlegungen von Klaus Matthies."
in: ZfK, 1973/3, S. 173–177:
„Matthies will sich als Marxist ausweisen, seine Arbeit soll eine konsequente materialistische Analyse sein. Aber Dialektik als Methodenbegriff ist an diesem Werk nicht beteiligt; die materialistische Sicht ist deshalb stur fixierend." (S. 173)

452. Klaus Matthies, a.a.O., S. 78
453. Klaus Matthies, a.a.O., S. 35
454. Vgl. Text S. 55/6 und S. 60–62
455. Lexikonartikel: „Ästhetische Erziehung" in: Kulturpolitisches Wörterbuch, S. 134
456. Bis zu diesem Teil der Darlegungen ist deutlich geworden, daß „Sinntheorie" oder „Sinnhaftigkeit" Wert beinhaltet, der aber nicht mit einer formalen Definition ausgesagt werden kann. Daß in der Wortwahl nicht von vornherein statt „Sinntheorie" „Werttheorie" gesetzt wurde, ist aus dem Grund geschehen, um Mißverständnissen vorzubeugen, und um einer vorschnellen Einordnung in vorhandene Werttheorien zu entgehen. Die Gleichsetzung von Sinn und Wert an dieser Stelle ist bewußt geschehen, da die Intention im vorausgehenden Text vielfach dargelegt und so versucht wurde, Mißverständnisse abzuwenden.
457. Herbert Marcuse, Kunst und Revolution, S. 72
458. Vgl. Ferdinand W. Menne, Neue Sensibilität – Alternative Lebensmöglichkeiten, Darmstadt/Neuwied 1974, S. 11
459. Vgl. zum Folgenden: Dieter Baake, Kritische Stichworte zum Programm „Neue Sensibilität" in: Ferdinand W. Menne (Hrsg.), a.a.O., S. 75–81
460. Dieter Baake, a.a.O., S. 81. Die weiteren Aufsätze dieses Sammelbandes „Neue Sensibilität – Alternative Lebensmöglichkeiten" befassen sich mit möglichen Anwendungsfeldern im Problemfeld „Gruppendynamik", „Religion und Theologie" und „Kirche interkulturell". Das nach Marcuses Theorie wichtigste Feld der Kunst kommt leider nur in dem „Exkurs zur Verdeutlichung der möglichen Spannweite des Begriffes" neue Sensibilität an einem Beispiel zur Musik vor: „Wie Glenn Gould die klassische Musik gegen ihre Liebhaber verteidigt." S. 83–106
461. KR, S. 95
462. Vgl. KR, S. 95 ff.
463. KR, S. 98
464. Th. W. Adorno, Ästhetische Theorie, Frankfurt 1970
465. Vgl. Frühe Einleitung in: Th. W. Adorno, Ästhetische Theorie (ÄT), S. 525
466. ÄT, S. 217
467. ÄT, S. 12
468. ÄT, S. 507
469. ÄT, S. 336
470. ÄT, S. 336
471. ÄT, S. 337
472. ÄT, S. 337
473. Der Fetischcharakter der Kunst ist in der Theorie Adornos eine ihrer notwendigen Eigenarten, die in ihrem Doppelcharakter den Wert ausmacht.
474. KR, S. 103
475. KR, S. 104
476. Vgl. KR, S. 110
477. KR, S. 113
478. Hartmut v. Hentig, Kap. 1, Anm. 1. dieser Arbeit
479. Vgl. Heino R. Möller, Gegen den Kunstunterricht, Ravensburg 1971.
480. Herbert Marcuse, Vernunft und Revolution, Hegel und die Entstehung der Gesellschaftstheorie . . . 1941, S. 134
481. Herbert Marcuse, a.a.O., S. 140
482. Vgl. Kap. 2,3: Die Kategorie der Erinnerung bei Marcuse.
483. Vgl. Harvey Cox, Das Fest der Narren, Kap.: Phantasie und Utopie, Stuttgart 1969, S. 110 ff., Zitat: a.a.O., S. 110
484. Harvey Cox, a.a.O., S. 112
485. Vgl. dazu im folgenden: Joseph Beuys, Konrad Pfaff, Roger Garaudy u. a.
486. Vgl. Yves Klein, Mack, Piene, Tinguely

487. ZERO-Raum, Leihgabe Koch im Kunstmuseum Düsseldorf, Katalog hrsg. v. Wend von Kalnein, Düsseldorf 1973, „Arman 1964" o. S.
488. ZERO-Raum, a.a.O., Pol Bury 1964, o. S.
489. ZERO-Raum, a.a.O., Yves Klein, 1959, o. S.
490. ZERO-Raum, a.a.O., Heinz Mack, 1958, o. S.
491. Vgl. Kap. 2.5: Kunst – Utopie – Wirklichkeit
492. Hans Heinz Holz, Kunst und Wirklichkeit – historische Entwicklung, Katalog Documenta V, Kassel 1972, S. 1.6
493. Die Semiotik bietet zur Durchführung dieses erkenntnistheoretischen Prozesses, der Unterscheidung der unterschiedlichen Wirlichkeitsebenen in ihrer Methodik, insbesondere der Anwendung der triadischen Dimension sinnvolle pädagogische Hilfen.
494. Umberto Eco, Das offene Kunstwerk, Frankfurt 1973; (ital. Erstausgabe 1962) – Siegfried J. Schmidt, Ästhetische Prozesse, Köln, Berlin 1971.
495. U. Eco, a.a.O., S. 8
496. S. J. Schmidt, a.a.O., S. 13
497. Vgl. Max Horkheimer, Kritik der instrumentellen Vernunft; Horkheimer/Adorno, Dialektik der Aufklärung
498. Vgl. Rudolf Arnheim, Anschauliches Denken, Köln 1972.
499. Viktor E. Frankl, Der Mensch auf der Suche nach Sinn, Freiburg 1972, S. 13
500. Viktor E. Frankl, a.a.O., S. 13
501. Viktor E. Frankl, a.a.O., S. 21. Die amerikanische Psychologie hat als Therapie gegen das existentielle Vakuum, das Sinnlosigkeitsgefühl, das den Menschen kaum lebensfähig sein läßt, den Willen zum Sinn, den „survival value", entwickelt. Eine der Kunstdidaktik analoge Problematik ergibt sich in der Psychotherapie, in der eine rehumanisierte Richtung gegen die depersonalisierenden und deshumanisierenden Trends in der gleichen Wissenschaft und als Pathologie des Zeitgeistes angeht. Vgl. S. 11–22.
502. Günter Rohrmoser, Herrschaft und Versöhnung, Ästhetik und die Kulturrevolution des Westens, Freiburg 1972, S. 146
503. Günter Rohrmoser, Humanität in der Industriegesellschaft, Göttingen 1970. Der Autor gibt hier eine Darstellung des Problems, daß die in unserer Gesellschaft erweiterten Möglichkeiten von Humanität durch die Verwechslung der Humanität als Funktion und Ziel selbst wieder verdeckt oder gar zerstört werden. Die Konsequenz ist, daß sich die Bedingungen von Humanität gegen ihre Ermöglichung wenden können.
504. Konrad Pfaff, Kunst für die Zukunft. Eine soziologische Untersuchung der Produktiv- und Emanzipationskraft Kunst, Köln 1972, S. 57.
505. Vgl. Konrad Pfaff, a.a.O., S. 59 ff.
506. Konrad Pfaff, a.a.O., S. 64, 58
507. Vgl. Werner Hofmann, Kunst und Politik, Köln 1969, zit. bei Konrad Pfaff, a.a.O., S. 67
508. Vgl. Konrad Pfaff, a.a.O., S. 62
509. Pfaff folgt in dieser Darstellung André Malraux, Psychologie der Kunst, Bd. 2: Die künstlerische Gestaltung, Reinbek b. Hamburg 1958, S. 79: „Alle Kunst ist Kampf gegen das Schicksal, Kampf gegen das Wissen von der Gleichgültigkeit und dem Bedrohenden des Kosmos: Kampf gegen das Irdische und den Tod."
510. Konrad Pfaff, a.a.O., S. 62
511. Roger Garaudy, Marxismus im 20. Jahrhundert, rororo 1148, S. 140
512. Roger Garaudy, a.a.O., S. 145
513. Roger Garaudy, a.a.O., S. 141 u. vgl. S. 143
514. Georg Jappe, Frankfurter Allgemeine Zeitung, 2.11.1972 S. 28 (Zitat: Beuys)
515. Roger Garaudy, a.a.O., S. 143
516. Roger Garaudy, a.a.O., S. 146

517. Roger Garaudy, a.a.O., S. 147
518. Heinz-Albert Heindrichs, Kunst in einer verwissenschaftlichen Welt? , in: Forschung in der Musikerziehung 2/1969, S. 149
519. Georg Jappe, Etwas sinnlich Greifbares muß entstehen, Joseph Beuys als Lehrer, in: Frankfurter Allgemeine Zeitung, Nr. 255, 2.11.1972, S. 28
520. Georg Jappe, a.a.O., S. 28 (Zitat: Beuys)
521. Georg Jappe, a.a.O., S. 28
522. Georg Jappe, a.a.O., S. 28 (Zitat: Beuys)
523. Heinz-Albert Heindrichs, a.a.O., S. 50
524. Asger Jorn, zit. bei Heinz-Albert Heindrichs, a.a.O., S. 50
525. Heinz-Albert Heindrichs, a.a.O., S. 50
526. Hilde Domin, Zit. bei: Heinz-Albert Heindrichs, a.a.O., S. 50. – Als Beispiele könnten Kunstobjekte, die aus dem Abfall der technologischen Gesellschaft hergestellt werden, genannt werden. Dadurch, daß sie aus der Nutz-Funktion herausgenommen wurden, transzendieren sie den Vernutzungszusammenhang, indem sie ihn sprengen.
527. Heinrich Böll, Versuch über die Vernunft der Poesie, Nobelpreis-Vorlesung, in: Frankfurter Allgemeine Zeitung, Nr. 102, 3.5.1973, S. 22/3.
528. Heinrich Böll, a.a.O., S. 23
529. Heinrich Böll, a.a.O., S. 23
530. Heinrich Böll, a.a.O., S. 23
531. Harald Weinrich, Gegen den restlos durchgeplanten Unterricht, wo Lernziele absolut herrschen, bleibt für Dinge wie Literatur kein Raum, in: Die Zeit, Nr. 25, 14.6.1974, S. 22
532. Vgl. Harald Weinrich, a.a.O., S. 22
533. Harald Weinrich, a.a.O., S. 22
534. Vgl. Hans Heinz Holz, Vom Kunstwerk zur Ware, Studien zur Funktion des ästhetischen Gegenstandes im Spätkapitalismus, Neuwied/Berlin 1972.
535. Heinz-Albert Heindrichs, a.a.O., S. 50
536. Heinz-Albert Heindrichs, a.a.O., S. 51
537. Vgl. Karl Pawek, Das optische Zeitalter, Olten/Freiburg 1963

Literatur:

1. Adhoc-Gruppe Frankfurt, Visuelle Kommunikation – zur gesellschaftlichen Begründung eines neuen Unterrichtsfachs, *in:* Ästhetik und Kommunikation, 1970, Heft 1/2 S. 16–21
2. Adorno, Theodor W., Erziehung zur Mündigkeit, Vorträge und Gespräche mit Helmut Becker 1959–1969, Herausgeg. von Gerd Kadelbach, Frankfurt 1970
3. Adorno, Theodor W., Ästhetische Theorie, Ges. Schriften, Bd. 7, Frankfurt 1970
4. Adorno, Theodor W., Ohne Leitbild, Parva Aesthetica, Frankfurt 1967 (es 201)
5. Adorno, Theodor W., Die gegängelte Musik, *in:* Der Monat, 5. Jg. S. 182 ff.
6. Adorno, Theodor W., Versuch über Wagner, Berlin/Frankfurt 1952
7. Albrecht, Hans Joachim, Düsselberg, Klaus Ulrich (Hrsg.), (Krefelder Kreis) Initiativen zur Veränderung der Kunsterziehung, Krefeld 1971
8. Améry, Jean, Gewalt und Gefahr der Utopie, *in:* Widersprüche, Stuttgart 1971, S. 164–192
9. Arnheim, Rudolf, Anschauliches Denken, Köln 1972
10. Arvatov, Boris, Kunst und Produktion, Entwurf einer proletarisch-avantgardistischen Ästhetik, München 1972
11. Autorenkollektiv, Grundlagen der marxistisch-leninistischen Ästhetik, Berlin 1962 (Moskau 1961)
12. Bartke, Eberhard, Über den Grundstreit der modernen Ästhetik, *in:* Kunst und Literatur 1961, Heft 11, S. 1125–1149
13. Benjamin, Walter, Das Kunstwerk im Zeitalter seiner technischen Reproduzierbarkeit, Drei Studien zur Kunstsoziologie, Frankfurt 1963 (es 28)
14. Bense, Max, Aesthetica, Einführung in die neue Ästhetik, Baden-Baden 1965
15. Bense, Max, Einführung in die informations-theoretische Ästhetik, Grundlegung und Anwendung in der Texttheorie, Reinbek bei Hamburg 1969 (rde 320)
16. Beyer, Wilhelm Raimund, Die Sünden der Frankfurter Schule, Ein Beitrag zur Kritik der „Kritischen Theorie", Reihe: Zur Kritik der bürgerlichen Ideologie, Berlin 1971
17. Bihalji – Merin, Oto, Ende der Kunst im Zeitalter der Wissenschaft, Stuttgart 1969
18. Böll, Heinrich, Versuch über die Vernunft der Poesie, Nobelpreis-Vorlesung, Stockholm 1973, *in:* Frankfurter Allgemeine Zeitung, 3.5.73, S. 22/3
19. Böversen, Fritz, Schillers Begriff der ästhetischen Erziehung, *in:* Zeitschrift für Pädagogik, 1964, Heft 5, S. 446–461

20. Bohrer, Karl Heinz, Was heißt hier: ‚Verantwortlichkeit der Intellektuellen?' *in:* Frankfurter Allgemeine Zeitung, 29.9.72, Literaturbeilage, S. 1
21. Brecht, Bertolt, Über Politik und Kunst, Frankfurt 1971 (es 442)
22. Buber, Martin, Pfade in Utopia, *in:* Ges. Werke, Bd. I, München /Heidelberg 1962
23. Caudwell, Christopher, Bürgerliche Illusion und Wirklichkeit, Beiträge zur materialistischen Ästhetik, München 1971
24. Cox, Harvey, Das Fest der Narren, Stuttgart 1969
25. Criegern, Axel von, Zum Politik-Begriff Gunter Ottos, *in:* Kunst und Unterricht 1971, Heft 13, S. 516
26. Deutscher Bildungsrat, Strukturplan für das Bildungswesen, Bonn 1970
27. Bildungsbericht '70, Die bildungspolitische Konzeption der Bundesregierung, Bonn 1970
28. Ebert, Wilhelm, Kunstdidaktik zwischen Kunst und Wissenschaft, Weinheim 1970
29. Eco, Umberto, Das offene Kunstwerk, Frankfurt 1972
30. Ehmer, Hermann K., (Hrsg.) Visuelle Kommunikation, Beiträge zur Kritik der Bewußtseinsindustrie, Köln 1971
31. Ehmer, Hermann K., Emanzipation durch Kunstunterricht, *in:* Kunst und Unterricht 1971, Heft 13, S. 1–4
32. Farner, Konrad, Der Aufstand der Abstrakt-Konkreten oder die „Heilung durch den Geist", Zur Ideologie der spätbürgerlichen Zeit, Neuwied/Berlin 1970
33. Fischer, Ernst, Kunst und Koexistenz, Beitrag zu einer modernen marxistischen Ästhetik, Reinbek bei Hamburg 1966
34. Fischer, Ernst, Von der Notwendigkeit der Kunst, Hamburg 1967
35. Fischer, Ernst, Überlegungen zur Situation der Kunst und zwei andere Essays, Zürich 1971
36. Frank, Helmar, Informationsästhetik, Grundprobleme und erste Anwendung auf die mime pure, Schnelle, 1968^2
37. Franke, Herbert W., Phänomen Kunst, Die naturwissenschaftlichen Grundlagen der Ästhetik, München 1967
38. Frankl, Viktor E., Der Mensch auf der Suche nach dem Sinn, Zur Rehumanisierung der Psychotherapie, Freiburg 1972
39. Freud, Sigmund, Die Zukunft der Illusion, Frankfurt 1970
40. Gadamer, Hans Georg, Wahrheit und Methode, Grundzüge einer philosophischen Hermeneutik, Tübingen 1965^2
41. Garaudy, Roger, Der Marxismus und die Kunst, *in:* Marxismus im 20. Jahrhundert, S. 139–165 Reinbek bei Hamburg, 1969 (Copyright 1966)
42. y Gasset, Ortêga, Die Vertreibung des Menschen aus der Kunst, Stuttgart 1955, Ges. Werke, Bd. 2

43. Gehlen, Arnold, Zeit – Bilder, Zur Soziologie und Ästhetik der modernen Malerei, Frankfurt 1965[2]
44. Geyer, Carl-Friedrich, Zur Problematik einer „ästhetischen Umwelt", Eine Auseinandersetzung mit der informationstheoretischen Ästhetik, *in:* Stimmen der Zeit, 1972, Heft 3, S. 206–209
45. Giffhorn, Hans, (Hrsg.) Politische Erziehung im ästhetischen Bereich, Unterrichtsbeispiele, Velber 1971
46. Giffhorn, Hans, Kritik der Kunstpädagogik, Zur gesellschaftlichen Funktion eines Schulfaches, Köln 1972
47. Giffhorn, Hans, Die „Ideologie des Bildnerischen" und politische Erziehung, *in:* Kunst und Unterricht 1971, Heft 14, S. 3–5
48. Giffhorn, Hans, Kritik an der Ideologie von Kunst und Unterricht, *in:* Kunst und Unterricht, 1970, Heft 10, S. 42–44
49. Gorsen, Peter, Marxismus und Kunstanalyse in der Gegenwart, *in:* Ästhetik und Kommunikation 1970, Heft 2, S. 47–63 und Teil II, 1971, Heft 3, S. 49–55
50. Grassi, Ernesto, Kunst und Mythos, Reinbek bei Hamburg 1957 (rde 36)
51. Gunzenhäuser, Rul, Ästhetisches Maß und ästhetische Information, Einführung in die Theorie G. D. Birkhoffs und die Redundanztheorie ästhetischer Prozesse, Schnelle 1962
52. Habermas, Jürgen, Erkenntnis und Interesse, Frankfurt 1968
53. Habermas, Jürgen, (Hrsg.) Antworten auf Herbert Marcuse, Frankfurt 1968 (es 263)
54. Haug, Wolfgang Fritz, Kritik der Warenästhetik, Frankfurt 1971 (es 513)
55. Hauser, Arnold, Sozialgeschichte der Kunst und Literatur, Sonderausgabe München 1967
56. Hauser, Arnold, Methoden der Kunstbetrachtung, München 1970
57. Hegel, Georg Wilhelm Friedrich, Vorlesungen über die Ästhetik, Hrsg. R. Bubner, 1. und 2. Teil, Stuttgart 1971
58. Hespe, Rainer, Ein verdrängtes Interesse – Kommentar zu den didaktischen Überlegungen von Klaus Matthies, *in:* Zeitschrift für Kunstpädagogik, 3/1973, S. 173–177
59. Heindrichs, Heinz-Albert, Kunst in einer verwissenschaftlichten Welt? *in:* Forschung in der Musikerziehung, (Beiheft der Zeitschrift Musik und Bildung), 2/1969, S. 44–50
60. Heise, Wolfgang, Zu einigen Grundfragen der marxistischen Ästhetik, *in:* Deutsche Zeitschrift für Philosophie, 1967, Heft 1, S. 50–81
61. Hentig, Hartmut von, Lernziele im ästhetischen Bereich, *in:* Kunst und Unterricht, 1971, Heft 11, Beilage
62. Hentig, Hartmut von, Über die ästhetische Erziehung im politischen Zeitalter, *in:* Spielräume und Ernstfall, Ges. Aufsätze zu einer Pädagogik der Selbstbestimmung, Stuttgart 1969, S. 352–377

63. Hentig, Hartmut von, Das Leben mit der Aisthesis, *in:* Systemzwang und Selbstbestimmung, Über die Bedingungen der Gesamtschule in der Industriegesellschaft, Stuttgart 1970[3], S. 93/4 und *in:* Deutscher Bildungsrat: Gutachten und Studien der Bildungskommission, Bd. 12: Lernziele der Gesamtschule, Stuttgart 1969, S. 29
64. Höck, Wilhelm, Kunst als Suche nach Freiheit, Entwürfe einer ästhetischen Gesellschaft von der Romantik bis zur Moderne, Köln 1973
65. Hofmann, Werner, Für eine Kunst der politischen Konsequenz, Köln 1971
66. Holz, Hans Heinz, Vom Kunstwerk zur Ware, Studien zur Funktion des ästhetischen Gegenstands im Spätkapitalismus, Neuwied/Berlin 1972
67. Holz, Hans Heinz, Kunst und Wirklichkeit – historische Entwicklung, *in:* Katalog Documenta V, Kassel 1972
68. Horkheimer, Max, Neue Kunst und Massenkultur, Frankfurt 1968
69. Horkheimer, Max; Adorno, Theodor W., Dialektik der Aufklärung, Frankfurt 1969 (Copyright 1944)
70. Horkheimer, Max, Zur Kritik der instrumentellen Vernunft, Frankfurt 1967
71. Iser, Wolfgang, (Hrsg.) Immanente Ästhetik, Ästhetische Reflexion, München 1966
72. Jappe, Georg, Etwas Sinnlich-Greifbares muß entstehen, Joseph Beuys als Lehrer, *in:* Frankfurter Allgemeine Zeitung, 2.11.1972, S. 28
73. John, Erhard, Probleme der marxistisch-leninistischen Ästhetik, Halle 1967
74. John, Erhard, Einführung in die Ästhetik, Halle 1972
75. Jopke, Wilhelm, Grundlagen der Erkenntnis- und Gesellschaftstheorie Adornos und Horkheimers, Leipzig 1970
76. Jorn, Asger, Kunst, Ästhetik, Wissenschaft, München 1966
77. Jürgens, Martin, Der Staat als Kunstwerk, Bemerkungen zur ‚Ästhetisierung der Politik', *in:* Kursbuch 20, Frankfurt 1970, S. 119–139
78. Jürgens, Martin u. a., Ästhetik und Gewalt, Gütersloh 1970
79. Kagan, Moissej, Vorlesungen zur marxistisch-leninistischen Ästhetik, Berlin 1971[2] (Copyright Moskau 1964)
80. Kant, Immanuel, Kritik der Urteilskraft, Sämtl. Werke, Bd. V, Leipzig 1867
81. Kerbs, Diethart, Zum Begriff der ästhetischen Erziehung, *in:* Die deutsche Schule, 1970, Heft 9, S. 562–570
82. Kerbs, Diethart, Das Ritual und das Spiel, Über eine politische Dimension der ästhetischen Erziehung, *in:* Ästhetik und Kommunikation 1970, Heft 1, S. 40–47
83. Kerbs, Diethart, Der große Ausverkauf der Kunsterziehung, *in:* Kunst

und Unterricht 1971, Heft 11, Beilage

84. Kerbs, Diethart, Ästhetische und politische Erziehung, *in:* Kunst und Unterricht 1968, Heft 1, S. 28–31

85. Kerbs, Diethart, Drucken – eine pragmatische Dimension der ästhetischen Erziehung, *in:* Kunst und Unterricht 1971, Heft 13, S. 22–24

86. Kerbs, Diethart Kunstunterricht als Freiheitserziehung . . ., hektografierter Vortrag, gehalten in der Theodor-Heuss-Akademie der Friedrich-Naumann-Stiftung, Gummersbach 1970

87. Koch, Hans, Marxismus und Ästhetik, Berlin 1961

88. Korf, Gertraud, Ausbruch aus dem „Gehäuse der Hörigkeit"? Kritik der Kulturtheorien Max Webers und Herbert Marcuses, Reihe: Zur Kritik der bürgerlichen Ideologie, Berlin 1971

89. Lehmann, Günter K., Zu einigen informationstheoretischen Aspekten in der Ästhetik, *in:* Deutsche Zeitschrift für Philosophie 1965, Heft 10/11, S. 1227–1244

90. Lexikonartikel: Ästhetik,
in: Philosophisches Wörterbuch, Leipzig 1969, S. 115 ff.
in: Sowjetsystem und demokratische Gesellschaft, Bd. I, S. 396–409
in: Fischer Lexikon Philosophie, Frankfurt 1958, S. 35–43

91. Lexikonartikel: Ästhetische Erziehung,
in: Kulturpolitisches Wörterbuch, Berlin 1970, S. 135/6
in: Lexikon der Pädagogik, Freiburg 1970, S. 85/6
in: Lexikon der Kunstpädagogik, 1.9.1970

92. Lexikonartikel: Kunsttheorie,
in: Philosophisches Wörterbuch, Leipzig 1969, S. 630 ff.

93. Lexikonartikel: Musische Erziehung, (Musische Bildung)
in: Lexikon der Pädagogik, Freiburg 1966, S. 557–561

94. Lexikonartikel: Musisch-ästhetische Erziehung,
in: Fischer-Lexikon Pädagogik, Frankfurt 1964, S. 197–204

95. Lexikonartikel: Utopie,
in: Soziologisches Wörterbuch, Freiburg 1969, S. 334–339

96. Lifschitz, Michael, Karl Marx und die Ästhetik, Dresden 1967[2]

97. Lukaćs, Georg, Ästhetik, Ges. Werke, Bd. 12, 1. und 2. Halbband, Neuwied/Berlin 1963

98. Lukaćs, Georg, Über die Besonderheit als Kategorie der Ästhetik, Neuwied/Berlin, 1967 (Copyright 1950)

99. Lukaćs, Georg, Freie oder gelenkte Kunst? *in:* Lukaćs, Georg, Marxismus und Stalinismus, Reinbek bei Hamburg 1970, S. 110–134 (Copyright 1947–1964)

100. Lu Märten, Zur Frage einer Marxistischen Ästhetik, *in:* Ästhetik und Kommunikation 1971, Heft 3, S. 56/57 und S. 59–61

101. Lunatscharski, Anatol, Die Revolution und die Kunst, Dresden 1962

102. Lundgreen, Johannes, Einige Bemerkungen zur politischen Bedeutung

visueller Kommunikation zum gegenwärtigen Zeitpunkt, *in:* Ästhetik und Kommunikation 1970, Heft 1, S. 22–28
103. Malecki, Herbert, Spielräume, Aufsätze zur ästhetischen Aktion, Frankfurt 1969 (es 333)
104. Malraux, André, Psychologie der Kunst, Bd. 2: Die künstlerische Gestaltung, Reinbek bei Hamburg 1958
105. Marcuse, Herbert, Der eindimensionale Mensch, Studien zur Ideologie der fortgeschrittenen Industriegesellschaft, Neuwied/Berlin, Sonderausgabe 1970, (Copyright 1964)
106. Marcuse, Herbert, Triebstruktur und Gesellschaft, Ein philosophischer Beitrag zu Sigmund Freud, Frankfurt 1970 (Copyright 1955)
107. Marcuse, Herbert, Die Gesellschaft als Kunstwerk, *in:* Forum, Wien 1967, S. 167/68
108. Marcuse, Herbert, Kultur und Gesellschaft I und II, Frankfurt 1965 (es 101 und 135)
109. Marcuse, Herbert, Ideen zu einer kritischen Theorie der Gesellschaft, Frankfurt 1969 (es 300)
110. Marcuse, Herbert, Konterrevolution und Revolte, Frankfurt 1973 (es 591)
111. Marcuse, Herbert, Vernunft und Revolution. Hegel und die Entstehung der Gesellschaftstheorie, Neuwied/Berlin 1962
112. Marcuse, Herbert, Versuch über die Befreiung, Frankfurt 1969 (es 329)
113. Marcuse, Herbert, Psychoanalyse und Politik, Frankfurt 1968[3]
114. Marx, Karl; Engels, Friedrich; Lenin W. I., Über Kultur, Ästhetik, Literatur, Ausgewählte Texte, Leipzig 1961
115. Marx, Karl; Engels, Friedrich, Über Kunst und Literatur, 2 Bde., Berlin 1968
116. Matthies, Klaus, Erkenntnis und Interesse in der Kunstdidaktik, Köln 1972
117. Maurer, Reinhardt, Der angewandte Heidegger, Marcuse und das akademische Proletariat, *in:* Philosophisches Jahrbuch 77, 1970, S. 238–259
118. Menne, Ferdinand (Hrsg.), Neue Sensibilität, Alternative Lebensmöglichkeiten, Darmstadt/Neuwied (SL 159) 1974
119. Möller, Heino R., Musische Erziehung, Ein Beitrag zur Bildungsideologie des braven Deutschen, *in:* Hermann K. Ehmer (Hrsg.), Kunstunterricht der Gegenwart, Frankfurt 1967
120. Möller, Heino R., Kunstunterricht und Visuelle Kommunikation, Begründung eines neuen Unterrichtsfaches, *in:* Hermann K. Ehmer, Visuelle Kommunikation, Köln 1971, S. 363–366
121. Möller, Heino R., Gegen den Kunstunterricht, Versuche zur Neuorientierung, Ravensberg 1971
122. Möller, Heino R., Zur Didaktik der Visuellen Kommunikation, *in:*

Kunst und Unterricht, 1971, Heft 14, S. 1–3
123. Morus, Thomas, Utopia, H. M. Enders (Hrsg.), München 1960
124. Motroschilowa, N.; Samoschkin, J., Marcuses Utopie der Antigesellschaft, Reihe: Zur Kritik der bürgerlichen Ideologie, Berlin 1970
125. Mukarovsky, Jan, Kapitel aus der Ästhetik, Frankfurt 1970 (es 428) (Copyright 1966)
126. Nohl, Hermann, Die ästhetische Wirklichkeit, Eine Einführung, Frankfurt 1961[3]
127. Nohl, Hermann, Vom Sinn der Kunst, Göttingen 1961
128. Oeing-Hanhoff, Ludger, Konkrete Freiheit, Grundzüge der Philosophie Hegels in ihrer gegenwärtigen Bedeutung, *in:* Stimmen der Zeit, 1971, Heft 6, S. 372–390
129. Oelmüller, Willi Neue Tendenzen und Diskussionen der marxistischen Ästhetik, *in:* Philosophische Rundschau, 1961, Heft 9, S. 181–203
130. Olson, Elder; Burke, Kenneth; Vivas, Eliseo; Ransom, John Crowe, Über Formalismus, Diskussion eines ästhetischen Begriffs, Frankfurt 1966 (es 191) (Copyright 1966)
131. Otto, Gunter, Veränderung im Kunstunterricht, *in:* Kunst und Unterricht 1971, Heft 11, S. 42–46
132. Otto, Gunter, Kunstunterricht und/oder – Visuelle Komminikation? *in:* Kunst und Unterricht, 1972, Heft 15, S. 4–6
133. Pawek, Karl, Das optische Zeitalter, Grundzüge einer neuen Epoche, Olten/Freiburg 1963
134. Pfaff, Konrad, Kunst für die Zukunft, Eine soziologische Untersuchung der Produktiv- und Emanzipationskraft Kunst, Köln 1972
135. Plesken, F. W.; Peters, Günter, Expressionismus und. Realismus, Materialien zur Theorie – Praxis einer antiimperialistischen Literatur und Kunst, und
Herzfelde, Wieland, Gesellschaft, Künstler und Kommunismus, Köln 1970
136. Rexroth, Tilmann, Zur Weiterarbeit an der Ästhetik der Kritischen Theorie, *in:* Ästhetik und Kommunikation 1970, Heft 1, S. 48–51
137. Ricoeur, Paul, Prévision économique, *in:* Esprit, Februar 1966, S. 188
138. Riese, Hans-Peter, Das Trauma des dritten Weges, *in:* Frankfurter Allgemeine Zeitung Nr. 276, 28.11.1972, S. 24
139. Rohrmoser, Günter, Das Elend der kritischen Theorie, Theodor W. Adorno, Herbert Marcuse, Jürgen Habermas, Freiburg 1970
140. Rohrmoser, Günter, Sind Bloch und Marcuse noch Marxisten? *in:* test X, 1969, Heft 1, S. 21–25
141. Rohrmoser, Günter, Herrschaft und Versöhnung, Ästhetik und die Kulturrevolution des Westens, Freiburg 1972
142. Rohrmoser, Günter, Die Krise der Institutionen, München 1972
143. Rohrmoser, Günter, Humanität in der Industriegesellschaft, Göttingen 1970
144. Ronge, Hans, Kunst und Kybernetik, Ein Bericht über drei

Kunsterziehertagungen in Recklinghausen 1965/66/67, Köln 1968
145. Roscher, Wolfgang, Ästhetische Erziehung heute, Hochschuldidaktische Probleme und Bezugssysteme, *in:* Zeitschrift für Pädagogik, 1971, 10. Beiheft.
146. Rüsen, J., Der Zusammenhang von Kunst und Gesellschaft als Bedingung der Erziehung, *in:* Erziehungswissenschaftliches Handbuch, Berlin 1970
147. Sedlmayr, Hans, Verlust der Mitte, Die bildende Kunst des 19. und 20. Jahrhunderts als Symptom und Symbol der Zeit, Salzburg 1955
148. Sedlmayr, Hans, Die Revolution der modernen Kunst, Reinbek bei Hamburg 1955, (rde 1)
149. Servier, Jean, Der Traum von der großen Harmonie, Eine Geschichte der Utopie, München 1971 (Copyright 1967)
150. Schade, Herbert, Kulturrevolution des Westens, *in:* Stimmen der Zeit, 1972, Heft 12, S. 361–362
151. Scharang, Michael, Zur Emanzipation der Kunst; Essays, Neuwied/Berlin 1971
152. Scherer, Georg, Gegen das Monopol instrumenteller Vernunft, *in:* Herderkorrespondenz, 1972, Heft 4, S. 190–193
153. Schiller, Friedrich von, Über die ästhetische Erziehung des Menschen, In einer Reihe von Briefen, Stuttgart 1965
154. Schiwy, Günter, „Der eindimensionale Mensch", Anmerkungen zu einer „revolutionären" Gesellschaftstheorie, Frankfurt 1968 (es 278) (Copyright 1965)
155. Schlette, Heinz Robert, Utopisches Denken und konkrete Humanität, *in:* Concilium 1972, Heft 5, S. 355–362
156. Schmidt, Siegfried J., Ästhetische Prozesse, Beiträge zu einer Theorie der nichtmimetischen Kunst und Literatur, Köln/Berlin 1971
157. Schmidt, Siegfried J., Der philosophische Begriff des Schönen und des Häßlichen in Adornos 'Ästhetischer Theorie', *in:* Zeitwende (= Die neue Furche)43, 1972, Heft 2, S. 94–104
158. Schmidt, Siegfried, J., ästhetizität, philosophische beiträge zu einer theorie des ästhetischen, München 1971
159. Schwens, Christa, Kunsttheorie und Kunstgeschichte im Rahmen pädagogischer Bildung, *in:* Zeitschrift für Kunstpädagogik 4 / 1972, S. 181–187
160. Shdanow, Andrej, Über Kunst und Wissenschaft, Berlin 1951
161. Sliwka, Klaus, Aspekte zum Unterrichtsfeld Bildende Kunst – Visuelle Kommunikation, Köln 1971
162. Solschenizyn, Alexander, Nobelpreisrede 1970, *in:* Die Zeit, 1.9.1972, S. 23 (Auszüge)
163. Staguhn, Kurt, Erziehung zur visuellen Kommunikation als Aufgabe des Kunstunterrichts, *in:* Bildnerische Erziehung, 1971, Heft 4, S. 155 ff.

164. Straßner, Fritz, Ästhetische Erziehung im Kunstunterricht, *in:* Bildnerische Erziehung 1970, Heft 2
165. Teige, Karel, Liquidierung der Kunst, Analysen, Manifeste, Frankfurt 1968 (es 278) (Copyright 1965)
166. Wangenheim, Inge von, „Die Verschwörung der Musen", Gedanken eines Schriftstellers auf der Suche nach der Methode seiner Zeit, Halle (Saale) 1971
167. Warnke, Martin (Hrsg.), Das Kunstwerk zwischen Wissenschaft und Weltanschauung, Gütersloh 1970
168. Wedewer, Rolf von, (Hrsg.) Kunst als Flucht – Flucht als Kunst, Zur Kritik der künstlerischen Ideologien, Opladen 1971
169. Weinrich, Harald, Gegen den restlos durchgeplanten Unterricht, *in:* Die Zeit, Nr. 25, 14.6.1974, S. 22
170. Werckmeister, O. K., Ende der Ästhetik, Essays über Adorno, Bloch, das gelbe Unterseeboot und der eindimensionale Mensch, Frankfurt 1971
171. Werckmeister, O. K., Ideologie und Kunst bei Marx, *in:* Neue Rundschau 1973, Heft 4, S. 604–627
172. Willms, Bernhard, Planungsideologie und revolutionäre Utopie, Die zweifache Flucht in die Zukunft, Stuttgart 1969
173. Wittvogel, Karl August, Fragen der marxistischen Ästhetik, *in:* Ästhetik und Kommunikation 1970, Heft 2, S. 66–80
174. Wissmann, Jürgen, Immanente Ästhetik – Ästhetische Reflexion, München 1966 (Hrsg. W. Iser)
175. Wolff, Robert Paul; Moore, Barrington; Marcuse, Herbert, Kritik der reinen Toleranz, Frankfurt 1966 (es 181) (Copyright 1965)
176. Zahn, Lothar, Herbert Marcuses Apotheose der Negation, *in:* Philosophische Rundschau 1969, Heft 16, S. 165–184
177. ZERO-Raum, Leihgabe Koch im Museum Düsseldorf, Katalog, hrsg. v. Wend von Kalnein, Düsseldorf 1973

Abkürzungsverzeichnis:

ÄT	=	Ästhetische Theorie, Adorno, Theodor W.
EM	=	Der eindimensionale Mensch, Marcuse, Herbert
KG I	=	Kultur und Gesellschaft I, Marcuse, Herbert
KG II	=	Kultur und Gesellschaft II, Marcuse, Herbert
KR	=	Konterrevolution und Revolte, Marcuse, Herbert
PP	=	Psychoanalyse und Politik, Marcuse, Herbert
TG	=	Triebstruktur und Gesellschaft, Marcuse, Herbert
VB	=	Versuch über die Befreiung, Marcuse, Herbert